U0489472

爱立方
Love cubic

育儿智慧分享者

微信扫描以上二维码，或者搜索"爱立方家教育儿"

公众号即可加入"爱立方家教俱乐部"，阅读精彩内容：

蹲下来，
用爱和孩子说规矩

一位新西兰妈妈20年的育儿经

〔新西兰〕黛安·莱维◎著 谢幕娟◎译

北京理工大学出版社
BEIJING INSTITUTE OF TECHNOLOGY PRESS

版权专有 侵权必究

图书在版编目（CIP）数据

蹲下来，用爱和孩子说规矩：一位新西兰妈妈20年的育儿经 /（新西兰）莱维著；谢幕娟译. —北京：北京理工大学出版社，2016.4

书名原文：Of course I love you.Now Go To Your Room

ISBN 978-7-5682-1759-0

Ⅰ.①蹲… Ⅱ.①莱… ②谢… Ⅲ.①家庭教育 Ⅳ.①G78

中国版本图书馆CIP数据核字（2016）第011410号

Of course I love you...NOW GO TO YOUR ROOM! by Diane Levy
First published in 2002 by Random House New Zealand
© 2002 Diane Levy
The moral rights of the author have been asserted

著作权合同登记号 图字：01-2015-7073

出版发行 /	北京理工大学出版社有限责任公司
社　　址 /	北京市海淀区中关村南大街5号
邮　　编 /	100081
电　　话 /	（010）68914775（总编室）
	（010）82562903（教材售后服务热线）
	（010）68948351（其他图书服务热线）
网　　址 /	http://www.bitpress.com.cn
经　　销 /	全国各地新华书店
印　　刷 /	三河市金泰源印务有限公司
开　　本 /	700毫米 × 1000毫米　1/16
印　　张 /	20.25
字　　数 /	280千字
版　　次 /	2016年4月第1版　2016年4月第1次印刷
定　　价 /	38.00元
责任编辑 /	李慧智
文案编辑 /	李慧智
责任校对 /	周瑞红
责任印制 /	边心超

图书出现印装质量问题，请拨打售后服务热线，本社负责调换

谨以此书
献给
我的生身父母和继父母
萨莉、伊曼纽尔、席烈尔、玛尔塔和杰弗里
因为,他们教会了我太多

献给
同样教会我很多的
我的孩子们
罗伯特、塔尼亚和黛博拉

献给
我的至爱
弗农
因为,他就是我翅膀下的风

引　言

　　我对我的小老鼠仍是记忆犹新。1967年,我的老鼠和我一块儿从心理学专业"毕业"。为了教会我的老鼠分辨水平线和垂直线的区别,我曾费尽心思。

　　这对我和我的老鼠都不是一件轻松的事。我得和它一起走进一个灯光昏暗的死角,那里摆着一个小小的"跳台"和一个"降落平台"——上面放有食物球——选择正确便能获得食物,选择错误则除了一个确保它安全的鼠袋便什么也得不到。我会先把这只倒霉鼠放到第一个平台上,等着平台慢慢失衡,然后推它或者等它自己厌烦,然后小老鼠就会朝预设的一排线走去。正确的选择意味着安全落地和美味食物。错误的选择则意味着重重地摔进下方的鼠网中,尽管能保证安全,但还是不那么舒服。

　　渐渐地,小老鼠开始学会区分水平线和垂直线的不同。之后,我很快便对"心理学是解决动物一切行为问题的答案——包括人类"——这一理论深信不疑。难道以前我不知道心理学就是研究行为的?难道现在的我不再坚信,任何行为都能通过对预期行为的积极强化以及对非预期行为的消极强化而得到修正?

　　在将近20年的时间里,我都把这个理论当成我的基本研究宗旨。我在这一方面进行了很大强化:赞美(积极强化),惩罚(消极强化)。同时,我利用星状图将这一理论应用到对人的研究中，我也鼓励家长和老师修正孩子的行为。

说到我对科学的兴趣、好奇以及从中获得的快乐，不得不提到上帝，很大程度上这跟小时候每个周六听拉比诵读《十诫》有很大的关系。诵读《十诫》是当时为数不多的用英语主持的安息日仪式，也是我唯一能听懂的几个。"因为我耶和华——你的神是忌邪的神。恨我的，我必追讨他的罪，自父及子，直到三四代；爱我、守我诫命的，我必向他们发慈爱，直到千代。（译者注：《圣经·旧约·出埃及记》20章4-6节）"

你看，就连上帝也是赏罚分明的。我为人父母过，为人师长过，为人妻子过，当过委员，当过主席，也当过咨询师，而现在我是一名家庭心理治疗师。

这个理论最大的问题就是它确实有它的作用，所以常常会让我们误以为自己真的找到了答案。当效果不好时，我们总以为是自己做得不够好、不够多、不够诚恳或者——这种"不够"对于任何一个父母来说都是一种折磨——不够坚持。这样一来，唯一的办法就是更努力地去做。

为什么过了整整30年，我才再想到那只老鼠？我自己也不明白。那只老鼠花了那么长的时间、付出那么多努力才学会分辨垂直线和水平线，可它同时也无师自通地学会了正确选择和储存适量食物，学会避开悬崖、猫、火、人类等危险，学会认路回到离开的地方，学会了自己搭窝，寻找伴侣，繁殖并养育后代。这一切都没有经过我的帮助，也没有经过那么精心策划的奖罚，但是这只老鼠却做到了。

与此同时，我开始反省自己那个狂妄的理论——通过奖罚机制控制每个人的行为。

我开始用新的眼光看待周围的世界，并发现奖惩理论并不适用于复杂的动物或者说人类的行为模式。撇开其他的不谈，为什么好人也会碰到坏事？这样的例子有很多。

按照我们的文化传统，往往把金钱奖励作为激励手段或者证明一个人价值的手段。

可是，为什么那些大喊大叫以至于对我们的听力造成永久伤害的人收获颇丰，那些能治愈我们受损听力的人所获甚少，而那些曾经帮助我们正视听，并教导我们不要盲从自己的耳朵以至于被那些言过其实的声音欺骗的人却得不到任何东西呢？

我面对的一个难题是：如果我抛弃了奖惩这一多年来的育儿基本手段，那我还有什么武器呢？

说到这，就不得不提三个巨大的突破。第一个突破是对如何倾听孩子的内心、如何在不代为解决问题的情况下给到孩子支持的思考。这也是受到珍·莱德罗夫关于原始部落耶全纳印第安人的研究的启发，我在耶全纳部落育儿模式的基础上进行调整，使之适合21世纪的新西兰。

第二个更大的突破是，我明白了为什么"面壁思过"（Time-out）在有些家庭中管用，在另一些家庭中又收效甚微。这是因为有些父母把"面壁思过"当成一种惩罚（取代棍棒），而一旦孩子乐得一个人待着并且拒绝走出房间，父母就无计可施了。在另一些家庭中，父母只是想通过"面壁思过"的办法给孩子所需的空间，然后让他们改变心意并最终纠正错误的行为，这样一来孩子不仅更能自制，而且也会过得更快乐。

这个想法在我带着新眼光去阅读哈尔·厄本的《我想让孩子知道的20件事》时更加得到了佐证和强化。哈尔这本书的最后一章是围绕"听话是心理健康最重要的元素"这一论题展开。最后我也终于明白，为什么当我建议父母试着更严格要求孩子、让孩子更顺从听话，最后得到的反馈会是"他们好似更开心了"——以前我总是对此感到困惑。

第三个突破是在我参加丹（Dan）和琳达·波波夫（Linda Popov）举行的"优点项目"研讨会时取得的，我明白了怎样说话能更巧妙地认可孩子的价值，而这一点比直接夸赞孩子的行为重要也有力得多。

这三个突破让我确信，育儿目标是建立在两个关键任务的基础上：

• 当孩子经历不同情绪时（快乐、愤怒、悲伤、沮丧、暴躁、高兴）以合适的方式给予他支持。

• 约束孩子的不当行为，让他们学会遵守社会规则并提高自制力。

只要达到这两个目标，我们的孩子就能掌握健康、独立的成人生活所需的能力和品质。最重要的是，这种方法并不需要花费多大力气，这对于已被孩子折腾得筋疲力尽的父母也是一种解放。用这种方式教育出来的孩子性格会更开朗，相处起来也让人更加愉快。

备注：英语中并没有一个能代表"他或她"的单数代词，而我又觉得总是写"他或她"太麻烦也太无趣。一开始，我打算用"他们"统一替代。但又担心不合适，所以我索性单数篇章用"他"，双数篇章用"她"。亲爱的读者，如果你的儿子被冠上了女性称呼或者女儿冠上了男性称呼，那也只能请你自己去厘清这些纠结啦。

育儿本身就是一件特别纠结特别难的事情，相对而言，弄清楚"他或她"反倒要容易得多！

目 录

第1章 用20年时间养育一个孩子

1. 二十年育儿计划 // 002
2. 家庭结构 // 013
3. 智慧 VS 力量 // 023
4. 增强孩子的自尊 // 030
5. 事情为何变得乱糟糟 // 043

第2章 了解人的性格

6. 性格理论 // 052
7. 吸引力和关系 // 069
8. 人与人之间的联系 // 081

第3章 情感独立之路

9. 满足孩子的情感需求 // 092
10. 多关心,少干涉 // 101
11. 帮助孩子应对挫折 // 113
12. 父母理所应当给建议吗 // 127
13. 当答案不明朗时 // 137

第 4 章　自律之路

14. 让孩子听话 // 146

15. 让我们来谈谈"反省" // 167

16. 要求—吩咐—行动 // 181

17. 家有家规 // 201

18. 帮助孩子做选择和做计划 // 221

第 5 章　陷阱和问题

19. 辨明方向 // 240

20. 手足之争 // 252

21. 欺凌他人：零容忍 // 258

22. 解决睡觉问题 // 268

23. 食物之战 // 276

24. 练习上厕所 // 286

25. 关于青春期孩子的策略 // 297

后记

第 1 章
用 20 年时间养育一个孩子

1. 二十年育儿计划

养育一个孩子长大成人大约需要 20 年。当然，这并不是说你的小孩 20 岁后一定会离开家，也不是说他必须这样做。现在，有很多孩子 20 岁不到就离开了家，而同样也有很多人年过 20 仍然会选择留在家里，或为完成学业，或为储蓄更多生活准备金，或者仅仅是因为他们喜欢跟家人在一块儿。尽管如此，一个人年满 20 岁就应该具备独立生活的能力，如果选择与父母同住，那也应该学会自立，成为一个对家庭有贡献的人。

在孩子成长的这 20 年里，作为父母，你应该已经教会并且引导你的孩子学习一个成年人在社会中独立生活所必需的技能。这也意味着，你的孩子应该明白什么时候可以寻求帮助，什么时候应该询问他人的意见，以及什么时候要独立行动。

注意，我说的可不是"你应该教会你的小孩该做什么或者该想什么"。世界太复杂，我们不可能知道所有问题的正确答案，也不可能帮他们做一切决定。教会孩子如何具体问题具体分析，如何为自己的将来打算，如何做明智的决定，以及如何避免陷入危险境地，这是我们的任务，是我们特有的权利，也是我们的责任。

美好的过去

当今时代，我们这些为人父母的经常会说这样的话："放在我们那时候，谁敢跟父母（老师）那样说话呢？"祖父母们也常唠叨："现在的孩子比以前聪明，可是也越来越无礼了。"作为一个母亲，同时也作为一个家庭治疗师，我经常在想这样一个问题：我们的孩子真的越来越难管教了吗？

我们总是说，如今的世界跟我们小时候大不一样，更不用说跟祖父母那一代比了。可是，究竟不同在哪儿呢？说到这儿，我想讲一个几年前在对讲电台听到过的故事。

一个快退休的警长讲述了自己刚当警察时的事情，那已经是40多年前的事儿了。

一天，这位警长当时的上司把他叫进办公室，对他说辖区内的一个保龄球俱乐部的酒被人偷了。警长说："每天下完班后，你就到保龄球馆站岗放哨。你一整晚都得待在那儿，直到把那些偷酒贼全都抓到。"

于是那天下班之后，这位年轻警察提着一个袋子，骑上单车赶到了保龄球馆。袋子里装着一个热水瓶和一条毛毯，那天晚上，他就在保龄球馆度过。第一个晚上风平浪静。第二个晚上仍然没有事情发生。第三晚，他听到木头响动的声音，便起身去看。只见两个男人正想闯入保龄球馆。

年轻警察对强闯保龄球馆的男人说他们被捕了，要他们跟他一块儿到警察局去。然后，三个人和和气气地往警察局走去。一个小偷推着年轻警察的单车，另一个则提着他装有热水瓶和毛毯的袋子，这位警察则提着装有小偷作案工具的袋子。走到警察局，他才把两个小偷用手铐铐起来。

世界不同了

今天的你能想象出那样的场景吗？想想那位年轻警察对上司是多么尊重，再想想两名小偷对法律又是多么敬畏，而那仅仅是40年前的事。

再想想我们现在所处的这个不相信法律、不相信政府，也不相信上帝

第1章　用20年时间养育一个孩子

的社会，而我们就是在这样的环境中养育孩子。为人父母或祖父母，我们背负着抚育孩子长大成人的重任，却不再感觉到有国家、政府、教会或警察的支持。

我认为，正是这个原因，当今时代为人父母很不容易。我们只能凭一己之力，而得不到社会的支持和帮助。

面对这样的现实，我觉得我们必须在养育孩子方面掌握更多技巧，更加勤于思考，付出更多努力。这不是一件挨过一天算一天的事儿——尽管很多时候能相安无事地度过一天就已经很了不起了。我们要树立长期目标，这样才能在一天天的练习中更好、更有技巧地养育孩子。

别苛求自己

不管在哪个领域，要想达到"随心所欲"的境界都得经过多年的训练。这种训练可能是数年的高等教育、多年的工作经历、一步一步脚踏实地的实践、早期尝试的经验总结、对自我表现的反省与评价，或是导师、上司、老板的悉心指点。这都是我们激发新想法、追赶新潮流的机会。

说到养育子女，首先你得有一个孩子，然后就只能靠你自己了。也就是说，我们这些父母只能靠自己学习、训练、管理、指导和接受新知识。我们得处理好请假、补休、代班等一切事务。尽管社会口头上承认养儿育女是"世界上最重要的工作"，却没有提供相应的硬件和软件支持。

我们只能靠自己。

让我们变得更聪明，让我们坚持学习吧。

育儿的四项主要任务

说到育儿，主要有四项任务。作为父母，我们要确保孩子做到：

（1）情感独立；

（2）自律；

（3）掌握技能；

（4）正直善良。

情感独立

一个婴儿刚出生，他的情感需求只能从父母那儿得到满足。抱着他四处走走，让他感觉舒服惬意。小孩子哭的时候，大人温暖的怀抱和安慰能减轻他不安的情绪。轻轻地拍孩子的背也有助于他平复情绪。轻轻地说些话，爱怜地抚摸和轻拍，孩子就慢慢平静下来了。他心里就会有一种安全感。小孩子本能地需要我们来满足他的情感需求。

简·莱德罗夫（Jean Liedloff）在《连续性概念》（我会多次提到这本书，每隔6个月，我都会抽时间读一遍这本书）一书中详细地解释了满怀爱怜的父母抱着孩子四处走走的"重要性"。简·莱德罗夫认为，拥抱是婴儿传递或释放能量的方式。通过这种方式，父母可以吸收掉孩子身上的负面情绪，且不对孩子造成太大影响。一旦这种情绪或能量得到释放，小孩就能恢复平静，重新与世界和平相处。

情感依赖 ⟶ 情感独立

在成年人的世界里，我们释放怒气或怒火的最好方式其实与婴儿很相近。一个拥抱、一个可以依靠的肩膀、一个时刻的倾听，都能让我们的这种负面情绪得到释放，更好地处理问题。

小的时候，我们的整个身体都能感知情绪。一个6个月大小的婴儿酣睡之后醒来，当你走过去看他，他一定会表现得很欢喜。他或许还不会大笑，也不是咯咯咯地笑，而只是挥着自己的小手臂，扭动身体，连脚趾头都在动。小孩子就是这样，他的喜悦能贯穿到身体的每一个部分。

与此相似，一个两岁大的小孩如果生气了，他的情绪也会传递到身体的每个部分。他会在地上撒泼打滚，他会用拳头、用膝盖捶着地，有时甚至直接用头撞地，他尖叫着表达自己对这个世界的愤怒。他全身都散发着愤怒的气息。

第1章　用20年时间养育一个孩子

想想成年人的反应。看到自己喜欢的人或久违的朋友，我们的嘴角会不自觉地上扬，眼睛也会随之发亮。这是一种局部反应。生气的时候也一样。我们或大叫，或一言不发，握紧拳头或者挥舞手臂，又或者直跺脚。这同样是身体某个局部的反应。

当孩子还是婴儿的时候，他们的情感需求完全仰仗我们去满足。当他们长成了大人，我们希望他能在情感上独立——不是说放弃情感，而是变得独立。我们希望孩子能在生活中恰当地表达或处理不同的情绪——不管是兴奋还是愤怒。

如果说情绪太过强烈，超出了孩子的处理能力，我们也希望孩子能寻求家人或朋友的帮助，能够多听听那些关心他们的人的意见。

自律

理查德·戈登（Richard Gordon）是《室内医生》系列（*Doctor in the House*）的作者，他把婴儿描述成"没有自律能力的小人儿"。让这些没有自律能力的小人儿成长为有较强自律能力的成年人，是为人父母的责任。

注意，我说的是"自律"，而不是简单的"守纪律"。仅仅守纪律还不足以应对成年人的世界。别人说什么就做什么，这对孩子而言并不是一件好事。

我们要培养的是能够自己确定目标、坚持不懈追求目标，以及能体会目标达成时巨大喜悦的孩子。

```
情感依赖  ⟶  情感独立
缺乏自律  ⟶  自律
```

有了情感独立和自律这两大保证，我们的孩子就能朝着成年世界的另外两个要求努力了，即掌握技能和良好的道德。

掌握技能

用"无技能"这种词来形容一个初生儿,你可能会觉得有些不公平,但我不这么认为。诚然,新生儿在力所能及范围内的表现是相当让人惊叹的。不过,要想独立地面对成年人的世界,他们还得掌握大量复杂的技能。我们的职责就是在孩子进入社会之前,确保他们已经学会这些技能。

情感依赖 ——————→ 情感独立
缺乏自律 ——————→ 自律
缺乏技能 ——————→ 多技能

良好道德

人之初,性本善,但刚出生的婴儿是没有道德概念的。他们不知道什么是对、什么是错。在孩子独立生活之前,我们要确保他们了解并接受了家规家训和道德规范。除了掌握技能之外,孩子还需要培养高尚的情操。

情感依赖 ——————→ 情感独立
缺乏自律 ——————→ 自律
缺乏技能 ——————→ 多技能
非道德 ——————→ 道德

情感独立和自律是重中之重

情感独立和自律是重中之重。我觉得,要是孩子们都能实现情感独立和自律,他们自然而然就能学会各种生活技能。哪怕欠缺某些能力,也会自觉在这些方面加强。有了这些条件的保证,他们的道德水平自然也就提上去了。

开始做家庭辅导之后,一些家长跟我说,他们的孩子偷东西或者经常不回家。以前我都是直接解决这些问题的,现在,我不再认为这些问题

第1章　用20年时间养育一个孩子

是单一的问题，他们不仅仅是"偷东西"或"夜不归宿"，而是众多原因共同作用的结果。我现在更多的是问：如果你让他做什么事，他一般会不会做？一旦我们把愤怒或不听话的问题解决了，其他许多问题也就迎刃而解了。

安全地犯错

在我的两个孩子还小的时候，家里都用那种金属外皮的热水壶。当然，对于小孩子来讲，热水壶是很危险的。我们大人对此心知肚明。可是你很难让一个小孩子认识到这种危险性。作为一个母亲，我该怎么办？我该怎样让他们明白热水壶真的不能碰，同时又保证他们的安全呢？

我往热水壶里倒了很烫的开水——其实也不是那么危险，然后告诉他们，我轻轻地一碰就能感知到温度。一碰水，我就喊"好烫"。当然，好奇的孩子们第一次伸出手去碰那开水时还是被烫到了，不过这没什么大碍，关键是这让他们学会了重要一课。

这种方式——允许孩子从错误中学习，比给他们讲大道理或者制定规则或者大加体罚的效果好多了。但是，这也需要周全的考虑和计划。

更常见的情况是，孩子不听大人的警告，擅自去摸热水壶，结果被烫伤。父母们又心疼又生气，忍不住对着孩子大喊大叫一番。

我觉得这两种方式的对比，其实也就是育儿方式的选择。把孩子骂一顿自然是最简单、最省事的反应方式；而让孩子在错误中学习成长，则需要周全的计划，需要克制、忍耐和努力。但后者却能让孩子有切身体会，自己总结经验教训，从而确保以后不再犯。

选择是我们的，不过这个选择做起来可不容易。

家长必须让孩子感受真实的世界

我们都把孩子当成宝。眼睁睁地看着他们犯错误受教训，其实是一件很难的事情。孩子摔了，我们的第一反应总是想去把他们扶起来。当他们可怜兮兮地请求"再讲一个故事吧"，我们总是想，多讲一个又何妨呢？孩子的家庭作业有参与社会实践的内容，我们却总希望他们能玩得开心点。孩子借口累而不想上音乐课，我们一下子就心软了。

可我们的任务就是要让孩子了解最真实的世界，这样他们才能更好地应对现实。进入社会，他们首先要知道遇到挫折时如何鼓起勇气继续前行；其次，要知道逼迫他人并不一定会让双方的关系变得更好；再次，他们得先做好工作才能放松；最后，做事情要有始有终，而这需要付出很大的努力。

很少有人能忍受坏脾气、不可靠的朋友、小孩、同事或合作伙伴。当你听到一个人说另一个人"只有他妈才受得了他"的时候，你就应该知道这后面肯定有一个不简单的故事。

不过有些时候，孩子更多的是需要支持和鼓励，而不仅仅是人生教训。知道什么时候该给予支持，什么时候该谆谆教诲，确实需要育儿智慧。

所以，我想把这一节的标题修正一下。应该说，反映真实的世界是父母的责任——当然，这得是在孩子能承受的范围之内。

我很喜欢布鲁诺·贝特黑姆（Bruno Bettelheim）《最好的父母》这本书，他在书中提到，只要我们做对那么几次，我们的孩子总归不会太糟糕。我有时候也会忍不住凶孩子，而这个观点给了我不小的安慰。

育儿艺术很重要的一点就是，既要反映真实的世界，又不要对孩子造成伤害。

学会明智抉择

孩子刚出生的时候，我们这些父母能替他们做一切决定。假如想让他们从一个地方搬到另一个地方，那只要带着孩子过去就行了。

可等孩子到了20岁，我们可就不能说什么是什么了，顶多决定是否把房子钥匙、车钥匙和银行卡交出去。

孩子在进入成年世界之前，还有一段最为迷人的时期——青春期。这

第1章　用20年时间养育一个孩子

个时期的决定权一半在父母，一半在孩子——至于这两半具体怎么划分，父母和孩子的分歧可就大了。

育儿的任务之一就是教会孩子做明智的选择。孩子长大以后要面对的世界十分复杂，我们这些做父母的也不可能告诉他们所有的答案，具体怎么应对还得看他们自己。最好的办法就是趁他们年轻的时候多给他们一些做决定的机会，这样他们才能看清自己，明白事情的前因后果。

人生苦短，我们应该让孩子趁还有机会的时候多犯一些"安全"的小错，让他们吸取经验教训，以避免日后犯些不必要的大错。

其实这些道理也是我在养育两个孩子的过程中明白的，一开始我也不懂这些。我记得有段时间我的女儿黛博拉（Deborah）很不听话，那时候我最不喜欢自己说"我跟你说了吧"这句话，而我最想听到的问题是，"你从那件事中学到了什么"。当我学会用后一句话取代前一句话时，也标志着我在育儿路上迈出了一大步。

"工作狂"母亲

在我们每个人的生命里，似乎最缺的就是时间了。尽管我们当中有很多人都不希望自己的墓志铭是这样写的："后悔花太多时间在办公室。"但确实有不少人就是这样度过一生的。现在，有很多夫妻同时在外头工作，也有很多单亲家庭的父母既当爹又当妈，还要赚钱养家。

有句谚语是这么说的："要合一个村庄之力才能抚养一个孩子长大成人。"这在如今这个时代已经不算什么新鲜事。我们都明白这个道理，可整天奔忙在回家路上、工作路上、上学路上的我们不知道如何才能做到，似乎我们有好多的活动要参加，要健身，要锻炼，但就是没有时间培养和建立能让孩子感觉安全和受支持的亲密关系。

我经常看到三四十岁的大男人在说到自己的父亲时，对父亲平时看似有时间，可一到重大时刻就因为工作的关系而不能参与自己重要活动的悲伤。这个问题的关键就在"平时看似有时间"。那些觉得父母辛苦工作是为了让孩子吃饱穿暖的人就不会有这种反应。

我们永远都不会知道孩子们日后会怎样理解母亲对事业的追求，如何解读母亲在职场上越爬越高，或母亲渴望赚到更多钱以满足孩子的需求——其实很多时候，孩子并不需要那么多东西。

我这么说并非指责那些在职场路上徘徊的母亲。我在孩子5岁以前都是在家做全职母亲，之后便把很多时间花在了工作上。我敢肯定地说，哪怕留在家里做全职太太，其实真正陪孩子的时间也未必多。现在回头看看，我真后悔当初太忙碌，没能更好地陪伴孩子成长。

之后的10年，我们请了一个保姆帮忙照看孩子。这种安排有很多好处，因为这样一来，父母没有时间的时候仍然有人能陪着孩子，从而实现陪伴的持续性。

不过，尽管很多保姆都能做到兢兢业业，能关心和教育你的小孩，但养育孩子还是得靠我们自己，而这也正是父母的权利和义务所在。

记住我最喜欢的一句话：母亲总是错的。如果你想评判自己目前做得怎么样，或者想知道哪些方面还可以做些改变，方法之一就是想象一下你的孩子30年后会怎样评判你。你是否是你想成为的那种父母？如果能做到50%，那就已经很不错了。

60分钟父母

如果我只能跟孩子在一起待60分钟，我应该做些什么？对于那些时间紧张的父母，我的建议是，充分利用时间，做一个好父亲或好母亲。其他人可以是孩子的保姆、朋友或玩伴，但只有你们才是孩子的父母。

充分利用时间满足孩子的需求——这并不仅仅是指他们想要的某一件东西。

假如你的孩子已经生活在天堂，生活在没有战争、民主、自由的地方。他们有房子住，不怕饿肚子，能接受良好的教育，也有足够的玩具和衣裳。那么，他们已经属于这个星球上很幸运的那一拨人了。

第 1 章　用 20 年时间养育一个孩子

那么，你的首要任务就是要给孩子提供情感支持，让他们有勇气去经历不同的生活，让他们学会做一个情感独立的成年人。

你的第二个任务就是确立合理的规矩，提出适当的要求，这样他们就能安然地从"不受管束"走向"自律自强"。

不管一天是用 1 小时还是 24 小时，请利用这些时间来做一个好父亲或好母亲吧。

下面我们看看应该怎样做。

2. 家庭结构

家庭中的每一个人都同等重要。一个好的家庭，应该是一个能满足所有成员需求的地方。不过，总会有一些人比其他成员更有能力、经验更丰富或者个头更高。我们把这些人叫作"父母"。他们的责任就是照顾那些能力较弱的、经验欠缺的、个子较小的成员，我们把他们叫作"小孩"。

民主并不是家庭的主旋律。并非所有成员的意见都是同等重要，各自的投票权也不相同。通常话语权都掌握在那些更有经验和智慧的大人手中。尽管父母也会考虑孩子的需求和愿望，但是，归根结底，决定还是由他们来做，当然他们也得承担责任。

好的家庭结构应该有一到两名能力相仿的成年人（也许不同的家庭，情况有些不同，不过，西方国家的家庭多半是两名成年人），同时应当明确指出这些拥有更强能力和控制力、更多智慧、经验更丰富的人应当照顾并抚养其他成员。在一个健全的家庭里，孩子也应该是平等的，各自的需求都应该得到同样的满足。

双亲家庭的压力通常会小一些，因为碰到困难的时候，好歹也有两个人合力解决。即便其中一方不在家，在家里的那一个也能感受到这种力量。

单亲家庭的父母要想保持父母和孩子之间的界限就得付出更多努力了。对于那些一天 24 小时都得盯着孩子，一刻也别想休息的单亲母亲或单亲父

第1章　用20年时间养育一个孩子

亲来说，管教孩子是最头疼的了。反正，我对那些能完成如此艰难任务的单亲父母十分钦佩。

一旦家庭结构清晰了，家庭成员的生活也会更幸福。

松散式家庭结构

有些家庭的结构比较松散，有时候父母甚至被孩子牵着鼻子走。不管是乱发脾气、不听父母亲的话、殴打兄弟姐妹、过于敏感，或是对别人的要求爱理不理，反正总有那么一些孩子通过这些方式在家里称王称霸。

一旦这个"小魔王"有了情绪，事情可就难办了。每个人都如履薄冰，小心翼翼地哄着他，让他高兴。要是他不在，家里的气氛陡然会好许多，家人之间变得更加亲密，生活也轻松许多。

跟这个作威作福的"小霸王"比起来，其他兄弟姐妹的力量就弱了许多。父母通常都会要比较乖的孩子让着惹是生非的孩子，以求得片刻的安宁，不然大家什么也做不成。

一旦成年人和小孩的界限变得模糊，要管教孩子可就没那么简单了。尤其是当父母中的某一方不在的时候，另一方必然会承受巨大的压力。

在这样的家庭里，每个人都不会真正开心。

2. 家庭结构

我太小，管不了家

松散的家庭结构从整体上来说对家庭不利，那么对那个小孩来说又怎样呢？一个小孩要是成了家里的"老大"，那快乐岂不是信手拈来的事？可事实并不是这样，这些小孩往往是过得最不幸福的。

我们都忽略了一个问题，就是以某个小孩为中心的家庭结构其实对小孩本身并不利。那些在家里称王称霸的小孩不仅让人讨厌，而且他们自己也过得很不开心，也从侧面证明了这个事实。

我们要给孩子立规矩，让他们知道什么能做、什么不能做。要是不明确规矩，孩子就会得寸进尺，把父母和小孩的分界线推得越来越远。

每当有父母来找我咨询"孩子不受管束该怎么办"的问题时，我都会从这些基本问题着手。没有规矩，不成方圆，孩子就应该听从父母的意见。我们要采取各种方法保证父母在家庭中的主导地位，并让孩子更听大人的话。

尽管这是事先设计好的策略，我也对它的施行效果有把握，但是，每当有父母两周后就来告诉我，他们的孩子表现好了很多，在很多事情上都表现出了合作的态度时，我还是会有点吃惊。父母们最后还会添上一句"他看上去似乎更开心了"。说这话的时候，父母脸上总带着不解的神情。

孩子需要我们的爱和支持，同时也需要我们就其行为设立规矩。这是为了他们的成长，也是为了他们的幸福。

第1章　用20年时间养育一个孩子

缺乏安全感的孩子

家里的"小霸王"们通常都表现得缺乏安全感。家长们对此感到很困惑，他们不知道孩子的这种不安全感究竟是由什么引起的。这些孩子可能一直都待在自己熟悉的地方，从来没有单独跟陌生人一起，也很少转学，就连照顾他们起居的保姆也没怎么换过，他们怎么就没有安全感了呢？

我现在要问的这些问题可能会让你觉得吃惊。"他们听不听话？""平时会不会做一些简单的家务活？""早上起床时的状态是怎样？""做家庭作业自不自觉？"

通过回答这些问题，呈现在我们眼前的可能是一个哪怕哄着骗着也不肯听话的"小暴君"。全家人都围着他转，只有他说行了才行。让他跟亲爱的爷爷奶奶打招呼，他要么是看着自己的鞋子喃喃自语，要么就完全不肯开口。至于家庭作业，那更加是一个梦魇。而最大的问题还是他们的不安全感。有时候就连他们的老师都想不明白：怎么这个孩子这么没有安全感？

要是你的孩子统治着整个家，成了家里的老大，那就怪不得他说"如果我是全家最强大、最厉害的，那我要是碰到麻烦了,谁能帮我呢"这种话了。孩子整天生活在这种担忧之中，怎么会有安全感呢？

当家长们听到我说"如果在孩子面前树立了威信，让孩子听话，那么我敢保证缺乏安全感的问题就迎刃而解了"的时候，他们总是觉得很吃惊。没错，管教孩子反倒能带给孩子安全感。

制定规矩

不听话有很多种表现方式。有多少孩子曾在车道上横冲直撞，完全不顾来来往往的车辆？有多少孩子跑出去玩，完全不顾及可能存在的危险？又有多少人有叫孩子下车，结果孩子却把自己锁在车里不肯下来的经历？

可能很多父母觉得孩子只不过有点调皮而已，不过这个问题得从长远来考虑。其实我们可以看出这是因为孩子不尊重父母立下的规矩。尤其是在公共场合更难管教他们，因为他们知道越是在外面，父母越会碍于面子而不会把他们怎么样。这种孩子确实需要严加管教，需要给他们明确立下规矩，这不仅是为了他们的安全，同时也是为了日后的幸福。

假如我当面问你们的孩子，"如果你母亲让你在车道上牵着她的手，你还会乱跑吗？"我想孩子可能会一脸惊恐，用"不会"来回答我。所以说，孩子的问题并不在于调皮捣蛋，而在于他们不够尊重你立下的规矩。

如果我说我的下一步行动就是要协助你在家管教孩子，也请你不要太惊讶。一旦你的孩子在家里变得听话了，那他在外面听你话的可能性也就变大了。这样一来，他可能就会减少甚至不做那些不能做的事情。

通过确立清晰的有约束力的规矩，通过树立父母的权威，孩子的偏差行为便能得到一定的纠正，同时他们也会过得更快乐。

父母吵架了怎么办

一个运转良好、父慈子孝的家庭怎么会变得混乱无序、支离破碎呢？原本是父母占主导地位，教育、引导和保护孩子，结果却变成了孩子当家做主，没有一点规矩。更重要的问题是，如果说规矩已经被破坏，孩子已经成了家里的主人，那么应当怎样重建家庭秩序，让大家都过得开心呢？关键就在"卡普曼三角"（Karpman's Triangle）。

卡普曼三角

在我初学心理咨询的时候，老师让我了解"迫害者–受害者–拯救者"三者的关系。这三个角色的彼此转换就是我们熟知的"卡普曼三角"。这篇文章最初是由斯蒂芬·卡普曼（Stephen Karpman）发表在《人际关系心理分析周刊》上。

"卡普曼三角"说的是，一个人任意选择三种角色中的一种（迫害者、受害者和拯救者），另一个人则从剩下的两种角色中选择一种。角色可在这两个人之间轮换，也可以增加一个人形成三角关系。一旦某个家庭

第1章　用20年时间养育一个孩子

开始了这种三角模式，那么原本强大且稳定的家庭结构就会分崩离析，父母与孩子之间的界限会变得模糊，从而引发一系列后果。当然，如果能跳出这种三角结构，那家庭秩序也就能得以重建。

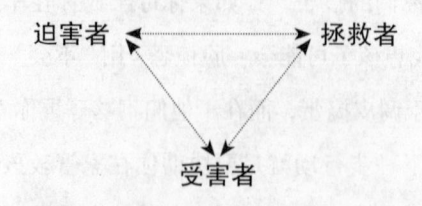

```
迫害者 ◀┈┈┈┈▶ 拯救者
    ╲         ╱
     ╲       ╱
      ▶   ◀
       受害者
```

想象这样的场景

漫长的一天，母亲在厨房准备晚餐，孩子们写完了家庭作业，全都目不转睛地盯着电视。父亲回到家跟每个人打招呼，没多久母亲出来叫全家人吃饭。电视剧还有5分钟就要结束了。父亲想要帮忙，不由分说关掉了电视。

"现在都给我去桌子上吃饭，你们的母亲刚才已经叫了一遍。"

（你完全可以认为父亲的行为是在帮助母亲。反正我是这样看。不过孩子们会很抗拒，好像父亲是一个迫害者，而他们也自然而然成了受害者。）

孩子们（受害者）大叫："这不公平。""还有5分钟就结束了。""我们会错过大结局的。""我又不饿。"或者以上所有的话。

这时，母亲想要拯救受害者，并迫害父亲这个迫害者。

"看看你都做了些什么事儿。现在你把他们搞得不高兴了，肯定全都不肯吃晚饭了。电视剧马上就结束了，再等几分钟又没什么关系。让他们看完结局再过来高高兴兴地吃饭不好吗？"

这时，成了受害者的父亲只怪自己不该太早回来。这么想想，待在办公室还好得多。父亲嗫嚅道："我也只是想帮下忙嘛。"很快，他又继续扮演迫害者的角色，"反正我觉得你让孩子们看太多电视了。"

现在，轮到母亲成为受害者了。"你回来之前，一点事儿也没有。"

然后，孩子（拯救者）走过去说："父亲，我爱你。"

接着，父亲和母亲（异口同声）大喝："吃饭去！"

孩子（受害者）只得悻悻地坐下来。

餐桌上的气氛非常压抑，孩子们翻弄着盘中的饭菜，神情黯然地抱怨着。原本各自都有些开心的事情可以分享，可这会儿却谁都不愿意再开口。

这是一幕典型的家庭场景。前一秒还好好的，下一秒彼此就生起气来。你生我的气，我生他的气，把气氛搞得特别僵。

回过头看看，我们会发现，其实只要注意几点，就能避免上述情况的发生。

轮班交接，还是说"我只是想帮忙"

几年前，我的大儿子罗布（Rob）生病住院了。他在医院住了整整一周，所以我们去探望了很多次。若刚好是3点到3点半之间到医院的话，就能看到一件蹊跷事：整个病房像是被遗弃了。放眼望去，看不到一个医生、护士或其他医务人员。他们好像集体消失了一样。

后来才知道，他们原来全都在一个屋子里头待着。因为3点到3点半刚好是医院换班的时间，护士并不是直接冲进病房然后就开始配药，她们换班的时候会先交接一下这一天的情况，了解哪些患者有特殊需求，哪些患者跟前一天一样。只有完成了这一步，他们才会进行下一步的工作。

其实家庭管理也一样，我们也会有轮班，只是制度不太一样而已。假定母亲主内，父亲主外，那这个家就会有三班工作。首先是早上父母同时值班，然后是母亲白天独自值班，下班之后又会是父母同时值班。

在上一节举的那个例子中，父亲下班回到家后确实是想帮忙的。母亲叫孩子们坐到桌子上吃饭，父亲便把电视机关掉，催促孩子赶紧吃饭去，没想到却引发了一连串问题。

母亲白天在家，她跟孩子们就写完作业之后是否能看电视的问题达成了默契，而"准备吃饭了"的意思究竟是要马上坐到餐桌前，还是可以看完电视之后再吃饭，孩子们和母亲也是心照不宣。母亲知道谁这一天比

第1章 用20年时间养育一个孩子

较辛苦,谁情绪比较脆弱,也知道谁之前帮忙摆了桌子以换取看电视的时间,还知道这一天下午轮到谁掌控遥控器了。

所以,避免陷入"卡普曼三角"的方法之一就是,要掌握足够的信息。如果轮到你接班,你就要跟前面值班的人做好交接工作,了解你不在的时候发生了什么。当你回到家准备接班的时候,最好是问"有什么我能帮忙的",而不是做些自以为帮忙的事情。这样一来,不管谁来接班,都会清楚哪些事情是需要做的。

脱离三角困境

你可能会想,这个三角关系究竟是从谁开始的呢?是孩子。一般首先是父母其中一方叫孩子去做某件事,而孩子马上扮演起"受害者"的角色,开始抱怨。父亲随之扮演"迫害者"的角色,而母亲又开始"迫害"父亲——事情就从这儿开始出现变化了。

解决办法之一就是,父亲尽量避免卷入这个三角关系。他可以说:"等等,我去问问妈妈怎么说。"然后母亲就会说:"我已经批准他们看完那个节目了。我说'要开饭了',目的是提醒他们,相当于一个倒计时:电视剧一放完,你能把电视关掉吗?(因为母亲知道孩子们是绝对不会主动关电视的。)"接着,父亲就可以告诉孩子们说:"你们的妈妈同意让你们再多看五分钟。"然后父亲陪孩子们看完大结局,再督促他们洗手坐到桌子边。母亲这时候就会对父亲说:"辛苦了,幸亏有你帮忙。"

在这个例子中,父亲没有让自己卷入三角关系,而是划了明显的界限,并充当了孩子和母亲之间的纽带。大人们通力合作,也会成为孩子们学习的榜样,而家庭内部的关系也就保持了平衡。

另外一种办法就是,母亲这样说:"是的,热饭热菜已经上桌了,得让他们马上上桌吃饭。多谢你的帮忙。"这时,父亲就可以走过去对孩子们说:"你们的妈妈用心准备了一桌丰盛的饭菜,我们得赶紧过去吃。"孩子们这时候可能还是会有点抱怨,不过看到爸爸和妈妈一条战线,他们也很快会释怀，高高兴兴地享用美味的晚餐。如果有一个孩子不听话，非得做"受害者"——"这不公平"是受害者最常见的抱怨，试图来"迫害"全家，那父母可以采取措施制止。比如让他回房间面壁思过，等认识到自己的错误再出来，这样也能避免陷入三角关系。

摆脱"卡普曼三角"

回到第一个场景。在孩子们抱怨爸爸关掉电视的时候，妈妈就应该知道他们开始了一个三角关系。可妈妈偏偏要扮演"拯救者"的角色，让爸爸坐实了"迫害者"的形象，从而让"卡普曼三角"完全确立。

其实，妈妈只要跟爸爸站在一边，对孩子们说，"你们听到爸爸说的话了吧，现在赶紧把电视关了过来吃饭"，就能走出这个三角，让父母的威信得到确认。

哪怕心存疑虑，也要站在一起

可是，孩子们不是按照妈妈说的做了吗？他们最后不也听了爸爸的话没有看电视了吗？难道他们只想看完最后五分钟的结局也不行吗？等一下再吃晚饭不是也没太大关系吗？

所有的这些都是理由，但是，有一点是最重要的，那就是，要让孩子服从父母共同定下的规矩。有时，我们的另一半可能会让孩子做一些事情，而那些事情未必对孩子最好。那么，我们是要指出错误，还是支持他？

哪怕有怀疑，也要走过去跟自己的另一半站在一边，说："按爸爸（妈妈）说的做。"（我要声明的是，如果你坐在原地隔着两个房间喊，"孩子们，按妈妈说的做"，这样是行不通的。你得站起来，跟另一半站在一块儿。）

相比于按照自己的意思来，跟另一半站在一边会让孩子有更大的安全感。如果父母为了孩子是否能再吃块巧克力饼干，或者出门前是否要穿上

第1章 用20年时间养育一个孩子

鞋子这种问题就先吵起来了,那孩子肯定会觉得心里没谱。

当然,要是你的另一半想要动手打孩子,或者要对孩子造成其他伤害,那你当然得出面护着孩子。但让我们这些父母吵来吵去的并不是什么生死攸关的大事,只是一些无关紧要的小问题而已。

父母一定要意见统一,尽量避免进入"卡普曼三角"关系——这两件事的重要性我再怎么强调也不为过。

对于爷爷奶奶或者其他的亲属来说,这也是可供参考的重要信息。在你反对孩子父母的意见之前,一定要想清楚这么做会带来什么后果。姑且不论你的意见是对是错,但只要孩子不受到什么威胁,大人们保持意见统一是最好的。

如果父母产生严重分歧

等你的孩子睡着了再说。放心,最多忍12个小时,心智成熟的大人本来就应该具备这种能力。孩子睡着了,你们再怎么吵也是你们的事。你们可以扮演受害者、迫害者或者拯救者,哪怕同时扮演三个角色也行,只要不让孩子看见或听见就行了。

我跟弗农(Vernon)肯定也有意见不合的时候。我们性格不同,我比较注重培养孩子的社交能力,觉得孩子开心就好;而弗农则相对严苛一些,注重培养孩子的责任感。

当孩子要求我们就一个问题马上给出答案时,要对他们说出"爸爸和我的看法不同,给我们一点时间商量"其实需要很大的勇气。除非我们能达成统一的意见,不然我们不会轻易给孩子承诺。这可能会让孩子们暂时有些小抱怨:"你总是听爸爸/妈妈的话",但他们心里清楚,一旦爸爸或妈妈给出回复,那这个答案就是确定可靠的了。

跟性格相反的人结婚,肯定会有很多意见不一的时候。让孩子知道哪怕意见不同也可以最终达成一致,这也是一种很好的示范。至于这个过程,就不用让他们知道了。

3. 智慧 VS 力量

想象这样的场景

你站在路边,牵着孩子的手。

孩子(奋力挣扎着):"妈咪,妈咪,我可以自己过马路的。"

妈妈(紧紧拉着孩子):"不行,亲爱的。你太小了。"

孩子:"可是妈咪,我跑得很快,车子追不上我的。"

妈妈:"是的,你有一双厉害的小脚。可是你一小时最多跑个五六英里①,而车子一小时能跑五十英里。你是绝对跑不过汽车的。"

孩子:"可是妈妈,警察叔叔会帮我呀。而且我保证,过马路的时候先看右边,再看左边,然后再看右边,确定没有车走之后我再过去。"

在这个场景中,你会看到一个母亲的全局观、丰富的人生经验和饱满的智慧。她知道一个 4 岁的孩子过马路前停下来看路的概率太小,也知道孩子没法正确判断汽车的速度。

孩子则体现出了很强的逻辑推理能力,以及让人刮目相看的辩论能力。只是,孩子存在一个问题——他的提议很愚蠢。一个4岁的孩子怎么可能每次都安全穿过马路呢?而且这是生命攸关的大事,不容许出现任何差错。

---

① 1 英里 =1 609.344 米。

第 1 章　用 20 年时间养育一个孩子

现在，让我们再丰富一下这个场景。

孩子挣脱你的手，飞快地往马路对面跑去。我们姑且不谈第一种情况——那太恐怖了。我们只考虑第二种情况——孩子安全穿过了马路。

这时候你面对的是一个极其危险的孩子，他试图用自己的力量和才智来证明自己的正确。我们并不能因为孩子安全穿过了马路，就说妈妈的担忧是多余的，也不能说孩子做的是对的。

经验丰富、富于远见且充满智慧

聪明伶俐、富有力量但冲动莽撞

孩子不过是一时幸运，这并不能说明父母的意见就是错的。这只能说明，父母日后得对这个站在路边的孩子更加小心，因为他已经开始利用自己的力量和小聪明来对抗父母的意志，而这很可能会让他做出十分危险的事情。

通过这件事我们应该知道，下次再过马路一定要紧紧牵住孩子的手。父母得提高警惕，不能让孩子乱动。父母得另想办法增强孩子的马路安全意识。

首先，如果我们不相信孩子会乖乖地牵着自己的手过马路，那就得用扛或抱的办法了。等到他愿意牵着手过马路，再把手递给他。当我们确定孩子会乖乖地牵着大人的手过马路时，才可以开始下一步——让他扯着衣角过去。若孩子接受了这个提议，便可以让他拉着我们的衣角过马路。一旦孩子做到了这些，也就意味着他在父母的严格监视下学到了一些过马路的规则。一般来说，孩子得长到10岁才能具备安全地独立过马路的能力。

善于辩论还是强于推理

从孩子很小的时候起，父母或老师就鼓励孩子努力掌握晨讲、演讲或辩论的能力。怪不得他们小小年纪就如此擅长推理呢。与此同时，我们也应该鼓励孩子进行横向思考。

这些都是很好的技能，我们本应鼓励孩子。我们希望孩子能考虑周全之后再行动，能够理性地思考，辩论的时候能看到事物的两面性，并能清楚连贯地表达自己的观点。

不过，身为父母的我们并不希望孩子用这些高级技能反过来对付我们，尤其是事关安全的时候。

很多时候，当孩子列出他们想做某件事的原因时，往往听上去都很有道理，而我们反驳的理由却不那么让人信服——连我们自己都说服不了。但这并不能说明我们是错的，只能说孩子的辩论能力比我们更强，或者说，他们天生性格更加强势。凭着一股冲动做事情，很多后果是孩子想不到的，有时候那些后果也不是三言两语可以解释清楚的。

拒绝孩子的要求时，我们最好能给出站得住脚的理由，不然只会强化他们的决心。哪怕孩子不能完全明白我们的意思，给出理由本身也体现了我们对其能力的尊重。若我们能完全理解孩子的话，再采取措施应对，通常会事半功倍。

以前我给一群12岁左右的学生上生物课，时不时便会被问"我们为什么要这么做"。每当碰到这种问题，我首先会解释该主题对应教学大纲的哪一部分，再告诉他们为什么这种技能是必需的，以及支撑这种理论的依据是什么。然后，我会补充一句："第二个原因就是，因为是我说的。"每当我这么说的时候，孩子们都会异口同声地回一句"那好吧"，然后就

第1章　用20年时间养育一个孩子

乖乖地照做了。

我的字写得比你好，看到了吗

每个一年级的班上都很可能出现这一场景，年年如此。老师教全班的同学如何写字母"a"。

"大家注意，我们从这儿起笔，然后顺着笔迹回到上边，倒着画一个圆圈，然后再竖下来。"

这时，总会有小朋友举起手问："老师，我喜欢先写一竖，再画那个圆圈……你看，我写得跟你一样好。"

他说得没错——至少暂时是这样。这个孩子的"a"确实写得和老师一样好。小孩的这种回应也体现出了他的创造力、决断力和高智商。不过，这位经验丰富的睿智的老师知道——其他老师也知道——接下来的18个月都是教写字，而他需要确保这位小同学养成最佳的书写习惯。

大部分类似事件其实都跟"服从"有关，这个小朋友在提出问题的同时，其实也是在挑战老师的权威。

愚蠢的行为都有哪些

下面是一些关于"愚蠢"的阐述：

☆ 我们再也不是朋友了。

☆ 我凭什么要听你的？

☆ 你不准参加我的派对。

☆ 我敢冒雨出去，而且不会感冒。

☆ 我不需要做作业——老师说的。

☆ 什么事一旦过早开始，很快就会失去兴趣的。

☆ 我的朋友们都能看R16的电影。（译者注：在新西兰的电影分级制度中，R16指16岁以下禁止观看。）

☆ 周末哪怕晚睡，星期一早上我也能精神百倍。

3. 智慧 VS 力量

☆ 我可以参加那个派对,要是我喝很多酒,我的朋友们也会照顾我。

☆ 你不让我穿耳洞,那打个脐环可以吗?

最后这句话,我是再熟悉不过了。

聪明的孩子会利用他们的智慧和能力让我们相信,他们的那些小聪明也有好处,一旦明白这一点,我们就能妥善应对。不要试图跟孩子讲大道理,委婉地指出问题或事情过后再私下解决,或许能避免陷入一场无休无止且注定不会赢的争论。

关于聪明孩子的愚蠢话,我印象最深刻的就是,一个孩子在被父母惹恼之后说的"你不准参加我的派对"。这个时候千万别上当。不用正面回应,你只要双手叉腰,拿出屡试不爽的"倚老卖老"的那一套,略带调笑地说:"那么,你觉得谁会为你准备派对的食物呢?"然后小声嘟囔几句,"唉!这可真是太可惜了。"接着你就走出房间,大可把这件事抛到脑后。

容易让父母失去理智、着急上火的话还有很多,这个时候父母千万不要冒出"儿子/女儿这样说,我好伤心,我要去哭一会儿",或者"这话真是太重了,好伤人"这种念头,最重要的是,千万别被孩子拉进那种低级的争论中:

"不,你不能这么说。"

"是的,你就是这样。"

"不,你胡说。"

"是的,我说的没错。"

……

试试这种方式:"哦,你这么说我真是感到遗憾。"然后默默走开。千万不要浪费时间和精力跟孩子辩驳。

说起不上孩子的当,一个 4 岁孩子的奶奶曾跟我说过这样一个例子:

孙子:你再也不是我的朋友了。

奶奶:什么朋友?

第1章 用20年时间养育一个孩子

孙子：我不知道。

说完，孩子就咯咯笑起来，然后跑开找其他乐子去了。

现代的"愚蠢"挑战

父母让孩子做点简单的事情，孩子却顶嘴道"你又不是我老板"——这是近10年才有的事情。如果父母把孩子的话当真，真的开始思考让孩子把桌子上别人的碗碟收走是不是不应该，或家庭作业是否真的有必要（或许是老师为完成教学任务而加在孩子身上的负担？），那就真的是太不明智了。"你又不是我老板"，孩子说这句话的意思其实就是"我不想去做"，只不过语气加强了一点而已。当然，你也可以认为这是孩子的诡计，目的是要把你的注意力从当前的任务转移到权威与控制的问题上。

为人父母，就得在20年的时间里让孩子从一个无拘无束的婴儿成长为一个懂规矩、有分寸的成年人。至于理由，那可就多了……

当今社会，最成功的往往是那些能承受失败、能延迟满足感并专注眼前的人……

另一方面，能够认识到孩子会对父母提出的最简单要求说"不"这个事实，并采取相应的措施，这将会是一条捷径。

写在边上

我几乎每周都会接到一两个家长打来的忧心忡忡的电话，询问六七岁的孩子（通常是男孩）有没有可能自杀。当我追问缘由的时候，听到的答案通常是孩子说"我死了算了"或者"我要去死"这种话。

父母听到这种话自然很不好受。如今关于新西兰青少年（特别是男性）高自杀率的报道屡见不鲜，报道通常都会提到如何把孩子的这种倾向扼杀在摇篮里。

然而，当我问父母究竟是什么事让孩子说出这种话的时候，答案都只是因为父母叫孩子做一些很简单的事情，比如喂狗狗吃东西，或者收拾自

3. 智慧 VS 力量

己的床铺，或者整理一下书本。孩子不想做这些事，接着就是不停地争论。事情依然没做，孩子却变得愤怒或悲伤，最后扔下一句类似"我死了算了"这种狠话。

孩子想用这种方式来证明自己的厉害，一方面这让父母感到无奈，另一方面也体现了孩子的愚蠢——如果只是不想铺床，完全没必要用这种方法。这时就得看父母的智慧和经验了。要压制内心的夸张反应（"你这么说真是太伤人了。你知道生命有多珍贵吗？你知道你对这个家有多重要吗？你怎么可以说这种吓人的话？"），也要咽下到嘴边的气话（"我不喜欢你这么做——现在，能先把床铺好吗？"）。

孩子逃避任务的方式有很多种，而且"与时俱进"，这时就看父母的智慧、能力和经验了。不管孩子怎么说，意思都只有一个——不想干活。明白这些之后，父母就得想办法避免陷入无休止的无谓争论了。

4. 增强孩子的自尊

哪个最重要

很多家长前来咨询时，都会这样解释孩子的行为："我的孩子缺乏自信。"这是谁得出的结论？可能是医生，可能是保健师，可能是老师，可能是家人亲戚，也有可能是父母自己。要是我再问他们认为自己的自信心如何时，有些家长就会说："其实我也缺乏自信，所以我才不想孩子跟我受一样的苦。"

一个聪明活泼、家境优越、接受着良好教育且备受父母疼爱的孩子，看上去却不怎么开心，缺少满足感，且觉得发挥不了自身的潜力。这究竟是为什么？老师和父母通常都会用"缺乏自信"来解释这一切。

可我们要是再深入观察，就会发现这个孩子做事情缺乏动力，破坏性强，或者不愿意跟他人合作；在老师或者祖父母面前没有礼貌，暴躁易怒，哪怕让他做一点小事也会发脾气或者大哭耍赖；总是记不住自己的东西放在哪儿。解决这些问题的办法——父母和老师是这么说的，就是增强他们的自尊心，只要有了自信，他们自然就会改变这些行为。

可我的看法恰恰相反。我认为只有当孩子能以符合年龄的方式对家庭和学校贡献一份力量，当他能够热情礼貌地对待他人，当他只在该生气的时候生气（还是得符合自身年龄），并且能接受生活中合理范围内的挫败，只有这样，我们的孩子才能算是真正的自信自尊。

低自尊心循环圈

没有父母想看到自己的孩子陷入低自尊心的怪圈。

这个圈的起点就在孩子说"我做不到"。

$$\boxed{我做不到}$$

一旦孩子开始说"我做不到"，而且时常重复，以至于自己和父母都相信了这一点，他们就相当于给自己增加了一道束缚。这种束缚一多，"很多事情我都做不到"就会成为孩子的基本心态。

孩子越是认为自己很多事都做不到，他们对自身的评价也就越差，也就越认为自己能力不足。他们不会再有"初生牛犊不怕虎"的朝气和勇气，反而对生活、对世界充满敌意。这时候，身为父母的我们就会想：我们做些什么才能让他们开心呢？我们担心孩子的自信心不够，千方百计地想增强他们的自信心。可父母的这些努力往往都没什么效果。渐渐地，孩子开始认为自己"一无是处"。

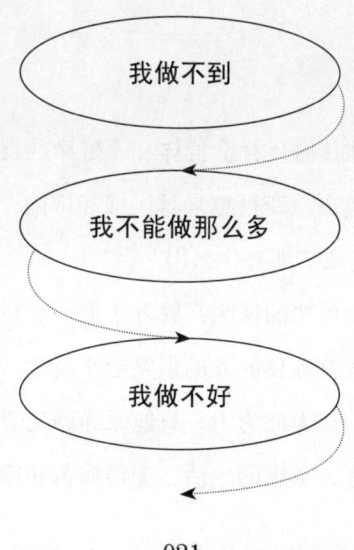

我做不到

我不能做那么多

我做不好

第 1 章　用 20 年时间养育一个孩子

自尊心受挫的孩子渐渐地也不把自己的身体和大脑当回事了。青春期的孩子容易有反叛心理，这也让很多父母急白了头。孩子酗酒、吸毒，做不经过大脑的愚蠢事，或听一些靡靡之音，以此来麻醉自己。这些孩子跟狐朋狗友四处溜达，寻衅滋事，或者早恋滥交。我个人把这段时期称作"性、毒品和摇滚"的阶段。

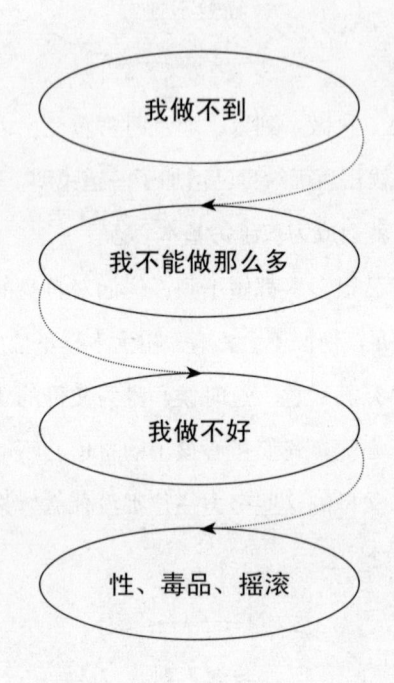

```
        我做不到
           ↓
      我不能做那么多
           ↓
         我做不好
           ↓
       性、毒品、摇滚
```

当孩子越来越多地接触反社会群体和不健康的反社会活动时，他们跟家人和朋友便会渐渐疏离，变得越来越压抑和郁闷，口头禅也从"妈妈，不要担心，我没事"变成"那有什么用"。

如果孩子陷入这个可恶的怪圈，就等于他们离成为一个有技能、有自律能力、情绪独立和正直善良的人的道路越来越远。父母清楚地感受到正慢慢失去自己的孩子，却无能为力，只能眼睁睁地看着他一步步堕落。若看到孩子过着这样糜烂、空虚的生活，变得痛苦和冷漠，父母最害怕的恐

4. 增强孩子的自尊

怕就是他们有一天会想不开自杀。

```
        我做不到
           ↓
        我不能做那么多
           ↓
        我做不好
           ↓
        性、毒品、摇滚
           ↓
        有什么用？
           ↓
        退学
           ↓
        自杀
```

毋庸置疑，我们都不想孩子陷入这种"缺乏自信的怪圈"。越早控制孩子在这个堕落圈中的行为，就越容易帮助孩子摆脱它，并走上乐观自信的向上循环圈。

高自尊心循环圈

只要孩子有了做事情的信心，觉得有些事情是他们完全能够做到的，那他们就很有可能进入自尊心越来越高的向上循环圈。

（我能做到）

很多例子都表明，"我能"说得越多，也就更加会意识到自己能做很多事情。

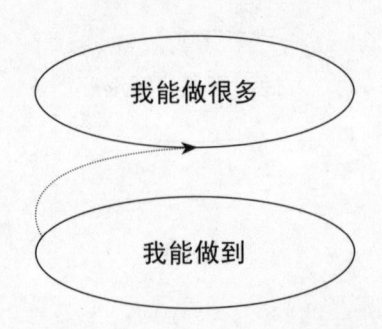

（我能做很多）
（我能做到）

一旦孩子在社会活动中有了成就感（通过自我反馈）和认同感（通过父母的反馈），他们就会越来越相信"一切皆有可能"。这并不是狂妄自大，而是一种相信"天下无难事，只怕有心人"的生活观。同样地，在追寻目标的过程中，他们也会明白，有些事情暂时无法做到，从而学会承受必经的失败和挫折。

有了设定目标、追求目标和实现目标的能力、意志力和经历，孩子会在内心生出一种"我很厉害"的认知。当然，这并不是对自己的胡乱吹嘘，也不是自认"天下无敌"的骄傲。事实上，当我们回过头看成人世界里那些被我们归类为"厉害"的人时，会发现，他们通常都具备自信淡定、目标坚定、不懈追求等特质。

独立性和自律性不断完善，个人能力不断提升，并且树立了正确的价值观、人生观和世界观的孩子，一定会前途无量，机会无穷，未来的世界也一定会属于他们。

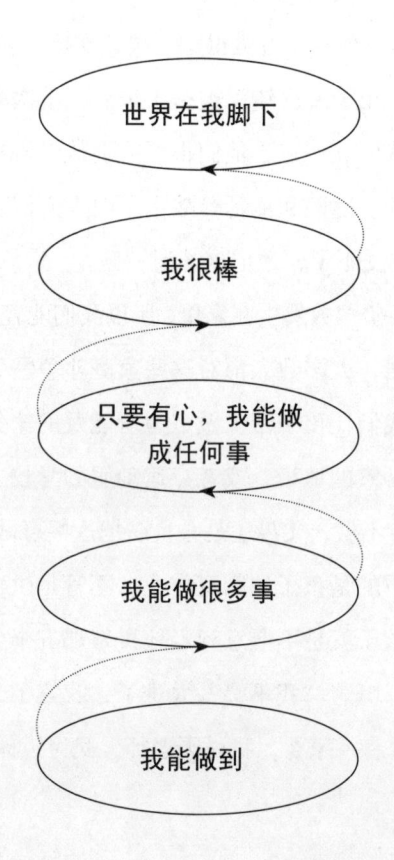

```
       世界在我脚下
            ↑
         我很棒
            ↑
      只要有心，我能做
          成任何事
            ↑
        我能做很多事
            ↑
         我能做到
```

从下到上

那么，我们要怎样让孩子从向下的循环圈转到向上的循环圈呢？

对于那些说"我做不到"的孩子，我们曾无数次尝试说服或规劝或鼓励或哄骗他们，让他们相信"我能做到"。我们晓之以理，动之以情，我们"威胁"或"利诱"。遗憾的是，这些手段并没有起到多大作用，可我们还是坚持用这些办法。到最后，我们的耐心被磨光了，此时，我们开始大吼大叫，开始谩骂，开始动手殴打。

最终，我们看到的就是歇斯底里的父母和满怀愤恨的孩子。即便没有

第1章 用20年时间养育一个孩子

爆发剧烈的冲突,也很少会有孩子真正拥有"我能做到"的感觉——不管父母说了多少次"看吧,我说了你行的。所以,为什么10分钟就能做到的事情,非得拖一整天,搞得人人不得安宁呢",这时的孩子并不会觉得自己选择了正确的道路,他只不过觉得这一次"反抗"被挫败了而已。

父母的逻辑是,犯了一次错误被指出来后,下次就会吸取教训,不会再犯。可孩子并不认同这一点,他们很可能会故错再犯。所以,孩子学会了哭闹、喊叫、跑开、逃避和拖延等战术。而大人们发现,干脆自己做还省心一点,除非实在受不了,才把孩子训一顿。

父母和孩子的斗争多数发生在家里,所以我们能轻易走开,不再坚持。除了饱受折磨的邻居,大多数人都对这些家庭斗争一无所知。而这些斗争的缘起,很可能是我们让孩子帮忙做点力所能及的家务,或者把耳朵后面洗一下,或者清理卧室的地板,或者穿运动服到学校去,而孩子不愿意。到最后,见孩子坚持不做,父母还是会自己把这些事做了。

最容易激发矛盾的是孩子的家庭作业。不管是哄也好,骗也好,威胁也好,利诱也好,孩子就是不愿意利索地拼好那五个生词,他们一把鼻涕一把泪地撒泼耍赖,喊着"我不会,太难了,我累了,我好伤心,等会儿再做,我要看《辛普森一家》,我讨厌老师,我讨厌你"。

"不想,不能"

首先,第一个关键点就位于低自尊心循环圈的最顶端,在于说了"我做不到"。在孩子完全相信自己"不行"之前,在孩子还未让我们相信他"不行"之前,其实有很多事是"不想",而这些"不想"常常会掩饰在下面这些表达中。

☆ 太难了。

☆ 我太累了。

☆ 还没轮到我。

☆ 我不知道怎么做。

4. 增强孩子的自尊

☆ 她逼着我做的。
☆ 我讨厌你一辈子。
☆ 我的眼泪止不住了。
☆ 我要离开这个家。

但是，请你相信我，这些话的实际意思都只是"我不想"，而非"我做不到"。

在"我不行"之前，一定会经历一个"我不想"的阶段。

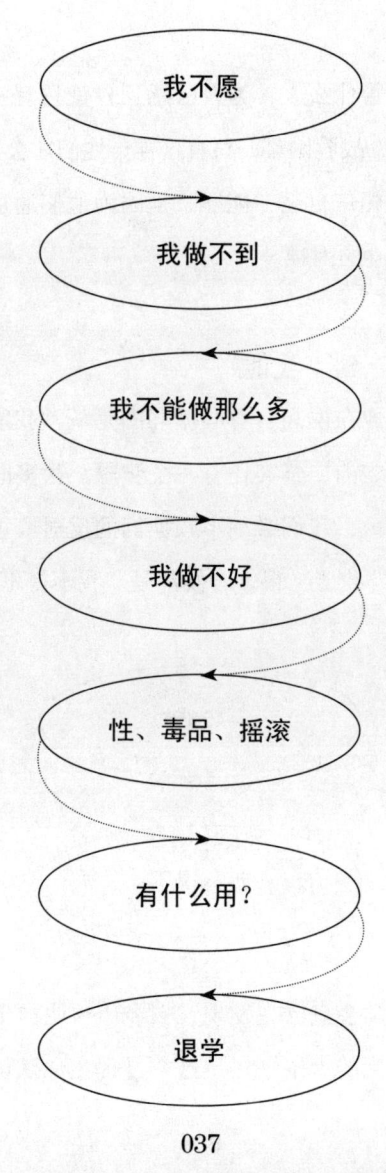

```
我不愿
  ↓
我做不到
  ↓
我不能做那么多
  ↓
我做不好
  ↓
性、毒品、摇滚
  ↓
有什么用？
  ↓
退学
```

第1章 用20年时间养育一个孩子

所以，只要我们想办法让孩子"想"做，也就相当于间接阻止了他们滑向自信心弱的堕落圈。

"可是，"你们可能会说，"你是不知道我说了多少次，跟孩子说他们是可以的，不管多么困难、多么麻烦的事情他们都可以做到，你是不知道我在培养孩子的自信心方面花了多少精力。"

其实，我也一样。我也做过很多尝试。

可我们都错了。

让一个人——不管什么人，为自己感到自豪只有一种办法，那就是让他们亲身去经历困难，战胜困难。只有这样，他们才会真正相信"我能"。自信心强的人之所以相信自己"能"，是因为他们通过自己的努力，战胜了很多看似不可能战胜的困难。

从"我不得不"到"我能"

到现在，我们好像在说高自尊心循环圈是从"我能"开始的。不过，在孩子们说"我能"之前，其实还有一个步骤。很多时候，为了让孩子们做些力所能及的家务事，我们必须不顾他们的反对或抗拒，坚持让他们完成任务。也就是说，"我能"很多时候都是"我不得不"的结果。

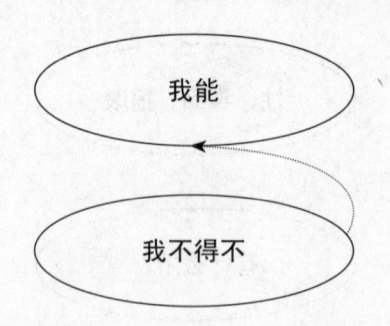

```
        我能
         ↓
       我不得不
```

如果孩子能因此学会自己去发现、去经历，明白生活有时候会逼着你去做你以为自己做不到的事——正是这个过程让你认识到了自己的能力，

4. 增强孩子的自尊

从而变得更有自信——那么"不得不"也是一件很好的事。

不过，在现实生活中，我们也不可能为了让孩子了解交通规则，就允许他们在车道上玩耍；也不可能为了让他们明白学习机会的珍贵，就真的允许他们辍学，以至于连基本的识字能力都没有；更不可能冒着孩子可能孤独一生、没有一个朋友的风险，任由孩子恃强凌弱。

这是一个讲规则的社会，我们不能让孩子去冒这些风险。此外，这其中还有两个原因：

第一，子女生得少。也就是说，每一个孩子都非常宝贵。从种族繁衍的角度，如果我们想绵延子嗣，就必须好好照顾孩子。一只雌蛙在一只或多只雄蛙的帮助下，一胎就能产下成百上千只小青蛙，相对来说，青蛙妈妈和青蛙爸爸自然不会那么紧张，因为他们有足够多的孩子，无须担心血脉传承的问题。

所以，不能放任孩子犯错以学习生活经验的首要原因是，这样做太危险了。父母要尽量避免孩子犯危险的错误。

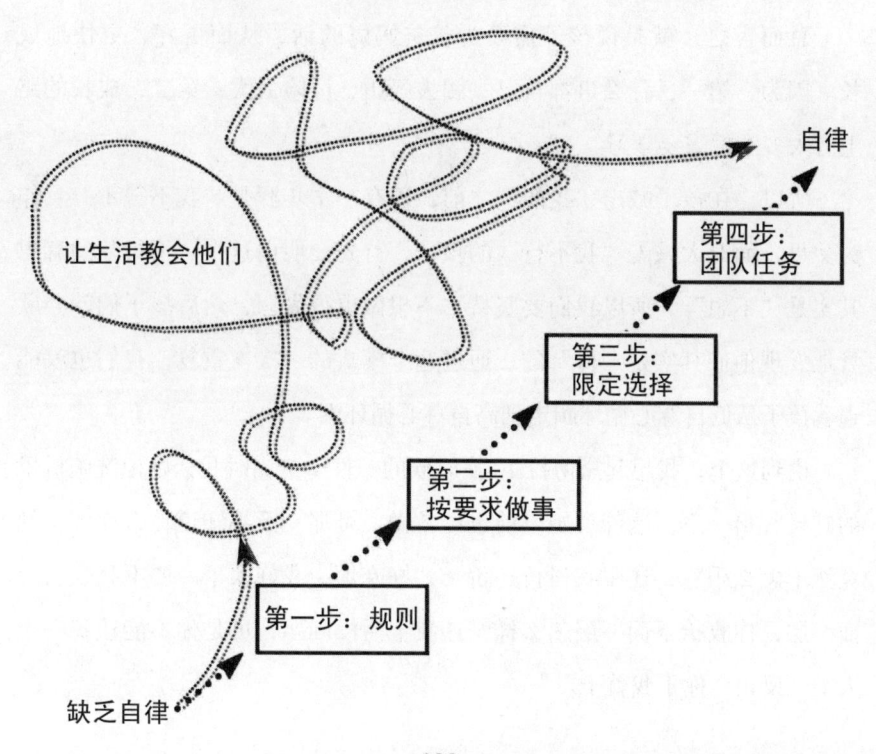

让生活教会他们

自律

第四步：
团队任务

第三步：
限定选择

第二步：
按要求做事

第一步：规则

缺乏自律

第1章 用20年时间养育一个孩子

第二，孩子们没有足够的时间。在成年之前，有太多生活的各种能力和智慧需要掌握，若任由孩子按自己的意愿来，很可能会走很多弯路。那样的话，时间上就来不及了。

要确保孩子在成年后掌握独立生活的必备能力，最好的办法就是欣然接受父母和老师们现成的生活经验。在这一点上，我就没办法兼顾什么"自主发现"的快乐了。因为现成的生活经验能决定孩子的生活是天堂还是地狱。

☆ 过来这儿，不然我怎么帮你系鞋带？

☆ 记得带上你的便当盒。

☆ 不要把妹妹推到洗碗机里。

☆ 系上安全带。

☆ 请你现在就做作业。

☆ 晚上11点之前一定要回家。

总而言之，就是说孩子需要听爸爸妈妈的话，从而更好、更快地成长。因为，第一，什么事都自己去闯去经历，风险太大；第二，成长的路上有太多东西需要学习。

所以，在孩子喊出"我能"之前，还有一个步骤是"我不得不"。作为父母，面对大喊着"我不行"的孩子，首先要明白这个"不行"的意思其实是"不想"，所以我们要坚持"不想做也得做"，然后孩子们就会欣喜地发现他们其实是"行"的。通过这个模式的一次次重复，我们也就能逼着孩子从低自尊心循环圈走到高自尊心循环圈。

说到这个，我想起黛博拉10岁时候的一件事。当时我让她把洗碗机里的碗筷收拾一下，这件事她以前也经常做。可那一天不知道什么原因，她竟然不怎么乐意，还跟我讨价还价："好麻烦，我好累了。要不我收拾上面一层，你收拾下面一层怎么样？让我干活没问题，可是你不能让我一个人干。反正，你干我就干。"

结果就是，我们各执己见，互不相让。

最后，还是作为妈妈的我赢了，该死的洗碗机也被整理干净——足足比我自己一个人做多花了四倍的时间和精力。我和黛博拉都不开心，黛博拉不开心是因为我让她做了她不想做的事情；我不开心则是因为这么简单的一件事，我却要花费这么大力气才能让她妥协。

第二天，我无意中听到黛博拉不无自豪地对她的朋友说："我平时在家里主要是负责洗碗。我妈妈很信任我呢，放手让我去洗那些易碎的玻璃、瓷器。"听到这话，我整个人都愣住了。没想到我的坚持竟然让女儿的自信心得到了提升，关键是她对这种成长也很高兴，甚至可以说是自豪。

从"我不想"到"我不得不"

要培养一个情绪独立、能承受失败和挫折、有自律能力、能力出众、易于相处且正直善良的孩子，我知道一个最好的办法就是，作为父母，我们有责任让孩子做一些他们并不十分愿意做的事情。

要让孩子从"我做不到"的低自尊心循环圈跳到"我能"的高自尊心循环圈，我们首先要让他们从"我不想"转变成"我不得不"。接受既定的规则和规矩，是让他们走上自律自立最快的也是最安全的道路，同时，这在很大程度上也能保证他们过上开心、满足的生活。

学会做不想做的事情，并接受这个过程中的挫败，是走向良好自我管理最重要的一环。这也是为什么这本书会重复出现"让孩子听话"的主题。

有时，当你听到孩子可怜兮兮的哀求、愤怒的吼叫，或抗拒的哀号，可能就会忘记你其实是在激励他们从壳中跳出来，是在帮助他们成长。走向自律的道路，其实就是一条跟简单要求做斗争的道路，比如：

☆ 我们现在要换尿片了。

☆ 请你带上外套。

☆ 别碰那只猫。

☆ 你马上把那张桌子收拾一下。

第1章 用20年时间养育一个孩子

☆ 拿你的家庭作业过来给我检查。

☆ 周六晚上的派对有哪些万无一失的安排?

当然,除非等孩子到了25岁,或者有了自己的孩子,不然我们可别奢望得到他们的任何理解或感谢。让孩子听话是个艰巨但重要的任务,学会服从父母或其他人合理的要求,也是孩子增强自尊心的重要一环。

世界在我脚下

我很棒

只要有心,我能做成任何事

我能做很多事

我能

我不得不

我不愿

我做不到

我不能做那么多

我做不好

性、毒品、摇滚

有什么用?

退学

5. 事情为何变得乱糟糟

每个人都努力想成为一个好母亲或好父亲。我们尽力满足孩子身体成长的所需，满足他们的情感所需、智力发展所需，我们还专门给他们安排玩乐和休息的时间。

有些家长很幸运，因为他们的孩子享受生活，做事情专注并且有明确的目标，对于别人为他们的付出心存感激，并且享受成为家庭的一分子。

可有些家长却每天都生活在煎熬之中，因为他们的孩子似乎每件事都跟他们作对，不管让他们做什么都是抱怨，什么事情都无法使他们开心，让人感觉他们特别不愿意生活在这个家里。

有时候，生活在同一个家庭的两个孩子可能出现上面这两种截然不同的状况。这究竟是怎么回事呢？

一般来说，这很可能是因为父母做得太多了。我们过于关注孩子的行为和情绪，为他们承担一切的责任或后果，而他们自己承担的东西却太少。

恶性循环

当孩子开始怄气或者发脾气，或者连"穿好衣服"或"摆一下桌椅"这种简单的要求都不照办，恶性循环也就开始了。这时候，我们的孩子不仅不会自己解决问题，还会马上把问题抛给我们。

第 1 章　用 20 年时间养育一个孩子

那么，怎样判断孩子"把问题抛给我们"了呢？当我们试图改善现状或寻找妥协的方法时，孩子仍然采取不合作的态度。不知怎么搞的，原本一个小小的矛盾，结果却变成了复杂的、很难解决的大问题，搞得我们进退两难。

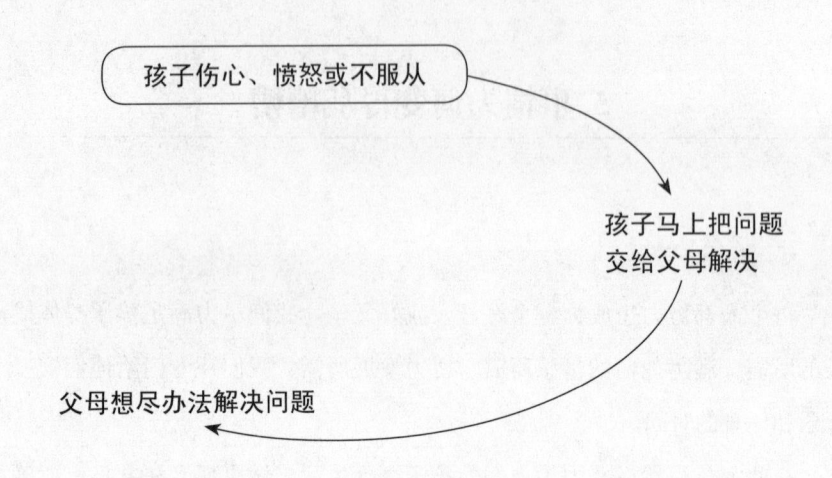

```
孩子伤心、愤怒或不服从
            ↓
        孩子马上把问题
        交给父母解决
            ↓
父母想尽办法解决问题
```

解释

矛盾发生时，我们首先采取的对策就是跟孩子解释：解释这么做的必要性，解释这么做的结果是如何的好，或者跟孩子说把玩具让给另一个小孩玩一下对他会有什么好处。

如果孩子对这个解释不买账，我们便会换个解释，再不买账再换解释。反正，很多父母都是这么想的——只要我能解释清楚，孩子就会明白其中的道理，然后听我的话。可是，我们没有意识到，孩子在不服从的同时就已经决定不接受任何解释。不管我们的解释多么有道理，也不可能让他直面问题，更不用说想办法解决问题。孩子既然把问题抛了过来，他们就不可能再接回去。

不过，我要申明一点，这并不是说孩子都很狡猾，精于算计。不是这样的。其实这些都是孩子的下意识行为。孩子们从过去的经验中得知，只要父母开始一遍一遍地解释，他们就无须就事情本身做任何努力了。

分散注意力

解释没用的话，我们可能就会换另一种方法——分散他们的注意力。我们会建议孩子用更简单的办法完成任务，或者跟他们说只要快点完成就好，这样问题就解决了。我们会说："快别不高兴了，你想想，事情做完了不就好了吗？"

要是孩子为某件事心情郁闷，我们便建议他们想想其他开心的事，或者说这件事没那么重要，或者让孩子换个角度思考问题。

孩子生气了，我们便让孩子换个方式发泄愤怒——这有点跟电影里的心理治疗师类似，比如拳打床垫或枕头。

要是冒点险的话，我们就会说："睡一觉就好了。"

可能有些父母还会说，为这点事生气不值得，或者跟孩子讲他们自己的经历，从而让孩子明白，这点小事完全不值得动气。

哄骗和鼓励

如果以上的方法都不管用，我们可能就会说些好听的话，哄着孩子按我们的意思做事情。我们刻意迎合孩子善良的天性，唤醒他对家庭的责任感，利用他想为家庭贡献力量的心情。我们再次用"我"的口吻跟孩子们说话，让孩子知道，如果他们能把事情解决的话，我们会有多高兴。我们可能会说这些事情能磨炼他们的性格，并用切实的理由让孩子相信我们这么做都是为了他们以后好。

在这个过程中，我们付出了太多，而孩子做出的努力却太少。

孩子花了很多力气在反抗和争论上，但他们并没有为完成任务而做任何努力。孩子把问题全甩给了我们，而我们竟然就这么心甘情愿地接受了。结果就是，作为父母的我们绞尽脑汁去解决问题，孩子却在那一味地跟我们作对。

第1章　用20年时间养育一个孩子

威胁

要是解释、建议、哄诱都没有用，我们可能就会来硬的了。

我们会威胁孩子，如果不按我们说的做就会怎样怎样。我们嘴里喊着惩罚，心里却在怀疑自己是否真的下得去手，同时也暗暗希望孩子不要对此太伤心。总之，孩子始终摆在第一位。我们威胁说，再这么下去，大家就都不喜欢他了，或者说，再这么不听话，爷爷奶奶都会失望了。

惩罚

要是以上的方式都不管用，那我们还有最后一个办法——惩罚。我们怒吼，我们痛殴，我们命令孩子回房间思过，我们取消外出游玩的计划，取消派对，我们把孩子禁足，我们不准孩子看他最喜欢的电视节目——为期一周或一个月。与此同时，心里却在打鼓，不知道这么做是否真的能顺利解决问题，另外，其他没犯错的孩子该怎么办？如果一并惩罚是不是不公平？可如果其他孩子都能看自己喜欢的节目，就这个罪魁祸首不能看，是不是又有点太残忍了？

就这样，孩子越来越愤怒，越来越叛逆。他会控诉我们偏心，说我们不理解他，他会歇斯底里，失去做事情的兴趣和信心，他会大叫"我恨你！你是全世界最讨人厌的妈妈"，他会挥舞拳头，愤怒地咒骂——而这又是我们接下来要面对的另一个难题。

现在情况如何

一切都乱了套。所有人都不高兴，空气中弥漫着紧张、压抑的气息，混着愤怒和绝望的味道。

这个情景的一再重现，只会带来以下三种结果：

☆ 孩子的能力越来越弱。
☆ 父母越来越觉得无能为力。
☆ 父母与孩子的距离越来越远。

5. 事情为何变得乱糟糟

孩子的能力越来越弱

孩子越是抗拒父母或其他人的要求或安排，就越容易因为一点小事而怒火中烧。而他越是为小事介怀，能力就会越来越弱。身为父母，我们都希望孩子能综合发展自己各方面的能力，从而享受克服困难过程中的快乐感和满足感，并提升自信。

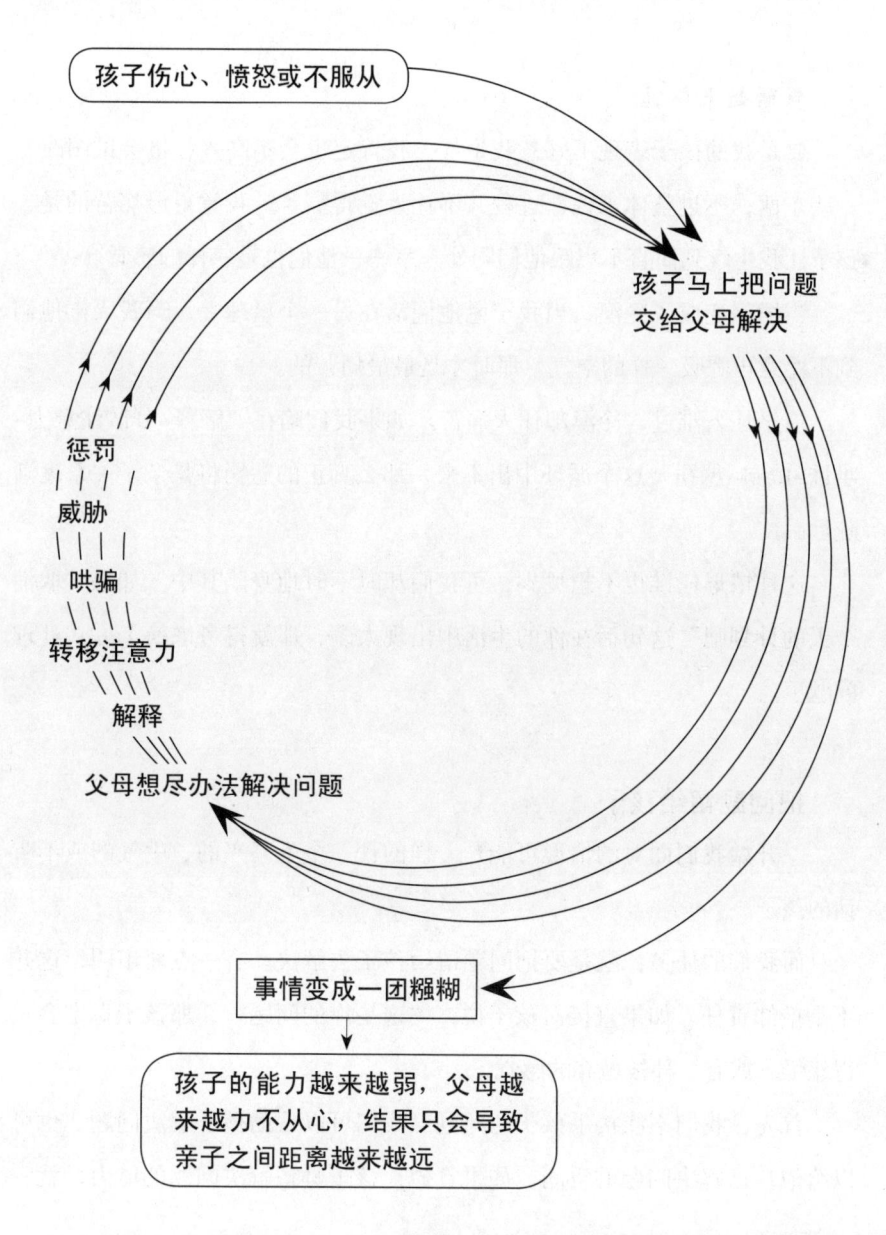

孩子伤心、愤怒或不服从 → 孩子马上把问题交给父母解决 → 父母想尽办法解决问题（惩罚、威胁、哄骗、转移注意力、解释）→ 事情变成一团糟糊

孩子的能力越来越弱，父母越来越力不从心，结果只会导致亲子之间距离越来越远

047

第1章 用20年时间养育一个孩子

父母越来越觉得无能为力

孩子表现不好——让他们做一点小事就抱怨连天，挑衅或欺负自己的同龄人，或者对父母不礼貌，父母就开始想，是不是自己做得不好呢？当孩子的行为让我们在大庭广众之下出丑，身为父母的我们会从心底生出一种无能为力的感觉。

距离越来越远

要是我的孩子表现不好惹我生气，我肯定也会不高兴，也会试图改变一些东西，不过整体来说，过程并不让人觉得痛苦。我觉得最痛苦的是，孩子让我生气到简直不想跟他们同处一室——他们也是一样的感觉。

当愤怒变成了冷漠，当我宁愿他们活在另一个星球上，当我厌倦他们到不愿意再呼吸一样的空气，那时才是最最痛苦的。

愤怒让人难过，冷漠却让人痛苦。如果我们陷在"解释-分散注意力-哄诱-威胁-惩罚"这个循环中出不来，那么真正的惩罚将是亲子关系逐渐疏远。

这种情形任谁也不想见到，可我们却时不时地身陷其中。如果"取消今天的计划吧"这句话在你的生活中出现太多，那就得考虑换个方式处理问题了。

把问题留给孩子

一开始我们面对的情形可能是一样的：一个不高兴的、生气的或不听话的孩子。

而我们的任务，就是要把问题留给孩子去解决。有一点要申明，这并不是推卸责任。如果直接对孩子说，"这是你的问题"，那孩子肯定会觉得怨恨，或有一种被抛弃的感觉。

首先，我们不能接手孩子的问题。我们可以帮助孩子解决问题，也可以给他自己解决问题的空间。如果真想让孩子具备解决问题的能力，就一

5. 事情为何变得乱糟糟

定不能把问题接过来，要把问题留给孩子自己去解决，让他自己去想办法，去经历。

其次，当孩子开始学着解决特定年龄段很可能会出现的问题时，比如从满怀愤怒到渐渐学会用正确的方式来发泄愤怒，或者从感觉悲伤到开始学会承受挫折，并理智地应对问题，从逃避应该完成的任务到主动承担自己的家庭责任，他的能力也就得到了提升。他们的能力越提升，对自己的评价就会越高；对自己的评价越高，自信心就会越强；自信心越强，事情就会做得越好。

这是一个良性循环，主要表现在下面三个方面：

☆ 孩子的能力越来越强。

☆ 父母觉得越来越省心。

☆ 父母和孩子越来越亲密。

没有哪一个父母不想让自己的孩子走进向上的高自尊心循环圈，毕竟，恶性循环只会越来越差，而良性循环会越来越好。

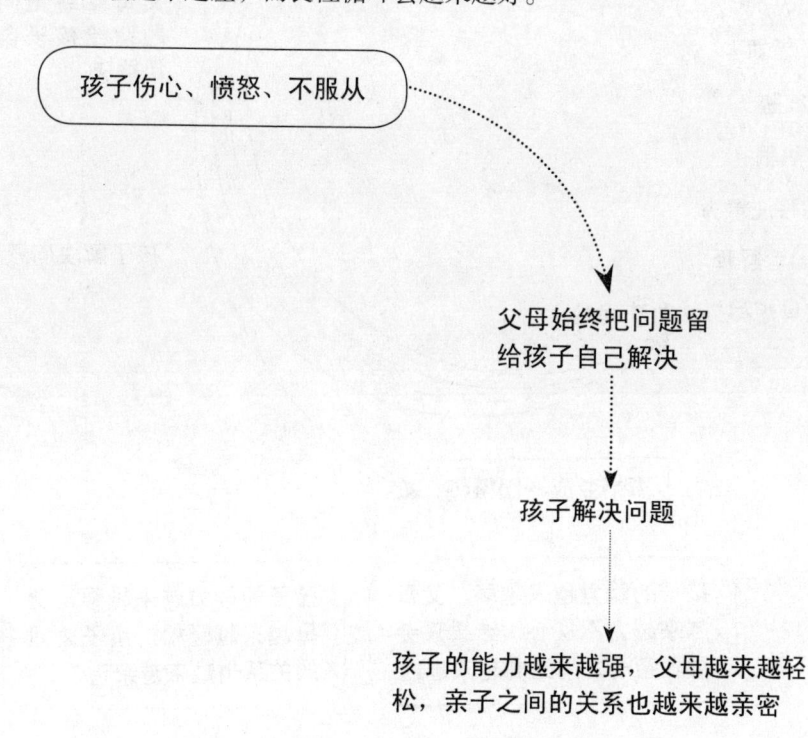

孩子伤心、愤怒、不服从

↓

父母始终把问题留给孩子自己解决

↓

孩子解决问题

↓

孩子的能力越来越强，父母越来越轻松，亲子之间的关系也越来越亲密

第1章 用20年时间养育一个孩子

一个能力出众的孩子——不管他的能力达到哪个级别，都会让人感到欣喜。我并不觉得掌握技能是目的，相反，我把它看成是上进的途径。只要孩子的能力增强了——不管是在社会上，在家里，还是在学校，我们都应该为他们的成就感到自豪。一个愿意并且能够承受正常挫败的孩子，一个沟通能力不断得到提升的孩子，相处起来一定会是令人愉快的。

要判断你的育儿方式是否正确，看你的孩子是否易于相处就知道了。

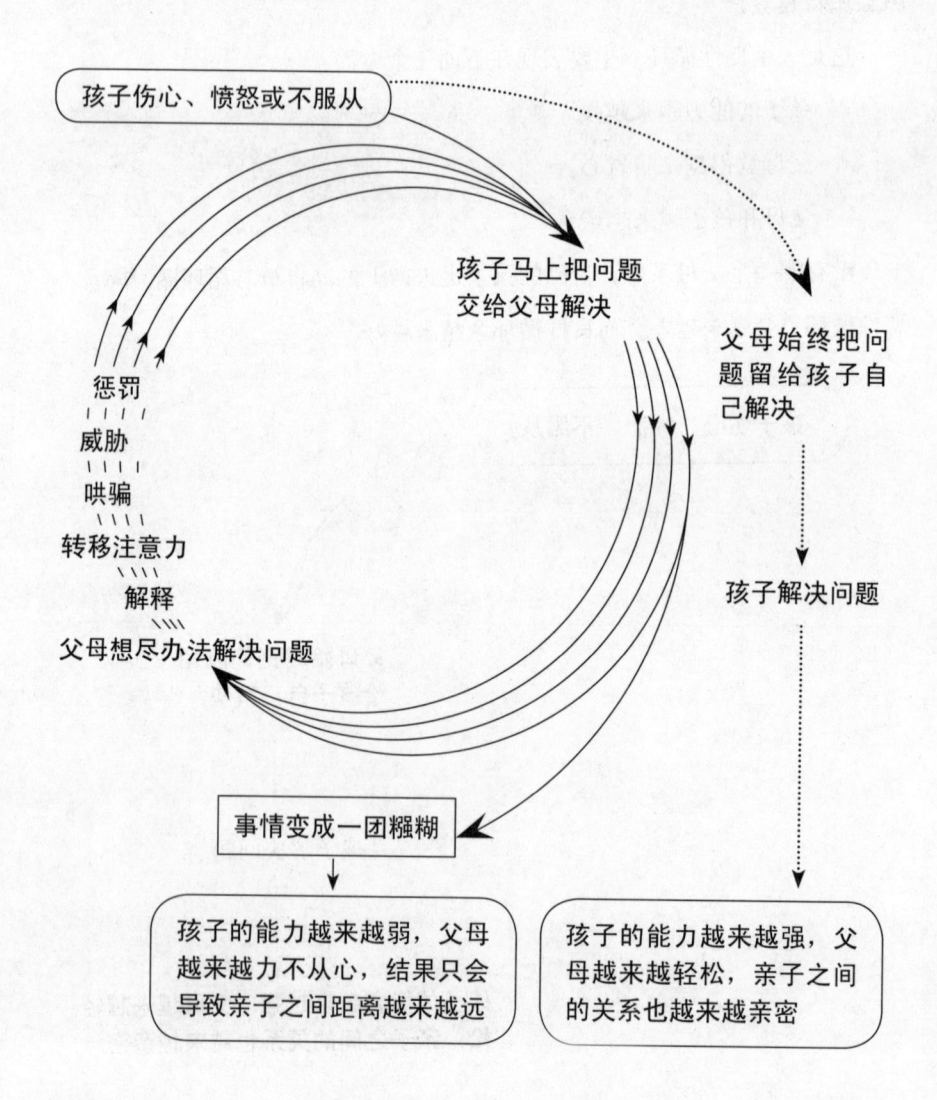

```
孩子伤心、愤怒或不服从
        ↓                        ↘
   孩子马上把问题              父母始终把问
   交给父母解决               题留给孩子自
                              己解决
   惩罚
   威胁                        孩子解决问题
   哄骗
   转移注意力
   解释
   父母想尽办法解决问题

   事情变成一团糨糊

┌─────────────────────┐  ┌─────────────────────┐
│孩子的能力越来越弱，父母│  │孩子的能力越来越强，父│
│越来越力不从心，结果只会│  │母越来越轻松，亲子之间│
│导致亲子之间距离越来越远│  │的关系也越来越亲密    │
└─────────────────────┘  └─────────────────────┘
```

第 2 章
了解人的性格

6. 性格理论

大约是 10 年前,我的一个朋友拿出一盒磁带跟我说:"你一定得听听这个。"是福劳伦斯·利塔尔(Florence Littauer)的带子,我欣然同意,听得很享受。福劳伦斯·利塔尔是个很有意思的人,说的话总让人忍不住捧腹大笑。我听了几次之后,便情不自禁地在身边寻找例子。我被迷住了,可却找不到一本她谈论过的书。

六个月后,福劳伦斯·利塔尔来到新西兰。从那之后,我几乎会跟每一个客户提起福劳伦斯·利塔尔。

福劳伦斯对于性格的理解易于传达,却很有深度。最关键的一点是,福劳伦斯的性格理论并不仅仅是写给那些心理学家或专业的咨询师看的,而是可以帮助每一个普通人都更加了解他人和自己。

这一章写的主要是我对福劳伦斯·利塔尔一些观点的理解,不过我还是建议大家自己去买福劳伦斯的书来看看。我推荐她的入门书《性格加号》(*Personality Plus*)和《你的性格谱》(*Your Personality Tree*)。而《掀起育儿的纱幕》(*Raising the Curtain on Raising Children*)则在分析不同脾气和性格的基础上,对亲子之间的沟通交流进行了精彩的论述。如果你没能在普通书店找到这些书,那么去基督教的宗教书店一定找得到。

(在此我要申明的是,推荐这些书绝对不是为了改变大家的宗教信仰。这些书确实属于基督教书籍，但其宣扬的理念对每一个人都有用，不管你信仰哪一个宗教。）

亚里士多德和希波克拉底

亚里士多德是两千多年前伟大的古希腊思想家和哲学家，他假设世界上一切物质都可划分为：热或者冷；湿或者干。

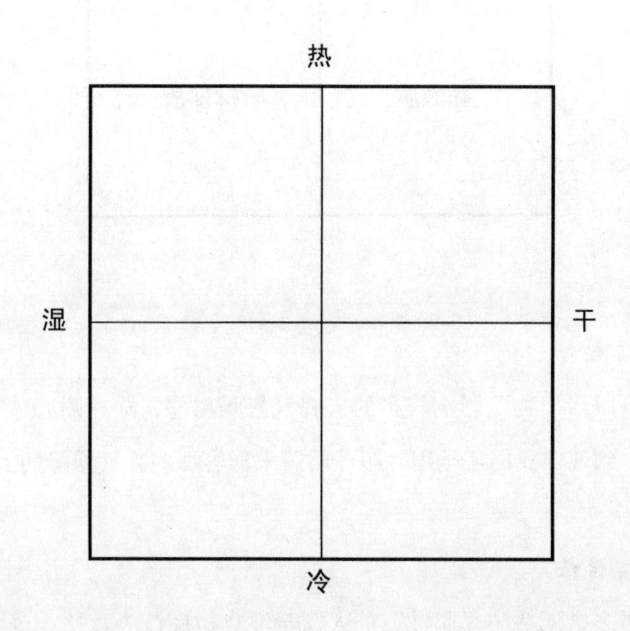

```
         热
    ┌────┬────┐
    │    │    │
湿 ─┤    │    ├─ 干
    │    │    │
    └────┴────┘
         冷
```

古希腊还有一名哲学家名叫希波克拉底——现代医学生一定会在毕业典礼上宣读希波克拉底誓言。希波克拉底在解剖实验中了解到，绝大部分人的身体结构都大致相同，那么人的性格怎么会千差万别呢？他推断，人与人的性格之所以会有不同，很可能是受到多种"身体质"（液体）的影响，并根据身体质把不同的性格划分成以下几种：

多血质性格

希波克拉底认为，有些人的性格很大程度上是受到血液的影响。多血质的人血液容易起泡，说话速度比较快。

第2章 了解人的性格

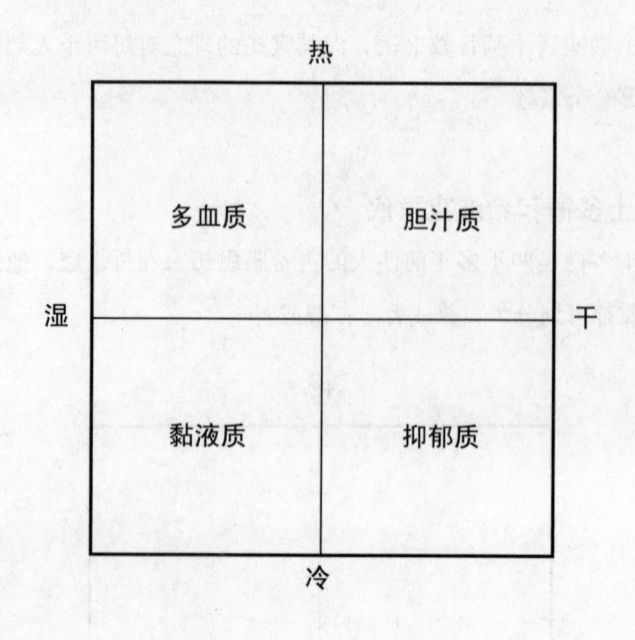

```
            热
   ┌────────┬────────┐
   │        │        │
   │  多血质 │  胆汁质 │
   │        │        │
 湿├────────┼────────┤干
   │        │        │
   │  黏液质 │  抑郁质 │
   │        │        │
   └────────┴────────┘
            冷
```

胆汁质性格

受"肝脏渗出物"影响较多的人脾气暴躁易怒，缺乏耐心，不过目标十分明确。到现在我们还是用"胆汁质"来形容那些脾气暴躁的人。

抑郁质性格

抑郁质多指那些"黑胆汁"的人，希波克拉底认为这些人受胆囊汁液影响。他们爱挑剔，容易烦恼，讲求精确，很多时候都会对世界生出不满的情绪。

黏液质性格

这个词估计是一些人最不喜欢听到的词之一。希波克拉底把黏液质性格的人描述成行动较为迟缓、笨拙呆板并固执己见的一群人。

现代理论

福劳伦斯·利塔尔在希波克拉底定义的基础上，增加了自己的理解，使这些概念更能为新世纪的人所接受。

多血质性格的人喜欢玩乐

多血质性格的人喜欢玩乐。他们对于玩乐的理解就是，跟很多人一起做自己想做的事。

我的两个女儿都是典型的多血质性格。她们能整天跟朋友在外面玩，回到家不到半小时，便又开始计划晚上的社交活动，而且她们能连续好几天都保持这种热情。喜欢与人打交道是多血质的人最大的特点。

多血质性格的人天生就有自己的魅力和感染力。事实上，我经常用这个标准来判断前来咨询的父母的孩子是否属于这种性格。"她的魅力如何？"我问。如果父母听到这个问题莞尔一笑或狡黠一笑，那他们的孩子很可能就是这种喜欢跟朋友玩耍、乐享人生的多血质性格。

胆汁质性格的人控制欲强

胆汁质的小孩喜欢对事物的掌控感。一个多血质的小孩醒来问，"我们今天做什么呀？"这句话的意思是，"今天我们去哪儿玩呀？我们会不会跟很多人一起活动玩耍？"而一个多胆汁的小孩问"我们今天做什么呀"的意思则是，"我们今天要做的事跟我的打算一样吗？"

听到这话的时候，你可能不知道她的计划究竟是什么，不过你已经开始担心若给出的答案没能让他满意，结果可能会很糟糕。如果你的回答跟胆汁质小孩想的不一样，很可能就会听到这样的回答，"我不去！我才不要那样！"这已经是半陈述半抗议的话了。

如果父母有足够的智慧，这时就应该走开，并尽量不要说带情绪的话。"这个问题会解决的"，如果这么说，或许你就能避免一次跟胆汁质小孩的冲突。

第2章 了解人的性格

抑郁质性格者崇尚完美

抑郁质性格的人不仅希望今天这一天一切顺利,他们还想知道事情的确切结果,并要确保一切都会按照计划或期望走。

我曾跟一个可爱的抑郁质性格的小孩合乘一辆汽车,她每天钻进我的车都会说"早上好,莱薇尔女士"。事实上,这本身就是一种对世界抱有悲观情绪的表现。其他小孩都会跳过来说"嘿,戴安",但这个小孩却只希望自己做对。还有就是,她每天早上都会问:"我们会迟到吗?"其实,我的行车记录一向都很好,我只能忍住内心反驳的冲动,跟自己说不要同她计较。"不会,伊丽莎白,"我耐心地一字一句地对她说,"时间很充足。"

"哦,那很好!"她满意地回答,然后她又会问:"那么谁来接我回家呢?"

要是我不了解她的脾气,我很可能会当场掐她的脖子——我已经接过她无数次了。幸好,我了解她的真实意图,所以也及时满足了她对于秩序和结果的这种执着。只有当她心里对诸如目的地是哪儿、什么时候到、谁会来接她这些问题有了明确的答案,她才能安下心来,享受跟其他小伙伴一起玩乐的时光。

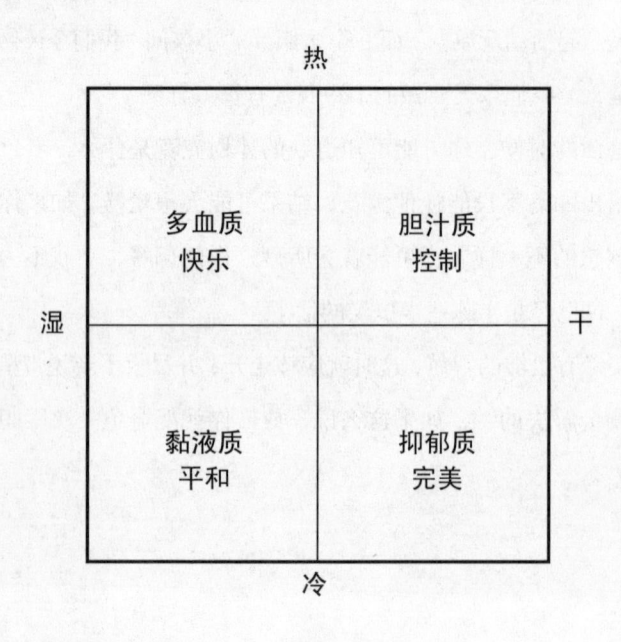

	热	
湿	多血质 快乐	胆汁质 控制	干
	黏液质 平和	抑郁质 完美	
	冷	

要是抑郁质小孩醒来之后问"我们今天要做些什么",然后你给了她一个满怀热情的回答,而她却是带着些许失望和郁闷地回答"哦,这样啊",你也不要惊讶。一个完美主义的小孩很多时候都会是"只有半杯水"的悲观,而不会是那种"哇,还有半杯水啊"的乐观。

以前,我们每年都会带孩子们到奥克兰去一次。一般我都会这样安排:你们每个人都可以玩四样东西,选择三样东西吃。开车回家的路上,我会带着高昂的情绪问一些比如"孩子们,今天玩得开心吗"的话。作为一个多血质的天性乐观的母亲,我当然不会希冀一个10岁的小孩能满足我心中对认同感的渴望,不过这时候我那个同样是多血质的女儿塔尼亚往往会在座位上跳起来说"好开心",而我的抑郁质小孩罗伯特却会说"我再也不要上那辆魔鬼列车了"。

约摸10年之后,当我听到福劳伦斯·利塔尔的演讲,我终于明白他说的"他度过了完美的一天,而他的抑郁特质却会让他生出对未来的担忧,从而给这种完美蒙上一层忧郁"。对于一个筋疲力尽的父亲或母亲来说,他们已经没有力气再去揣摩或者理解抑郁质小孩的这种性格特质了。

抑郁质小孩表面看也会十分的积极,充满热情,但他们天生就更加注重"坏"的东西,而忘记"好"的东西。所以当你问他们这一天过得如何,却听到他对一些不如意之处的念念不忘时,就不要惊讶了。若你每天接送小孩或哄小孩入睡时都说"现在,每个人都跟我讲三件今天发生的好的事情",你的那个抑郁质小孩很可能会选择沉默,因为这让他有一种被排挤的感觉,因为他的需求没有被满足。

换个开放的方式来问这个问题也许会好些,比如说,"今天过得怎么样"。当他表达一些负面想法或情绪的时候,你也不要责怪他,或者建议他看事情要看到好的一面。只有这样,抑郁质的小孩才会觉得你是真正接纳他本来的样子的。

第2章 了解人的性格

黏液质性格者爱好平和

如果你第一胎生的是一个黏液质性格的小孩,那么很多时候你都不会明白其他父母的纠结或煎熬。黏液质性格的小孩哪怕饿了也只是轻声地呜咽,他会等你解开衣扣后再满足地吸吮母乳,把他放进摇篮他也会乖乖地顺从。胆汁质性格小孩的父母已经深深地意识到,要让小孩乖乖地待在摇篮里简直难如登天。他们会认为黏液质性格的小孩简直像是来自外星球——因为那些小孩竟然会乖乖地待在自己的摇篮床或婴儿房中。

只要不受到外界过分的刺激,黏液质小孩对任何事物都能平和地接受,特别乖,特别好带。这种小孩更愿意坐在母亲的膝头,而不是跟其他小孩去沙坑玩。当别人让他们交出玩具时,他们也会乖乖地服从。当然,对于特别喜欢或感情特别深的玩具,他们也会拒绝。不过大多数时候,黏液质小孩都是愉悦的,平和的,合作的,让人高兴的。

绝大部分父母都把这种性格的小孩称作"乖孩子",因为他们天生向往平和。随着年龄越来越大,他们对于"平和"的渴求或许让他们缺少行动力,不过这种孩子很少会跟父母正面冲突,父母也往往会原谅这种性格小孩的不作为,毕竟他们天性如此。当父母提醒他们做某件事时,他们会说"好的,妈妈。不好意思,妈妈"。这并不意味着他们会马上按你的要求做,他们只是走开了,而我们却会以为他们其实想做事,只是不小心忘了而已。

当父母对这种黏液质性格的小孩发脾气时,他们会表现得茫然而受伤,会试图改正自己的错误。他们也知道,只要安静地等待并表现出无助的样子,或者试图去做,但还是把事情搞砸了,就会有人——很大程度上会是耐心不够的胆汁质大人或小孩,看不惯这种"不作为",一边口头上责备,一边替他们把事情做了。

这种性格多好啊!反正我很少碰到父母前来咨询说:"我有这样一个性格活泼、容易相处的小孩,你帮我让她改变一下吧。"如果要说这种性格有什么问题的话,就是长大之后他们或许会发现生活没有那么轻松,从而走向另一个极端。

如何对他人施加影响

当然，大部分人都是混合性格，只不过会有某一种性格特质占主导地位。每种性格对应的是不同的做人做事的方式，而这也就会对他人造成不同的影响。

多血质的小孩受到天生爱玩乐的特质的驱动，多半通过自身魅力影响他人。他们给人的整体感觉就是，"让我迷倒你吧，然后你再按我的方式来"。

胆汁质的小孩受控制欲的影响，一般是通过发脾气来影响他人。他们的言行举止都好像在说，"按我的方式来，否则——"

胆汁质的小孩可能是通过大喊大叫的方式来表达愤怒——这些我们都是知道的，除此之外，他们也可能通过消极的方式来表达。胆汁质小孩有时会变得特别安静。如果有人让你有一种"危险的安静"的感觉，那这其实就是"消极愤怒"。这种愤怒其实更加恐怖，你得明智地意识到这是胆汁质小孩试图控制局面和父母的绝招。

回想一下你的孩子小的时候是怎么让你到他身边的。如果他是哭个不停，传达出"快点过来，否则我不会停止哭闹"的意思，那么你的小孩就是胆汁质性格无疑了。

（很多婴儿几个月大的时候都会受到肚子痛的折磨，这给我们判断小孩是否属于胆汁质性格增加了难度。不过，事后回想，答案往往会更加明了。）

抑郁质小孩受完美主义的影响，往往是通过情绪来影响他人。如果世界不能如他所想变得更加美好，他很可能就会通过阴郁的情绪来回击。而父母当然希望孩子开心快乐，所以也就任他发泄自己的情绪。

放任孩子通过发泄情绪来影响事态发展，他需要怀抱的时候就毫无顾忌地给他（没有教诲或开导），之后又一切照旧——其实，这样做大错特错。

出于对平和的追求，黏液质小孩往往是以一种较为含蓄的方式来影响

第 2 章　了解人的性格

他人。有的时候要不是有人指出来，我们往往会忽略他的意思。而当我们认真去看的时候，会发现事情就是那样。黏液质的孩子哪怕不想做什么事，他们也不会吵闹或抗议，而只是通过迂回的方式跟我们周旋，或者故意做得很慢。黏液质的孩子都是"拖延"的大师。

	热	
湿	多血质 快乐 通过魅力施加影响	胆汁质 控制 通过愤怒施加影响	干
	黏液质 平和 通过拖延施加影响	抑郁质 完美 通过情绪施加影响	
	冷	

他们表现得很含蓄很优雅，以至于很多时候我们都没意识到发生了什么。我们只知道自己越来越烦躁、越来越不安，却找不到一个具体的目标，甚至不知道之所以烦躁不安，是因为我们的要求没被满足。再加上面前没有人，我们就变得更加沮丧。而当我们的沮丧情绪达到顶点的时候，离我们最近的那个人往往就成了"炮灰"。生性平和的黏液质小孩是不太可能成为这个"炮灰"的，因为他早就明智且有技巧地避开了。

他们需要什么

如果从孩子对他人施加影响的方式或者说从孩子的最主要需求，还是判断不出他的性格，那么你可能得想想他究竟需要什么。若你的孩子心情烦闷、暴躁易怒、不合作，那么下面这段关于基本需求的论述或许能给你一点帮助。扪心自问一下：他们还有哪些需求未被满足呢？或许你能从中找到答案。

多血质性格的需要

对于多血质性格的小孩，寻找并感受生活的乐趣是他们的动力，所以他们的快乐、成就，甚至是犯下的错误，都需要一个观众。如果说错误背后有一个精彩的故事，那么他也会乐呵呵地跟你分享这个错误。不过，这样的小孩还需要认同感，所以当他跟你讲述自己的心路历程时，你最好也能说说自己曾犯下的错误，只有这样，他才会觉得你更亲近。一群多血质性格的人聚在一起，可能还会比较谁犯的错误更大更离谱（这时候胆汁质的人就更看不懂了，怎么会有人喜欢把自己不好的东西展示出来呢）。

我就经常做这种事。我喜欢跟别人说自己在育儿过程中犯下的错误，好让他人有一种"同是天涯沦落人"的感觉。我的两个多血质性格女儿——塔尼亚和黛博拉，很理解我这一点。不管做什么事情，她们都希望有"观众"，所以要是对话的过程中我没有好故事可以讲，她们反倒会不高兴。她们也不会觉得我的那些"犯错"的故事是在抹黑她们或者她们的父母。黛博拉约摸八岁的时候，我开始给一个双周刊写专栏。那时候每当看到我在电脑旁坐下，她马上就会满怀希望地问我，"你会把我写进你的故事吗？"

多血质

快乐

通过魅力施加影响

需求：被关注
　　　被认同
　　　被接受
　　　被喜爱

第 2 章　了解人的性格

与此不同的是，我的丈夫弗农和儿子罗伯特都是胆汁质性格，他们就不明白为什么要把自己的错误拿到大庭广众之下去说。

另一个驱动多血质性格者的就是被接受的需要。如果在一个团队中被排挤了，他们就会觉得很受伤。假如你跟一个多血质性格的小孩讲述一个跟他无关的计划，很可能得到的反应是她给你一个"那我呢"的表情。多血质性格的小孩富有爱心，宽容大度，也希望其他所有人都能开心，不过他们首先关注的是自我的愉悦感和归属感是否得到满足。

一群孩子在操场上玩耍，你很容易就能从中找到多血质性格的那个。他肯定会想尽各种办法来吸引别人的目光，"看我看我，你看到我刚才做的了吗？你猜我接下来会做什么？你知道我还会做什么事吗？"她会向你抛出一连串的问题来让你关注她。"我到操场上来，这样她就会拼命地表现自己了。"——很多时候，我心里都是这个想法。

我还记得父母是怎么描述我的滔滔不绝的——像飞流直下三千尺的瀑布一样。我还记得小时候每当要出远门，父母首先就会跟我说"你安静五分钟就好"。作为一个多血质性格者，我很想配合，我只是不知道怎么做（直到今天我还是不知道）！

还记得我二年级的老师沃尔什女士曾在学期末对我说，"唉！以后我肯定会想念你这个话匣子的。"我所有的成绩报告单上都会提到："黛安要是能少说点儿话，注意力更集中一点儿，相信会取得更好的成绩。"想到多年以后我被母校邀请回去做演讲时，我在演讲中提到我的成绩报告，以此证明我如今很大一部分是靠嘴皮子吃饭的，我就更加感觉到人生的奇妙。

胆汁质性格的需要

此前已经说了，胆汁质性格的人最大的需求就是控制欲的满足，作为一家之主的我们，当然不能把家庭的控制权交到一个毛头小孩手中。明智的父母除了看到他们的控制欲之外，还应看到他们的其他需求，并想办法予以满足。

说到胆汁质性格的小孩，他们渴望别人肯定和认同其付出，而这个需求也是最容易满足的。多血质性格的小孩只要受到夸奖就会高兴，而胆汁质小孩只有在你夸到点子上或者说夸到他们心里去的时候才会高兴。

对孩子而言，成人世界里的任何一件事都可算作"真正的付出"。黛博拉（她同时也具备胆汁质性格特点）四岁的时候，很喜欢收集多页文档。如果妈妈说"我需要你帮我做点大人的事儿"，然后她就会一心一意地去做那件事。黛博拉性格中多血质的一面让她喜欢大人的陪伴，而胆汁质的一面又让她做起事来迅速又高效，连我这个大人都不得不佩服。

罗伯特也喜欢做大人做的那些事儿，不过他的胆汁质倾向更强，更愿意在自己的空间里做事。罗伯特更喜欢独立做事情直到自己满意，然后再拿出成果来赢得认可。罗伯特做事情十分地专注，他喜欢说"你只要告诉我你的要求，以及任务截止的时间"，之后他便会全心全意地去完成这个任务——当然是利用他自己的时间，以他自己的方式独立完成。

胆汁质性格的小孩十分看重忠诚度，他们会把很多事情都上升到"忠诚与否"的层面。在这方面，胆汁质性格者往往把人划分成两派，要么是他这一边的，要么不是他这一边的。当你的某个决定不符合他们的期望，他们很可能会把这解读成你不是他这一边的。不过这也有好处，一旦你的胆汁质性格的朋友或家人站到你这一边，你就能对他们完全放心。

对于胆汁质性格的小孩，你得做到无可挑剔地公平，无论是座位选择还是其他什么情况。千万别在他们面前随意制定某种规则，比如"她是客人，让她走前面"，因为当下一次他去别人家做客时，他就会要求得到相同的待遇。

胆汁质性格的小孩有一种强烈的好胜心，他总想做到最好最快。他希望所有事情都能做到公平——尤其是当公平有益于他时。

福劳伦斯·利塔尔并未把"责骂他人"归纳为胆汁质性格小孩的需求之一。不过就我个人的经验来看，胆汁质性格的小孩很清楚地知道自己的

第2章 了解人的性格

需求和事情的发展方向,所以一旦结果不尽如人意,他们就觉得肯定是其他人的错,从而刁难或者责骂别人。

> 胆汁质
> 控制
> 通过愤怒施加影响
>
> 需求:付出被欣赏
> 　　　忠诚
> 　　　责备他人

胆汁质性格小孩的父母常常跟我抱怨,说孩子甚至会因为起床的时候故意为难他们。早上醒来如果发现自己到了另一边,或者有其他类似的事情发生,或者有人惹他们生气了,这些胆汁质性格的小孩就会找人撒气——怪罪他人。

罗伯特小的时候动不动就生气或者不高兴,那时候我常常想,这个小孩需要一条狗。可惜我们家一向都没有养宠物的习惯,所以这件事就不了了之了,不过我还是确信养只狗对罗伯特而言将会是巨大的安慰。因为他可以把小狗当作发泄悲伤和不满的对象,这样父母和其他兄弟姐妹也能少受一点罪。

我们已经知道,胆汁质小孩往往是通过发泄愤怒的方式来影响他人。一旦生活中有什么不受其控制的事情发生,他们就会变得紧张焦虑,以至于家人经常会怀疑是不是有人要来谋杀他。

抑郁质性格的需要

抑郁质小孩总想让世界变得完美——井然有序且有规律可循,这也是他们生活的驱动力。他们希望一切都是合理有序的,任何事情都有时间可循。

"顺其自然"可不是抑郁质小孩的性格。

要是没有计划或者计划出了问题，抑郁质小孩很可能会心情低落，把自己封闭起来。你能做的，就是尊重他们的选择，让他们在自己的空间里安静一会儿。

到了上幼儿园或者上学的时候，往往是一个情绪爆发点。在此之前，抑郁质小孩已经把自己要说的话都说完了，耐心也用完了，他们开始想要拥有更大或者更私人的空间。他们想要一种类似于"空间泡沫"的东西。如果你能提供这个空间给他们，让他们自己安静一会儿，那么要不了多久他们便恢复正常了。

如果你在放学后有活动安排，那就得好好想想怎样满足抑郁质小孩对于个人空间的需求了，毕竟喜欢闹腾的小孩子不会考虑其他小孩的心情。

> 抑郁质
> 完美
> 通过情绪施加影响
>
> 需求：个人空间
> 　　　不被打扰
> 　　　敏感
> 　　　支持

若想让抑郁质小孩乖巧听话，最好的办法就是满足他们的需求，也就是要感觉他们的感觉，并留给他们一定的空间。作为父母，你可以对其他孩子说："苏菲想自己待会儿，你们别吵她，她等会儿就会跟你们一块儿玩的。"

这对多血质的父母来说比较难，因为我们总是担心孩子会错过某些快乐的事情。而对胆汁质的父母来说就更难了，因为他们的计划不容有变——说好要开心玩，怎能容许"不开心"的存在？黏液质父母只想让所有人都

第 2 章　了解人的性格

开心满意，所以要他们把孩子的这种需求置于其他人的需求之上基本上不可能，他们只会要求抑郁质小孩"合群"。

比较能理解抑郁质小孩的就只有抑郁质父母了，不过如果你做了一个完美的计划，希望能让每一个人都开心，结果你的孩子却耍脾气说不愿意参加，你是否也有点头疼呢？

要同时满足不同性格的人的需求本身就是一件几乎不可能的事。为人父母最难的事情之一就是要把欲望和需求区分开来，然后再分别满足不同的人。一旦我们明白抑郁质小孩需要私人空间、安静和他人的感同身受——他们并非故意为难，我们就应该想办法更好地满足这种需求。

所有孩子都需要支持，抑郁质小孩在这一点上尤其突出。解决办法只有一个：给他们支持。

黏液质性格的需求

黏液质小孩最需要的是平和，而他们判断自己是否得到这种平和的方式就是，看是否需要做不想做的事情。混乱的时候，他们总是一副事不关己的样子；而当我们气得跳脚时，他们又会表现得十分关切，最后再不疾不徐地说一句，"好的妈妈，我马上去做"。这并不表示他们真的马上就会去做，这只说明他们有做这件事情的意愿——如果事情不是太难太麻烦的话。

黏液质小孩最不喜欢的就是斗争和矛盾了。他们善于调解，如果问题真到了无法解决的地步，他们也至少要确保自己不会被牵扯其中——尤其是在多血质小孩和胆汁质小孩乐此不疲地争论时。某种程度上来说，他们会让其他的人唇枪舌剑，甚至于比较享受这种"活力"——只要不是针对他们。但是，如果争论演变成了争吵，或者到了人身攻击的地步，他们就不会高兴了。

黏液质小孩一般都具备急中生智的智慧，他们并不喜欢争吵。碰上争吵时，他们往往会退到比较安全的地方，冷眼看战火升级。

由于黏液质小孩的好脾气、随和和合作，父母很容易忽略他们的需求。

他们并不是要始终霸占父母或其他人的注意力，你只要时不时地给他们一个拥抱，然后说"要是没有你，我该怎么办呀"就可以了。

黏液质性格的成年人多半属于易相处、顺其自然那一类型，他们希望每个人都能过上自己满意的生活，他们会很热心地替生活苦闷的人寻找解决办法，好让他们过上幸福的生活。

如果你想伤害一个黏液质性格的人——我不敢想象怎么会有人忍心这么做，那么只要问他的意见，认真听他的回答，然后不按他的方式做就行了。被忽略会让黏液质的人心里很难受，因为这击碎了他们的自我价值感。

如果你的黏液质小孩表情忧伤，沉默寡言，那你就得多留点心了。他们首先会选择静静地待着，以善意来对待这个世界，并希望得到同样的善意。若这种策略不奏效，或者他们被挑剔、被排挤，那么父母一定要及时给予关心，表达对他们的重视，这样他们才能继续面对问题，或者寻求你的帮助。记住，一定不能忽略他们。

黏液质的人希望所有事情都合理有序。这跟抑郁质小孩的完美主义倾向不同，它更多的是避免冲突的方式。对于黏液质性格的人而言，一起按照制度合理地进行是非常重要的一件事，因为这能减少事情变糟糕或发生冲突的概率。

黏液质
平和
通过拖延施加影响

需求：避免冲突
　　　自我感
　　　价值感

第 2 章　了解人的性格

结语

当我第一次听到福劳伦斯·利塔尔的性格理论时，犹如醍醐灌顶，我忽然就理解了自己跟弗农的差异。我的第一个想法是，他那么做并非故意要激怒我。

从那时起，我跟很多客户和朋友都提到了这种看待他人行为的方式。我们这些人都有一个共同的误区：他或她和这么做是故意要惹我生气。

很多时候，一个人之所以会有这样那样的行为，只是为某种性格所驱使。我们可以选择满足或不满足对方的需求，但我们不应该把对方的行为解读成故意跟我们作对——无论对方是成年人还是小孩子。把这一切看作是他们为性格所驱使或许会好很多。

多血质 快乐 通过魅力施加影响 需求：被关注 　　　被认同 　　　被接受 　　　被喜爱	胆汁质 控制 通过愤怒施加影响 需求：付出被欣赏 　　　忠诚 　　　责备他人
黏液质 平和 通过拖延施加影响 需求：避免冲突 　　　自我感 　　　价值感	抑郁质 完美 通过情绪施加影响 需求：个人空间 　　　不被打扰 　　　敏感 　　　支持

7. 吸引力和关系

要想知道一个家庭的内部关系如何，只要了解一下家庭成员各自的性格就能知道个大概了。在这一章我将以我自己的家庭为例，一方面是因为我对自己的家庭最为熟悉，另一方面也是因为家人的性格各异，比较有代表性。

异性相吸

不管怎样，我们都无法选择孩子的性格。不过，大多数人都会选择跟自己性格互补的人作为伴侣。我的丈夫弗农是比较典型的抑郁质性格。他做事情一定要按照自己的方式来，希望一切都能合理有序地进行。如果事情没按照计划发展，他就会认为出了差错，需要马上纠正。他永远都记得自己的钥匙放在什么地方，哪怕我的钥匙不见了，问他也马上就能找到。给家人或朋友打国际长途时，他问候的方式也总是先问问对方那边现在是什么时间或者天气如何。他性格内向，需要有属于自己的时间和空间。下班回来之后，很多时候你都看不到他的人影。孩子小的时候，玩消失不太可能，而现在我们有两个孩子在海外生活，家里还有一个正处于青春期的孩子，他想躲起来就容易多了。没人知道他去哪儿了，不过一个跟他同样需要独立空间的抑郁质性格的人就比较容易找到他。

第 2 章 了解人的性格

不管是过去还是现在，弗农总表现得被我的多血质性格所吸引。我这人话很多，喜欢大家在一起做事。任何一件日常小事的背后可能都有一个故事，要是这个故事让人啼笑皆非，那我也不吝于跟人分享——哪怕是我做过的蠢事。我爱我的家人，爱我的朋友，爱我的工作，生机勃勃地爱着。哪怕客户带着让人头疼不已的问题过来找我，离开的时候他们也会觉得轻松愉快了许多。我不怎么记事，很多事情都靠弗农帮我记着。出门旅行的时候，我总得不时地提醒自己酒店的位置和楼层。反正，我这人不拘小节，大大咧咧。

黛安	弗农
多血质 快乐	
	抑郁质 完美

弗农已过世的父母——玛尔塔（Marta）和杰弗里（Geoffrey），则是胆汁质和黏液质的组合。玛尔塔控制欲比较强，总认为自己是对的，很难接受不同的意见和看法。不过，通过你坚定不移地坚持自己的立场，她可能也会稍微妥协一点儿。玛尔塔做事情井井有条，勤快利索，而且待人接物热情大方。要是你到她家做客，她会想尽一切办法好让你住得舒服，住得开心。玛尔塔十分的真性情，眼里容不得沙子。要是她感觉到你对她只是客套而非真心，她可能就不会那么热情了。

杰弗里则属于典型的黏液质性格。所有人都喜欢他的好脾气和"顺其

7. 吸引力和关系

自然"的大气。杰弗里醉心于医药,他到80岁才退休,之后不久就过世了。杰弗里性格中黏液质的一面决定了他不喜欢冲突,总是充当矛盾的调和者。他这一生取得了很多成就,因为没有人忍心让这么好的一个人失望难过。

杰弗里	玛尔塔
	胆汁质 控制
黏液质 平和	

从胆汁质和黏液质的组合中,我们可以学到很多东西。因为胆汁质的人意志坚定,表达观点的方式十分强硬,所以他们很多时候都会被认为是"做主的人"。不过,如果你了解了不同人的性格特质,那你就会知道,不管什么性格的人都是通过体现这些性格特质来达到影响或控制他人的目的。

我是在玛尔塔和杰弗里住过的一座海滨小屋写下上面这些文字的,他们的精神此时此刻仿佛还留在这座小屋里头。我们一家人在这儿留下了很多美好的记忆。玛尔塔(胆汁质)说,"亲爱的,我们去散步吧!"杰弗里(黏液质)会站起来回应,"好的,亲爱的!"即便已经在一起生活了55年,他还是想让玛尔塔高兴——以避免冲突。不过,要是他不想去,就会故意采取拖延的办法——花上半小时来冲凉或者换鞋袜。

这就是黏液质表现控制力的方式——拖延。他们表面上对所有的要求都表现得很热诚,其实心里却不想去做,所以会故意拖时间。这自然会激怒雷厉风行的胆汁质性格的人,但是,你又很难对一个表现得很积极很热

第 2 章　了解人的性格

诚的人发脾气，所以他们也就只能生闷气了。

我亲爱的妈妈莎莉（Sally）也是黏液质性格的人，所有人都喜欢她。妈妈跟我已过世的父亲伊曼纽尔（Emanuel）结婚32载，之后又跟我的继父席烈尔（Hilel）共同生活了24年。两个男人都是典型的胆汁质性格，只是强硬的方式截然不同。

伊曼纽尔

多血质 快乐	胆汁质 控制
	抑郁质 完美

莎莉

多血质 快乐	
黏液质 平和	

席烈尔

	胆汁质 控制
	抑郁质 完美

伊曼纽尔是一个乐观、固执的人，总是成为派对的焦点。整体来说，他属于胆汁质性格，但同时又具备多血质外向的特点，他还是一个完美主

义者。席烈尔性格内向，沉默寡言，好似积蓄着一股强大的力量，让人不敢去惹他。除了胆汁质的性格特质外，他还具备抑郁质的安静和准确，是我认识的最好的倾听者。很多人碰到困难都会找席烈尔诉说，寻求他的意见。而他仅仅是问几个问题，但每个问题都能问到点子上，让你把心里话一吐为快。然后他会沉默几分钟，再给出可行的建议。席烈尔胆汁质性格中控制欲强的一面体现在，一旦他给出建议，那你就得遵行。

毋庸置疑，这两个男人都是胆汁质性格，都想在感情中掌握绝对的控制权。这也难怪我那黏液质性格的妈妈会"追求平和"了。不过，如果仔细观察，就会发现这两个男人都很爱我的妈妈，妈妈不用开口多说什么，就有一种巨大的力量促使他们顺从自己。妈妈偶尔也会犟一下——黏液质性格的人95%的时候会表示顺从，但一旦他们有了自己的主意，胆汁质的人在他们面前几乎没有胜算，因为他们的耐心最好。

妈妈80岁的时候曾说过一句让所有人印象深刻的话，当时我的继父也已过世，而她也经历了56年的幸福的婚姻生活，她说："我不知道要不要再结一次婚，不过谈场恋爱总是不错的。"

能拥有这样的长辈我，感到十分幸运。我感激他们给我的爱、智慧和关心。真的很想念他们。

穿过一个拥挤的房间

穿过一个拥挤的房间，两个人的眼神相遇，两秒钟——或者两年之后，他们会决定是否要和对方共度一生。

吸引力的本质是什么？

她（多血质）想，他（抑郁质）很好吧？那么温柔，那么善解人意。他事无巨细地照顾我，从来不漏掉一个细节。他温柔地听我诉说，似乎对我的每一个笑容和每一个动作都很着迷。他是我见过的最好的观众。他就是我要找的那个人。

他（抑郁质）想，她（多血质）真是让人赞叹。她照亮了我的生活。

第2章 了解人的性格

她给我平淡的日子带来了能量，带来了欢乐。没人不喜欢她，只要她在，就永远不会觉得无聊。她总有那么多的好主意，脸上始终挂着笑容。我想拥有她（你也可以根据实际情况对换性别）。

她（胆汁质）想，天哪，他（黏液质）真是太好了。如此贴心，没人会不喜欢他。他总是那么淡定冷静，那么有耐心。我喜欢他不张扬的自信，喜欢他对我的陪伴和顺从。他就是我需要的那个人。

他（黏液质）想，她（胆汁质）真是让人赞叹。她很清楚自己的方向，冷静自持。她专注于自己的目标，且有不懈的动力。我喜欢她的这种力量和'想做就做'的洒脱和勇气。这就是我要找的女人。

当然，并不是所有成功的感情都符合这个模式，但是，看看周围情侣或夫妻的性格就知道，绝大多数人都是选择跟自己性格互补的人度过一生的。

谈恋爱变成了过日子

我们一开始总是会被对方性格中好的特质吸引，但是，随着时间的推移，对方性格中的不足也会慢慢体现出来——每一种性格都有其优势和不足。

我喜欢福劳伦斯·利塔尔的描述：婚礼之后，谈恋爱就变成了过日子。现在，大家都会在婚礼上宣誓要不弃不离，而当日子逐渐变得平淡，当两个人要生儿育女，是否还要遵守这个誓言就看个人的选择了。不过，在两个人的相处过程中，总有那么一段时间你会看到伴侣性格中的另一面，那一面可能是你最初动心的时候所没有想到的。

胆汁质的人的伴侣说："我没想到他竟然会这么强势。"

黏液质的人的伴侣说："大家都说她的性格多好多温柔，只有我知道她固执起来有多固执。"

抑郁质的人的伴侣说："我没想到他竟然这么吹毛求疵。"

多血质的人的伴侣说："她基本上不听别人说话，而且喜欢夸张。"

婚后不久，我跟弗农也有了一些矛盾。他看不惯我总是把跟他在一起发生的事讲给别人听。作为多血质性格的人，我天生就喜欢夸张渲染，我会把事情中无聊的细节省略。而弗农是典型的抑郁质性格，他认为所有人都对细节感兴趣，如果我省略细节，那就相当于没讲实话。多血质的人不喜欢在故事里加那些无趣的细节，在他们看来，没人会喜欢这些细节。

在这一点上，无所谓对错。我们都明白，不同的人有不同的性格。我学会了不去打断或修饰弗农的故事，而弗农也逐渐明白，试图纠正一个多血质性格的人在大庭广众之下的夸夸其谈是多么不明智。

随着年龄越来越大，参加的派对越来越多，我慢慢意识到，自己会被人归在"吵闹"的那一类中，回到家也没什么好笑话可以讲——我只记得谁谁谁讲过什么好笑的笑话，可我不记得好笑在哪里。而弗农是一个很好的倾听者，他喜欢跟不同的人深入地交流，回到家反而能带给我很多有意思的东西。

多重性格

说到这，可能很多人会觉得这样划分性格也太单一了，好像每个人都只有某一种能清晰定义的性格。如果你还记得我之前说的，就会知道很多人都是多重性格的混合体，并非只具备某一种性格的特质。

多血质/黏液质

就我而言，性格中占主导地位的肯定是多血质，但我也同时具备很多黏液质性格的特质。我喜欢跟人唇枪舌剑地辩论，仅仅是因为争论的本身很好玩，但我并不喜欢为了争论而争论。其实我更喜欢相安无事的生活，育儿初期我也尽力解决两个大一点的孩子之间的矛盾。有时候我甚至会为了获得片刻的安宁而妥协让步。从这一点上来说，我具备黏液质性格的特点。很多人都会用"乖"这种词来形容黏液质的小孩，因为他们总是会想办法避开麻烦。兼具多血质和黏液质性格的人天生就爱玩。我觉得我是全世界最幸运的女人，因为我有自己钟爱的事业，我能在工作中找到自己想要的快乐。

第2章 了解人的性格

多血质 快乐	
黏液质 平和	

（纵轴：玩乐）

抑郁质／黏液质

弗农兼具抑郁质和黏液质的性格特点。这也让他在拥有强大逻辑思维的同时，多了一些体贴和理解。他乐于帮助别人，但坚持用自己的方式。如果你寻求了他的建议，就一定得按照他建议的做。

在前面的篇章里我已经说过我的一个误区，就是当我听到福劳伦斯·利塔尔说"他这么做并非为了激怒我"时，我突然意识到自己一直都归因错误了。那天晚上，我把车开进车库，弗农跟往常一样先下车，然后过来帮我拉开车门，而我也体现自己一贯的多血质性格特点，喋喋不休地说着当天晚上的精彩故事，说我的种种感慨。

突然之间，我记起了福劳伦斯·利塔尔说过黏液质的人十分看重自我价值感，所以我对弗农说："你今晚过得怎么样？"

弗农是怎么回答的呢？

"好坏参半。就像你转动钥匙把门关上了，但你忘了上暗锁，然后又把钥匙藏了起来。"听他这么说，我激动地用手臂环住他的脖子，可能他还不知道我为什么这么做。这真是一个典型的抑郁质性格的人的回答。只有抑郁质性格的人才会有这种细心。

这个故事也更加让我感受到抑郁质混合黏液质性格的人的贴心。不管是谁走，弗农一定会送他到车上。这在他完全是自然而然的，并不觉得有什么特别，因为在他的意识里，每个人都是或者说都应该是这么细心体贴的。

黏液质 平和	抑郁质 完美

善于分析／善解人意

胆汁质／抑郁质

一天，白鹦神从我们家门口走过，看到我们两个人，说："那家人需要个管事儿的。"然后就把罗伯特派到了我们家。罗伯特是我们的第一个孩子，所以我们对他的"控制"没什么概念。我们只知道，要想讨他欢心很难。还在摇篮里的时候他就特别难缠，动不动就大哭不止，闹个不停。

很多人不客气地把心理学家和心理咨询师称作走进别人领土解决自己问题的人。我承认，我就是走进了别人的领土，而我现在能帮助其他父母教育孩子，很大程度上都是因为我曾那么绝望地想让罗伯特高兴。作为一个典型的多血质性格的人，我觉得再没有比快乐更重要的事了。我不记得究竟有多少个清晨，我一觉醒来后对自己说："我今天一定要让他高兴起来，这样他就不会哭个不停了。"有时候我能成功，有时候我只能无助地流下眼泪。

现在，我对人的性格有了更多的了解，才明白一个兼具胆汁质和抑郁质性格特质的人是不可能满足一个多血质母亲对于成功育儿的渴望的。

第2章 了解人的性格

从婴儿到童年时代，再到少年时代，罗伯特身上既显现出了胆汁质的特点，又显现了抑郁质的性格特点，而他的需求也就在这两种性格中摇摆。有时候他会特别固执霸道，一定要按照他的方式做事，他才会开心，可有时候他又会因为别人的冷落而伤心落泪。

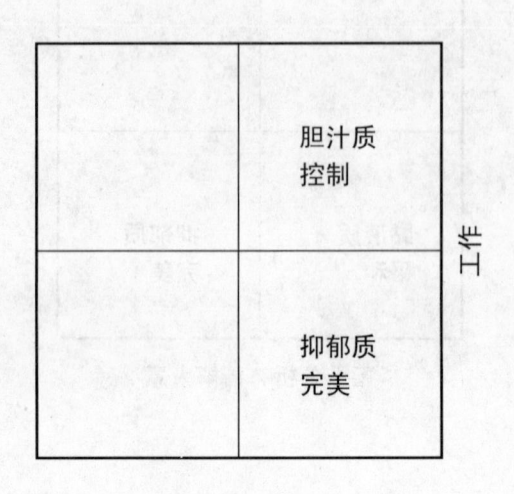

	胆汁质 控制
	抑郁质 完美

（右侧：工作）

如果我们能经受住他成长所带来的折磨，如果我们能在他体现胆汁质性格的时候给以管控，在他表现抑郁质的脆弱的时候给予支持和关怀，那么等他长大后，我们将得到一个完美的孩子。胆汁质性格和抑郁质性格的结合，往往成就了最成功的人。像罗伯特这种既能确定宏伟志向，固执地坚持自己的目标，又能细心地把控细节的人，有什么目标实现不了呢？

罗伯特成年之后决定在柔道领域发展，成为一个受人尊敬的国际运动员。他的坚持、专注和努力让我们惊讶，而他对家人和朋友的忠诚义气更是让我们动容。现在，我们家里挂满了他的奖章，摆满了他获得的奖杯。如今他又开始追求新的事业，作为父母，我们为他感到自豪。

有一个有趣的事实，即绝大部分来找我咨询的父母都有一个兼具胆汁质和抑郁质性格的孩子。刚开始跟这些父母通电话时，我通常都会问，"他/她对你做了什么？"然后，父母会给我举几个例子。我的下一个问题会是，"他是不是很固执，同时又很敏感？"我得到的答案很多时候都是

"就是这样,你怎么知道的"。

我不知道为什么这种性格的组合会给父母造成这么大的困扰。"我觉得让这些孩子在农场里长大可能更好"——有一次我碰到一个家长跟我说,他的孩子假期去了一个亲戚的农场,而他们在那儿特别乖,没惹一点麻烦……

在我看来,胆汁质混合抑郁质性格的小孩之所以在农村表现得这么好,是因为他们在那儿做的事被人重视,而且有很多的空间。农场的环境完美地满足了这两种性格的需求。尽管这些孩子喜欢工作(目的是被人认可),他们同时也需要独处的时间。

我并不建议这些孩子的父母就都搬到乡下去住。不过确定了这个事实之后,我们就可以创造条件来满足他们的需求。比如放学之后给他创造一些应用自己小技能的机会,或者让他独自在户外待一段时间,以锻炼他不屈不挠的性格。

在西方的城市中,诸如 ADD(注意力不足过动症)、ADHD(注意力不集中症)、恃强凌弱、阅读障碍、自信心不足等问题正呈扩散趋势。我总在想,这究竟在多大程度上体现了我们目前的生活方式没能满足年轻人的需求。我们把那些忍受了"不可忍受"情况的人称为性格好的人,把那些在某种困难或极端情况下没能控制住自己的人称为性格不好的人。

多血质／胆汁质

这两种性格的结合往往造就天生的领导者。多血质的一面让他们乐此不疲地寻求参与有意思的、合作性的活动,而胆汁质的一面又决定了他们喜欢安排工作,确定目标,并确保所有人能齐心协力完成目标,并且多血质性格天生的吸引力也让人们乐于追随。

我是在见识了一个多血质混合胆汁质性格的人工作时的状态之后,才真正意识到这两种性格结合在一起能产生多大的能量和魅力。那还是我们最小的一个孩子黛博拉 5 岁的时候,那时我们住在一个度假屋中。那是

第2章　了解人的性格

一个典型的新西兰暑假，一群原本不认识的小孩聚在一起玩上几个星期，组成一个小小的社会。

领导

多血质 快乐	胆汁质 控制

当时我从另一边过来，看到6个年龄在 5～7 岁之间的小孩排成一排站在黛博拉面前。我转个弯，听到她说："现在你们每个人都把想玩的游戏告诉我，我要先知道你们想玩什么，才能决定要不要玩，决定先玩哪个再玩哪个。"于是，所有小孩都按照她的要求说出了自己想玩的游戏，黛博拉根据他们说的列出一张清单，然后所有小孩子都开心地玩了起来。

黛博拉这种天生的领导力和权威感让我感到惊讶。没有人质疑她，大家轮流玩耍，所有人都很配合。

胆汁质的人擅长制定目标，而多血质的人就是有魅力吸引别人跟她一起。这是一种天生的领导力。

塔尼亚也有这种胆汁质的决断能力，且能够说服别人遵循她的决定。

现在你应该看出，我的所有孩子身上都有胆汁质的性格特点。可想而知，我家的餐桌上得有多热闹。

8. 人与人之间的联系

尽管人的性格早在出生之前就确定了，但它并非完全不可改变。我是这么看的，孩子的性格或许是天生的，但作为父母，我们有责任磨掉他们性格中的棱角，让他们更好地融入社会。

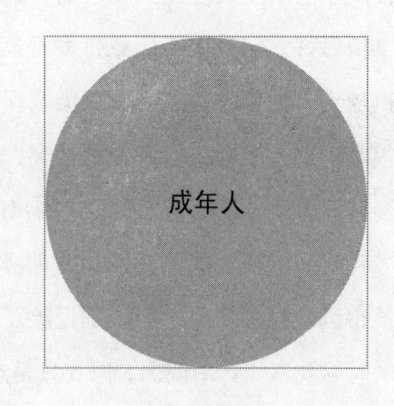

新生儿　　　　成年人

同样地，作为成年人，我们不能任由自己的性子胡来。做事之前得考虑对别人的影响，控制某些冲动的想法。"我就是我，不管你接不接受，我就是这么粗心大意，这么不讲究。"——这是性格的一种极端，它完全不顾及他人的感受。另一个极端就是，有些人完全顺着别人的意思，没有自己的性格，这样的人肯定也没什么意思。

第 2 章　了解人的性格

作为父母，我们的责任就是要引导并帮助孩子找到这两者之间的平衡点。

我们的面具

我们一般会根据自身的处境来决定跟人结交的方式或亲密程度，福劳伦斯·利塔尔把这称作"面具"。我们早在孩提时代就有了这种本领。

如果连你自己都不能准确说出自己的性格特点，那很可能是因为你正戴着面具。我知道一种判断自己是否戴了面具的最好方式，就是扪心自问，家人对我的期待是什么？他们是希望我更开心，还是希望我能听话？他们是需要一个人来做决定，还是需要人来记住生活的细节？如果你能回答这些问题，那就能比较准确地判断出你采取的方式了——要么是为了更好地适应他人，要么是为了维护心里的安全感。

我在杂志上做的所有性格测试，得到的答案都会是矛盾的。当然"有人缘"这一点——因为我是多血质性格，还是比较统一的，不过其他特质就彼此矛盾了。我想按照自己的方式做事，但我又不想跟别人对抗。我想把事情做好，但我又不愿意过多干预别人的方式。我可以领导别人，也乐于追随别人的领导。有时候我会觉得自己具备领导者的特质，但有时候我又很难对别人下命令。我讨厌冲突，可当我确定自己的方式是正确的，我也会据理力争。我会毫无顾忌地说出问题所在，有时候也会充当领导者。

我自我标榜为淡然、平和的黏液质性格，可孩子们一听到我这么说，就笑得满地打滚："妈咪，别说笑了。你最喜欢控制别人了。"以前当老师的时候我素以严厉闻名，但我只是想让学生们好好学习，跟我（多血质）一样喜欢所学的课程。

三十几岁的时候，我开始回忆自己的"黄金童年"，那时，我才意识到看似欢乐的童年背后其实隐藏着巨大的悲伤。

1939 年，父母带着哥哥姐姐们从希特勒统治下的欧洲逃难来到新西兰。跟其他很多难民一样，他们在欧洲受过高等教育，始终忘不了故土，执着地守着自己以前的东西。我的父亲原本是很有名的律师，但或许是因为年纪太大，或许是因为心灵的伤口还未愈合，他在新西兰始终无法学会另一门语言，所以也就拿不到律师从业资格证。因此，全家的生活重担都压在了母亲肩上。

我是在1948年出生的，那时母亲才刚刚组建新的家庭。我的年纪最小，那时没有育婴所，家里也没人可以照顾我，而母亲还要赚钱养家，所以这对她而言无疑是一个噩梦。

所以，我从很小的时候就在心里对自己说，我一定要乖乖听话，不让母亲操心。我戴上了一副懂事听话（黏液质）的面具，从不给母亲惹麻烦。我压抑自己的胆汁质性格，总是以乐天的、配合的形象示人——偶尔也会显现出我胆汁质的一面，大发雷霆。

黛安

多血质 快乐	胆汁质 控制
黏液质面具 平和	

有时候我跟家人开玩笑说我是到35岁才进入青春叛逆期的，而"幸运的"弗农就得面对我慢慢解放出来的胆汁质性格了。20年过去了，我仍在黏液质和胆汁质之间摇摆不定。如果事情有温和的解决办法，我通常会优先选择黏液质性格，但是，一旦涉及原则问题我就会表现得咄咄逼人。到现在为止，我也没完全适应自己这种矛盾的性格。

有趣的是，弗农兼具抑郁质和黏液质的性格特点，他更愿意跟一个偏多血质和胆汁质的妻子在一起。尽管他遇见我的时候，我表现得像是多血

第2章 了解人的性格

质和黏液质的混合。

这也证明了一个道理，不管我们戴着什么面具，命中注定的缘分和吸引力总会穿透这层面具，抵达各自最真实的性情。

弗农	可能性最大的选择
	多血质 快乐 / 胆汁质 控制
黏液质 平和 / 抑郁质 完美	

谁是你的最爱

每当我问别人更偏爱哪个小孩时，总会听到对方倒吸一口凉气。不管我问的是老师，还是父母，他们总是宣称自己一视同仁。

首先，我想区分一下爱和包容。

我还清楚地记得真正理解"给你的孩子一样多的爱"这句话意义时的情景。当时罗伯特8岁，塔尼亚7岁左右。我记不清当时具体是什么事了，总之就是我给了塔尼亚一样东西却没给罗伯特，所以罗伯特觉得"不公平"。

我记得当时对他说，"如果你真想公平，我上周给塔尼亚买了一双粉红色的芭蕾舞鞋，要不要也给你买一双一模一样的啊？"我故意这么讽刺道——你们千万不要学我。事实上，作为一个母亲，我这么说是完全没必要的，而且会伤害孩子。庆幸的是，我从这件事中明白了一个道理。

那就是，完全平等地对待小孩是不可能的——尤其是涉及买东西或为他们做什么事的时候，比如用金钱、时间或精力来衡量的事情。试想一下，给一个完全不会跳芭蕾舞的男孩买芭蕾舞鞋是不是很傻呢？如果两个小孩的精力不同，那安排一样的课后活动给他们肯定是自找麻烦。你更不能因为某一个负责任的小孩能安全用你的车，就一视同仁地把车给另一个不怎么负责任的孩子用。

我觉得，真正重要的是我们对孩子的爱要一样多，要付出同样的努力去满足他们的所需。我们的小孩应当享受到最基本的关爱，时间、精力允许的情况下，表现好的孩子理应得到多一些奖赏。我们要尽力引导他们成为独立的、全面发展的成年人，为他们各自取得的成就而开心，尽力帮助他们面对和克服生活中遇到的困难。

说到底，我们不能偏离这样一个事实：我们会对某些性格特质感到熟悉亲切，对另一些性格特质感到抗拒。也就是说，有些性格特点是我们很容易就能理解的，而另一些性格特点却让我们觉得不可思议。可能我们天生就会跟某种性格产生共鸣，却会抗拒另一种性格。明白这个基本事实很有益处，它能让我们做到平等地爱每一个孩子。

同时，这也是一个相互作用的过程。孩子也会在这个过程中发现自己与父母双方中的某一方比较合得来。双亲家庭的一个优势就在于——当然我是说一个完整的大家庭，我们的孩子能学会如何跟不同的人相处，如何去爱别人。他们学着欣赏他人身上的优点，学着对别人忠诚，甚至会因为彼此的不同而更加喜欢对方。

我过世的父亲曾经说过，"你爱朋友，就是要爱朋友的一切，包括他们的错误。"哦！上帝保佑，你们都已经知道我父亲是胆汁质性格，在他的眼里，差异就是"错误"。作为多血质性格的我，会换一个方式来说："爱你的朋友，就要爱朋友的一切，包括你们之间的差异。"

天生的吸引力

有些性格就是比较容易跟他人相处得好——先接受这个事实，我们再来看看家庭内部天生的吸引力。

第2章 了解人的性格

还是以我的家庭为例。

自从塔尼亚出生,她就不可避免地有了一个胆汁质性格的哥哥。塔尼亚是天生的多血质性格,善于理解人的心思。她交际能力强,为人和善,很小的时候就能跟其他小朋友打成一片,十分讨人喜欢。塔尼亚表现得兼有多血质和黏液质的性格,尽管她那时候还不清楚性格是怎么回事,但她身上明显体现出亲和力强、活泼乐观的特质。

有时,我们发现塔尼亚跟朋友在一块儿的时候,也会表现出强势的一面,维护自己在团体中的地位。不过碰到胆汁质性格的哥哥,塔尼亚又总是会妥协、忍让。作为父母,我们对此相当感激。

有鉴于此,你能想象,当塔尼亚15岁时变得咄咄逼人、固执己见的时候,我们有多惊讶吗?我们突然发现,塔尼亚发起脾气来十分吓人,她会给自己树立明确的远大的目标,并且坚定地执行。到她求学生涯即将结束的时候,我们也确定了这个女儿原来是一个天生的领导者(多血质混合胆汁质)。

我把塔尼亚的性格特质图画在下面,这看上去可能有点奇怪。

塔尼亚

多血质 快乐	胆汁质 控制
黏液质面具 平和	

要是你看看我的家谱,可能就会明白不同性格之间的相互吸引是怎么来的。

先说罗伯特。罗伯特的性格既不像我,也不像他爸爸。也就是说,我

8. 人与人之间的联系

和他爸爸都没办法在个人经验的基础上完全理解他的所作所为、所思所想，我们总怀疑他是不是从火星来的。我们疼爱罗伯特，也很欣赏他，可是在我研究性格之前，我根本不知道要怎样才能让他高兴。

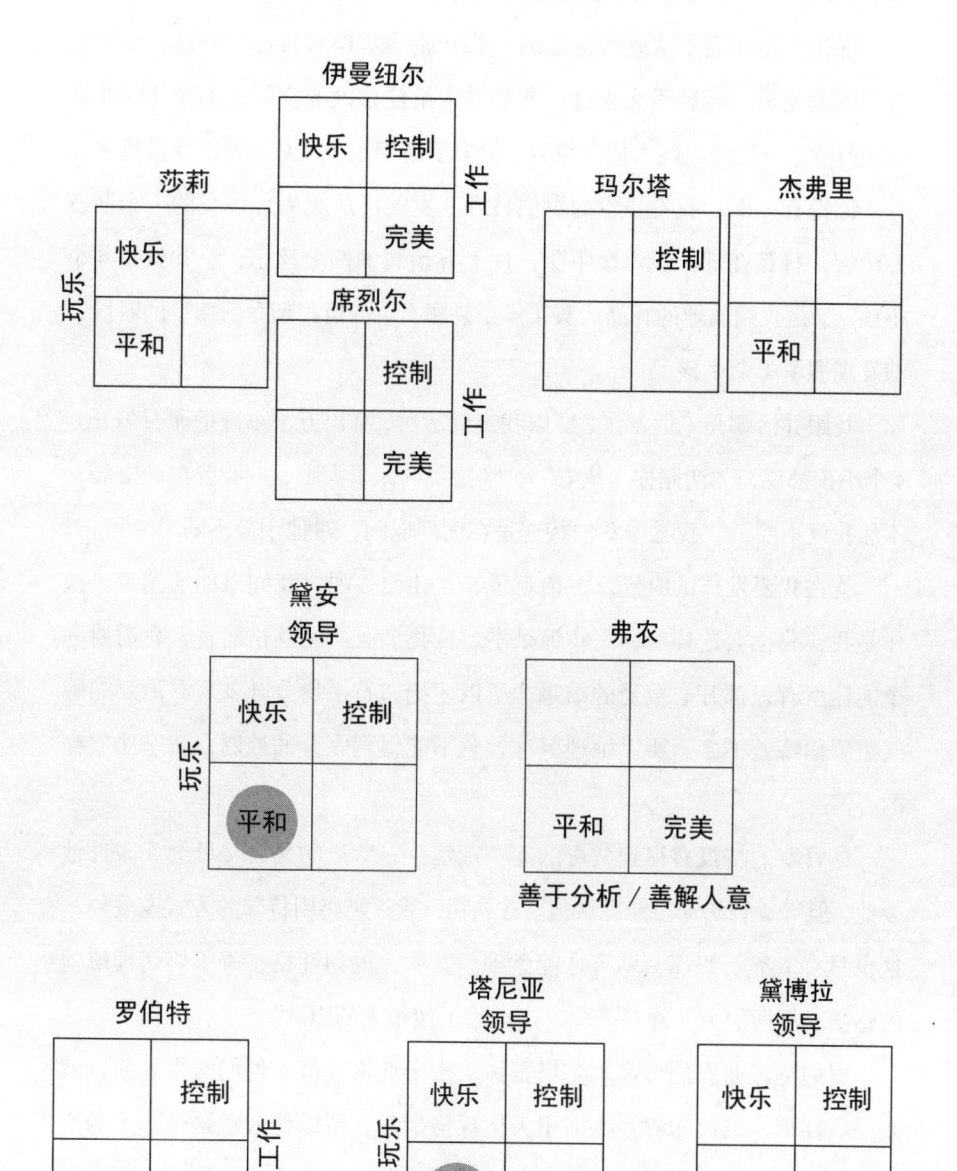

伊曼纽尔

快乐	控制
	完美

工作

莎莉

快乐	
平和	

玩乐

席烈尔

	控制
	完美

工作

玛尔塔

	控制
	平和

杰弗里

	平和

黛安
领导

快乐	控制
平和	

玩乐

弗农

平和	完美

善于分析／善解人意

罗伯特

	控制
	完美

工作

塔尼亚
领导

快乐	控制
平和	

玩乐

黛博拉
领导

快乐	控制

第2章 了解人的性格

以前，当罗伯特展现他那让人钦佩的坚持的时候，我总觉得他是在故意找麻烦。当他表现出敏感的一面，我又会想，"我又做错了什么？我该怎样让他高兴？"我错误地解读了他对于空间的需求，他只是想要确定属于他的一片空间，而非让他去适应别人的空间。尽管这样，我还是很爱他。

现在，在知道了这些理论之后，我开始欣赏他对目标的专注，尊重他对空间的需求。若能重头来过，我会尽力给他独处的空间，不让他受妹妹们的打扰，不让外人闯入他的世界。很多事情回过头去想，反倒受益良多。

记得有一次，我带4岁的罗伯特和3岁的塔尼亚去拜访我的一个朋友乔治娜，打算在那儿玩一个下午。加上乔治娜的两个孩子，总共就是4个小孩，于是我到当地的乳品店买了4小袋卵石。可当我到乔治娜家的时候，却发现多了1个小孩。

我跟乔治娜是老朋友了，所以我走到厨房，拿出五个小碗把卵石匀开。4个小孩都说，"谢谢你，黛安"，唯独我的儿子大嚷，"我要单独一袋，不然我就不要"。我觉得罗伯特这是在无理取闹，对他十分不满。

就在我要发作的时候，乔治娜说，"让他去吧。我知道他的感觉。换作是我，我也会这样的。"我惊呆了。就我多血质的性格而言，我需要一个能让所有人都开心接受的结果，所以才把卵石平均分开来。乔治娜的脾气跟罗伯特差不多，所以她理解这种若不能得到完全的控制，就宁愿放弃的心情。

尽管罗伯特没有得到父母的完全理解——幸运的是，父母会无条件地爱他，但爷爷奶奶却很能理解他。首先呢，爷爷奶奶用特殊的方式宠爱他，这也只有爷爷奶奶那一辈人才能做到。其次，说到性格，爷爷奶奶理解他的感受，不把他当"外星人"，这也给了他很大的慰藉。

罗伯特跟弗农的母亲玛尔塔很像。由于性格相似，他们两个人简直就是灵魂伴侣，彼此理解。杰弗里天生性格平和，所以他对跟自己挚爱的妻子性格相似的外孙也格外疼爱。我的母亲莎莉的性格跟罗伯特完全相反。她晚年的时候，有段时间我们得离开祖国七个星期，当时她身体病重，而罗伯特就成了他的依靠。

至于塔尼亚，她跟我的性格可谓如出一辙。我很容易就能理解她的想法，所以也就能很好地满足她的需求——尤其是在她还处于黏液质/多血质的时期。到塔尼亚的身上开始显现胆汁质的特质时——好像我自己也同时具备了某些胆汁质的性格特质，我为她的巨大力量、目标坚定和专注而高兴。

塔尼亚是三个小孩中跟弗农选择的人（也就是我）的性格最像的，所以他们之间很亲密。我说的不仅仅是父亲和女儿之间的那种亲密，都说女儿是父亲上辈子的情人，更何况塔尼亚跟我的性格这么相似。

后来，塔尼亚为了追寻自己的梦想，选择生活在耶路撒冷。当乐观的我还在庆幸可以跟孩子电话、邮件联系的时候，弗农却饱尝对塔尼亚的思念之苦。

黛博拉对我而言相当于"精神伴侣"，弗农也很喜欢她的性格。黛博拉充分展示了天生领导者的胆汁质和多血质性格的结合——两者比例相当，到目前为止，已经有四个大人甘心受她驱使，相信她长大之后在这方面会有所作为（往好的方面想）。

在我们一家五口人当中，你会发现四个是胆汁质性格，三个是多血质性格。难怪每天的餐桌上会那么热闹——四个人各说各话，且态度坚持。要是有一个兼具抑郁质/黏液质性格的人来倾听和支持我们就好了。

天生注定 vs 人定胜天

人的性格是否能被改变，还是只能接受？

很多人都曾跟我说，"可我四种性格都有啊！"这并非不可能。有些性格与生俱来，而有些个性特征可能是后天习得并形成的。为了使自己成为发展更全面的个体，我们会借鉴他人的行为表现，从而逐渐形成混合的性格多面体。

我始终认为，江山易改，本性难移，但我也相信，哪怕天生不具备某些好的行为或态度，也可以后天习得，因为这些行为或态度更加适应我们

第2章　了解人的性格

所处的环境。不过，不管我们有几重性格，总归会有某一种特质占主导地位，成为我们的主导性格。

作为受过教育的成年人，我们会慢慢意识到个人的某些性格特质跟某些特定环境并不匹配，从而主动选择另外一些应对方式。我知道抑郁质性格的人特别擅长维持一个组织或企业的平稳有序，所以我也努力想要做到"有条不紊"。（注意"努力"这个词。若是合乎性格的东西，我们很自然地就能做到，可如果是性格本身不具备的条件，要想做到，就得付出更多努力。）

若你来我家做客，我先会邀请你走进一个一尘不染、整洁有序的厨房，再奉上一杯清茶或咖啡。然后，在干净的咖啡桌旁，你会看到桌子上摆着纸巾、笔记本、回形针、名片和圆珠笔，伸手即可拿到。工作10分钟之后，桌子上的东西莫名就会变得散乱起来，因为我会完全专注于当时的谈话或工作。（没客人来的时候，我甚至从来不会去想厨房乱成什么样子。）我可以短暂地做一下细心的抑郁质性格的人，这是我对自己的要求，但用不了多久，本来的多血质性格又会重新占据主导地位。

这也就能解释为什么同一个人在工作和生活中会有两种完全不同的状态和表现。人本身就有很强的适应能力，我们大多数人都有适应周边环境或文化的能力。

面对小孩不尽如人意的表现，作为父母的我们要充分理解并运用这一点。我们无法改变孩子的性格，但我们能促使他们改变部分行为。

第 3 章
情感独立之路

9. 满足孩子的情感需求

想象这样的场景

操场上有一个小孩子玩的滑梯——先爬上三级阶梯，再从窄窄的滑道滑下来。你带着一个蹒跚学步的小孩子来到滑梯前，这个小孩从来没有玩过滑滑梯。于是你扶着他踏上阶梯，牵着他的手让他坐下，然后控制节奏让他慢慢从滑道上滑下来。这样重复了三四次，你和孩子都很高兴。

然后，你走到滑梯的一边，让孩子自己滑下来。他小心翼翼又信心满满，你和孩子都为这新学会的技能而高兴。接着，你干脆在公园长凳上坐下，远远地看着他玩。

孩子爬上去又滑下来，滑下来又爬上去。经过数次尝试，他已熟练地掌握了滑滑梯的技巧，而这也让他格外兴奋。滑滑梯的间隙，他望向你这边，你便朝他大喊："宝贝你真厉害！"

孩子心里洋溢着满满的成就感，因为这是他独立做到的事情。

接着，再想象操场上还有两个小孩子。一个小孩紧紧地黏着父亲，不准父亲坐下，一定要让父亲站在滑梯旁边陪着他。至于另一个小孩，他就跟父亲静静地坐在长椅上，连看都不看一眼滑梯。父亲使尽浑身解数试图说服这个孩子。他苦口婆心地解释。他威胁。他愤怒。而孩子只是号啕大哭。终于，在父亲的威逼利诱下，孩子终于愿意尝试了，可结果不理想。孩子根本就不怎么愿意待在滑梯上。而父亲呢，他很困惑，想不明白为什么自己的小孩就是不愿意滑滑梯。

第三个小孩选择逃离。父亲在后面拼命呼喊，让他回来。父亲在后面追逐，担心他一个人跑开会发生不测。也就是说，这个孩子的大部分时间都是在跟父亲对抗，真正滑滑梯的时间很少很少。

这两个小孩——一个爱哭黏人，一个不听管教，就这样错过了这个学本领、享受成就感的机会。而他们的父亲，也错过了见证孩子学本领、开怀大笑的乐趣。

如果我们想让孩子走到发展的第三步——从不会到会，我们就得让情绪较为独立、受自我管束的孩子珍惜他们面前的机会。

从头学起

犹记得十年前曾做过一次研讨会，主题就是"让孩子开心，让自己开心"。那次研讨会是在一个幼儿园举行的，这可不是件轻松活，因为现场有三十多个家长坐在矮矮的椅子上盯着我。

其中一个家长问我，她三岁的女儿脾气大怎么办。当时，我教了她一些行为矫正的方法。所谓行为矫正，从广义上来说就是，如果你喜欢某种行为，那就加以赞赏；如果你不喜欢某种行为，那就加以惩罚。（若"惩罚"

第3章　情感独立之路

这个词有所冒犯，把它理解成"略施小诫"就可以了。)

我跟那位家长解释，孩子动不动就发脾气其实是一种想要引起关注的行为。作为父母，确认一下孩子是否安全，然后走开就好了。等到他意识到没人理他，也就不闹了。我常说两句话，一句是，每个脾气暴躁的人都需要一个忠实听众；还有一句是，永远都不能跟恐怖分子妥协。

还有一个家长问我，孩子要是老撞自己头该怎么办。"一样的办法，"我笑着说，"你只要走开就好。要是没人注意，他自然不会再撞自己头了。"

另一个家长又问，"我的孩子总是在他一个人待在自己的房间时，用头撞床尾。我该怎么办？"显然，我的理论在这个例子上解释不通。我被问得尴尬，含糊其词了一会儿，只想有谁抛来一个我知道如何应对的问题，好让我解围。

有句老话说得好，"学生准备好了，老师自然出现"。那天我还真是特别幸运——可能是上帝听到了我的内心呼唤，因为真的出现了两个老师。

我的第一个老师

一个家长举手。"那天我的小孩心情不好，就赖在地上不起来。她之前也用头撞过地，我知道如果用头撞那么硬的水泥地，她一定会受伤的。一想到这我的心就收紧了，于是我蹲下身把她抱进怀里，说，'亲爱的，别这样。妈妈爱你，我可不想看到这么漂亮的小脸蛋受伤。'

"然后，她犹豫着小声地对我说，'我是不是做了很大的错事？'"

她的经历一下子就击中了我的心。犹太思想界中关于智慧的心灵有一个很有意思的表达——Lev Chochem。一听到这个答案，我知道这个女人的回应无疑是最有爱、最正确的，是无论多少行为矫正理论都比不上的。我记得当时我站在那里想，黛安，你这个笨蛋。那个妈妈说得对。你怎么能让自己的孩子用脸撞地，自己袖手旁观呢？我想我当时应该说了——如果没说的话，那我真想再来一遍，然后对她说，"你的回应比我的好得多。"

这个小插曲让我好几个夜晚都辗转反侧，因为我开始在心里拷问自己，拷问那些我曾经深信不疑的东西——所谓的科学道理。

我的第二个老师

还是在那个研讨会上，另一个家长举手说，"有本书你可能会喜欢。讲的是一个部落，那个部落里的小孩子从来不哭，更不用说发脾气了。大人哪怕把弯刀丢得到处都是，孩子们捡起来左右比画，也不会伤到自己或其他人。而且，那些孩子都特别听话。那本书名字叫《连续性概念》（*Continuum Concept*），作者是珍·奈德诺夫（Jean Liedloff）。"

那是一本自述，记录珍·奈德诺夫跟耶全纳人（Yequana）——一个南美印第安人部落，在一起生活的种种。耶全纳人生活在委内瑞拉（Venezuela）境内的奥里诺科河（Orinoco）上游。这个部落的人深深吸引了珍·奈德诺夫，她曾数次拜访他们，并跟他们生活在一起。

珍·奈德诺夫首先感兴趣的是他们从来不会觉得不幸，这也让珍·奈德诺夫不由重新审视"不幸是人类生活的一部分"这一理论的前提。

其次，让珍·奈德诺夫开始怀疑自己之前观点的是，这个部落中的人从来不说"干活或工作"这个词。他们做的事属于工作的范畴，却没有一个统一的词来形容这些或费脑力或费体力的事情，对他们而言，那就是为了生存所必须做的事情，是每个人都应该做的。

珍·奈德诺夫还惊讶地发现，她在那儿从来没听过一个小孩哭。更奇怪的是，除了哭之外，那些小孩或者说成年人表达自我情绪十分顺畅，并不存在什么情绪障碍。珍·奈德诺夫不由得相信这些孩子之所以不哭，是因为他们觉得没有哭的必要。

那些孩子的听话程度也让珍·奈德诺夫大为震惊。父母只要说出要求，孩子就会马上乖乖照办，并表现得十分热情。这些孩子为什么会有这种表现呢？

第3章 情感独立之路

学习耶全纳人

耶全纳婴儿

在孩子学会自己爬之前，耶全纳部落的妈妈们会带着他们去到各个地方，让这些小婴儿用自己的眼睛观察周围的一切事物，累了就能休息，饿了就能吃上东西。他们不需要用哭来抗议肚子饿，只需要咕哝几声，妈妈就会给他哺乳。吃饱了，他就可以停下。这些孩子不需要辨别时间，（妈妈上次喂我奶是4小时之前，我现在应该肚子饿了吗？）反正饿了就能吃，吃饱了就能停。

累了，这些小宝贝就闭上眼睛睡觉。睡饱了，悠然醒来。妈妈们也不会挖空心思地哄孩子——她们根本不需要这么做。孩子跟妈妈一起处在忙碌生活的中心，所以他们可以看到、听到并主动学习到很多东西。

孩子给耶全纳部落的人带来了很多欢乐。每天妈妈们都会带着孩子到河边玩水，妈妈们十分享受这段时光。小女孩们不玩洋娃娃，因为她们可以和真的娃娃一块儿玩耍。很多小女孩照顾小孩子都很有一套，她们带着小弟弟小妹妹出去玩，直到小宝贝肚子饿了才回家。男孩子也喜欢跟婴儿玩，一天的狩猎结束后，他们会带着弟弟妹妹玩一会儿，先把他们抛到空中再接住。

这些小孩子可以接触到很多不同的人，在轻松自在的氛围中成长，享受众人的关爱和陪伴，自然也对人多了一份信任。

蹒跚学步的孩子

等这些孩子学会在地上爬之后，他们便能时时刻刻跟妈妈待在一块儿，想去哪儿就能去哪儿。而妈妈们基于过去的经验，丝毫不担心宝贝的安全，觉得孩子有能力保护自己。奈德诺夫也找不到证据证明这些孩子不懂安全与危险的区别。

奈德诺夫讲了一个有趣的故事，是说几个小孩子在部落中心区域的一个比较深的坑边玩耍。奈德诺夫很担心那些不足岁的小孩子会不小心掉进深坑里，可珍·奈德诺夫发现，全部落只有她一个人有这种担心，那些孩子就在深坑边玩耍，却没有一个真正靠近或掉下深坑。

孩子觉得累了、饿了、害怕了或闷了，就跑回妈妈身边。妈妈抱起孩子，在屁股上拍几下。除非是孩子饿了需要喂奶，不然妈妈还是该做什么就做什么。

过了不一会儿，孩子得到了安慰，心情平复下来，便又挣脱妈妈的怀抱自己去玩了。

习惯很难改变

耶全纳部落的小孩子需要妈妈的抚慰时会默默地走到妈妈身边，这件事总在我的脑海徘徊不去。按照西方人的方式，小孩如果有什么需求，一般都是站在原地大喊，"妈——咪——"，然后我们就连忙跑过去看发生了什么事，再想办法应对。我觉得，之所以会有这种对比，是因为我们的孩子习惯了我们走到他们身边，而不是主动来到我们身边寻求安慰或帮助。

想来想去，我觉得归根结底还是因为我们纵容孩子从小养成了大喊大叫的习惯，而且每次都是我们主动到他们的身边——这一切都是训练出来的。而我们训练孩子的工具可能是摇篮车，可能是儿童床，也有可能是卧室。我们让孩子在里头睡觉，然后走开。等到孩子需要我们的时候，就用哭喊来召唤我们。这也难怪孩子从小形成习惯，每当需要做什么事情时就大喊"妈——妈——"！

耶全纳部落的小孩在自己学会爬行之前都由大人背着，就算他们学会爬行后也不会爬得太远。孩子只要愿意，随时可以回到母亲身边。

当然，我绝对不是鼓励你总是把孩子背在身上。不过我们却在无意之中让孩子习惯了待在某一个固定的地方，然后在需要我们的时候就大喊大叫。

第3章 情感独立之路

我给大家举几个动物界的例子：

第一个故事讲的是食人鲳。这种鱼个头小，吃起食来却十分地贪婪，经常出现在《007》的电影里头。你要是把一条食人鲳用鱼缸养起来，中间放一块玻璃板隔开鱼缸，然后把另一条美味的小鱼放到玻璃板的另一边，你会发现这条食人鲳会不断尝试去吃玻璃板那边的小鱼，脸部不断撞击玻璃板，直至筋疲力尽，食人鲳才会放弃游到玻璃板的另一边的想法。这时，你把玻璃板移开，即便美味的小鱼还在原地，食人鲳也不会再试图游过去。

第二个故事跟小象的驯服有关。你要是经常用锁链把小象锁在某个铁架上以防止他乱跑，哪怕小象长成大象，力量明显可以把铁架拖动，自由去它想去的任何地方，它也不会再这么做。因为小象从小被训练形成的习惯让它以为自己还是被锁在原地，永远都没办法拉动地上的铁架。

生第三个小孩的时候，我对这些知识一无所知。不过因为是第三个小孩，我确实有点担心自己会宠坏孩子。另外两个孩子都已经开始上学，家里就我带着小宝贝，这不得不说是一种奢侈。我在给她喂完奶、换好尿布后，把她放到摇篮床中，轻轻地摇着她睡着。而我只要一听到她开始动弹，就会把她抱起来然后坐到沙发上，好让她在我怀中醒来。而她也是我三个孩子中唯一不会碰到问题就喊妈妈过去的，这是否仅仅只是巧合？当需要我的时候，我家老三一般都会主动过来找我。

让孩子自己解决问题

当蹒跚学步的孩子跌跌撞撞地回到耶全纳妈妈身边，妈妈会一把将他抱进怀里，然后继续做自己的事。她不会问出了什么事，也不会试图去帮孩子解决问题。耶全纳妈妈知道，孩子不高兴了，需要她的支持，所以她鼓励孩子用自己的方式去解决问题，然后继续生活。总之，耶全纳妈妈从不会把孩子的问题当成自己的问题。妈妈的任务是安慰孩子，而孩子的任务就是解决问题。

这跟我们传统的西方教育方式形成鲜明对比。这种情况下，我们一般会抱起孩子，问："亲爱的，发生什么事了？"然后我们会想尽办法帮助孩子摆脱烦恼。"亲爱的宝贝，别哭别哭，你看这儿！"我们一边说一边摇晃着手中的某个东西，试图吸引孩子的注意力。"你看妈咪的车钥匙。哦，你不喜欢这钥匙。那这个可爱的拨浪鼓你喜欢吗？过来，我带你到镜子那儿去，妈咪给你做鬼脸。哒，哒，哒！"

这时，我们的孩子一般都会停止哭泣。这让我们产生一种做父母的骄傲感。可一天来回这么折腾几次，我们很快就会觉得筋疲力尽，还会慢慢觉得跟孩子没办法好好相处。

耶全纳妈妈给孩子的无条件的、不耗费精力的、无声的支持，反倒让孩子变得更加机智和活泼。等到耶全纳部落的孩子长到可以上学的年纪，他们会格外独立，并能坦然接受生活中大部分令人沮丧和烦恼的事情。要是碰到的问题确实太难，他们也会坦然地回到母亲身边，寻求支持和安慰。

对大孩子也同样适用

需要支持的不仅是年纪小的孩子。无论孩子长到多大，耶全纳部落的父母总希望自己的孩子足够机智、足够强大。不过若真的发生了特别不幸的事情，表现出来的痛苦和悲伤也是完全正常的。我给大家说两个例子。

珍·莱德罗夫是一名急救人员。一天，一位母亲带着10岁左右的孩子过来，孩子看上去十分苦恼。原来孩子长了一颗蛀牙，非常痛苦。莱德罗夫对这个孩子很熟悉——此前他曾被选出陪同她到上游进行为期3个月的拍摄和探索。在那期间，这个孩子表现得非常自信，而且乐于助人，十分讨人喜欢。

珍·莱德罗夫用刺针检查蛀牙时，孩子明显痛得不得了，身体都在颤抖。这时他的一群朋友（西方思维的朋友）围过来看，一是因为关心，二是因为好奇，他们认为这个孩子应该在众多同龄人面前表现得坚强和勇敢。珍跟孩子和孩子的母亲解释，拔牙是一个十分痛苦的过程。

第3章　情感独立之路

拔牙过程中，这个男孩不住地颤抖，痛得掉下了眼泪，但他不曾推开莱德罗夫。男孩的母亲在身后撑住他的身体。朋友们在一旁关怀地注视，显然没有人因为男孩的眼泪而轻视他。拔牙结束后，大家便各自散去，忙自己的事去了。

还有一次，莱德罗夫帮一个三十几岁的中年男人处理烂掉的脚趾。男人住的村子里有一半人都过来围观这场疼痛的手术。手术过程中，男人的妻子和母亲就一直抱着他。

对于这个三十多岁的成年人，莱德罗夫显然希望他能忍住疼痛，坚强地面对。可让她惊讶的是，她才刚动手男人就开始颤抖。莱德罗夫停下了手上的动作，发现自己是在场那么多人中唯一一个在乎的人。当然，这并不是因为围观的群众没有同情心，只是他们已经接受了这场手术的必要性，知道这个过程会相当痛苦，而他们也会给自己的朋友足够的支持。他们同时也完全接受了一个承受疼痛的人会大喊会哭泣的事实。显然，同样也没有人因为这个大男人害怕疼痛的表现而小看他。

拥抱新想法

读到这两个故事时，我真真切切地感受到耶全纳部落的自然真实，而我们西方人又是多么的虚伪做作。不管一个人承受多么大的痛苦，我们总是希望别人能默默忍受。从一开始我们就会说"你是个勇敢的孩子""是男孩就不要哭""不过是轻轻擦了一下嘛""很快就过去了"或者"试着不去想它"，等等。

从那以后，我也开始反思自己对孩子生活的介入程度以及事情不顺时我的表现。我以前总是会提前跟孩子打预防针，告诉他们哪些事情可能出差错，好让他们做好准备……我还意识到自己对孩子吸取教训的能力其实很不信任。我总是以为，孩子们可以从我的人生经验或智慧中学到更多。

也正是从那时候开始，我长久以来的生活观开始改变。

10. 多关心，少干涉

读完珍·奈德诺夫的《连续性概念》，我意犹未尽，呆呆地坐在扶手椅上回味书中的内容，任由孩子在隔壁快乐地玩耍。突然，黛博拉哭着跑进来，"妈妈，杰玛（Gemma）欺负我！"

两个可爱的孩子5岁了，平时总爱在一起玩儿，看上去相当般配。

我对自己说，"你要做个耶全纳妈妈"，于是我把女儿抱进怀里。我知道耶全纳部落里的妈妈在这个时候不会说话，可这对我而言有点太难了，于是我嗫嚅着说，"哦，亲爱的，这真是太糟糕了……"然后，就静静地等女儿的反应。

平时碰到这种事，我的反应一般是絮絮叨叨说很多话，然后插手干涉。所以见我这样，黛博拉抬起头不解地望着我，好像在思考什么。可是，装得了表面，装不了内心。尽管我表面效仿耶全纳母亲的方式，但心里却在打鼓，不知道接下来该怎么办。这种方式在委内瑞拉的原始部落里或许可行，可在新西兰这个现代国家真的可以吗？拥抱的姿势至少保持了15秒，而感觉却像过了15分钟。

然后黛博拉说，"我走了，妈妈。"接着她便蹬蹬蹬地跑到隔壁，没事人儿一样地又跟杰玛玩了起来，留我一个人惊诧地坐在原地。没想到，这种方式竟然奏效了。黛博拉得到了安慰，心中有了打算，自然也不需要

第3章 情感独立之路

再缠着我,所以就又回到了5岁小孩的快乐世界。

我坐在那儿回想这一切,知道这对我来说意义非凡。尽管我暂时还说不清究竟是什么东西,但我知道它非常重要。

反应的方式变了,我的育儿观也变了。我学会更多地关爱,更少地干涉。这也让我帮助成百上千的父母从"是夸奖还是惩罚"的痛苦抉择中解放了出来。也正是因为此,我才萌生了写这样一本书的念头,希望能对您有所帮助。

"不要"清单

与黛博拉之间的小插曲结束后,我静静地坐在椅子上,想如果放在以前,我可能会有的反应。

我还想象了黛博拉的回应。她可能会冲到隔壁,打杰玛一拳;也有可能坐到篱笆上,用自虐的方式来表达愤怒;还有可能气冲冲地跑回房间,黯然神伤。令人惊诧的是,我只是给了她一个拥抱,她竟然会有这么不一样的反应。

与此同时,我也在心里列出了一张"不要"清单。

不要责备

新西兰人的特点就是凡事都追求公平——我们总愿意相信,每个故事都有另一面。基于此,我的自然反应可能就是,"你对杰玛做什么了?"

遇到问题的时候,往往我们的第一反应就是责怪,这自然就把孩子推到了一个对抗性的位置,让他们觉得我们更关心的是另一个孩子的遭遇。孩子为了让我们相信他是无辜的,就会不自觉地替自己的行为辩解。

不要批评

当听到孩子哭着说"杰玛欺负我"的时候,我脑海里就会很自然地浮现出一个念头,"为什么你们不能相安无事地在一块好好玩儿呢?"但任何以"为什么你们就不能……"开头的语气夸张的问题都难免让人觉得,孩子的感觉不重要——他们只要忘了这件事就好了。我们相当于是在说,孩子有这种情绪本身就是错的。

这种批评性言论会伤害敏感的孩子,至于大大咧咧的孩子,也会因为这种言论而跟我们疏远。我们可能是觉得自己是在给出诚恳的建议——"别想那么多,你别这么敏感",可实际上,我们是在批判孩子的感受和情绪。

我觉得,任何情绪都是能够接受的,只是如何处理情绪就是另一个问题了。

不要转移注意力

不转移注意力,意思是说不要试图用其他事情来分散孩子的注意力。心情糟糕的孩子来找我们,我们总是会想尽办法来转移他们的注意力。我们甚至会坚持让孩子不去想或者不去说困扰他们的事情。

就黛博拉和杰玛的这件小事而言,所谓的避重就轻就是说:"哎,别担心,宝贝,我相信杰玛不是故意的。我们别想这些了,要不看看书如何?"

我们中的很多人在孩子还是婴儿的时候就开始这么做了。一旦小宝贝哭闹了,我们就赶紧找个有趣的或者新奇的玩意儿来分散他的注意力,好让他们好过一些。如果第一样东西不奏效,我们就换另一个物件。再不行就再换,直到孩子安静下来为止。

不过,请你们大家不要曲解我的意思。我并非全盘否定分散注意力这种方式,孩子不高兴的时候适当地分散他们的注意力还是有点效果的。不过,建议大家不要用力过猛,稍微花点儿心思分散注意力即可。如果说分散注意力是你最喜欢的管教孩子的方法,那你可就得花大力气来训练他的"听话"了,怕就怕在事情会适得其反。

第3章　情感独立之路

不要解释

我的第一份工作是老师。所以如果责怪、批评和分散注意力的方式都不奏效，接下来我再坚持解释的办法，你们应该也能想得到。

"别不高兴了，亲爱的。也许是因为你碰到了杰玛的布娃娃呢，恰好那个娃娃又对杰玛特别重要。"或者说，"也许杰玛只是心情不好呢。"

或者，犯一个更加致命的错误——这种方式一定会激起有自尊心的年轻人的反叛心理，"也许你只是累了。昨晚该睡觉的时候你就在那说话，还记得吧？"

孩子生气的时候，还站在"敌人"的立场帮他们说话，或者把错误归咎在孩子这一方，这很可能会让孩子更加恼火，气呼呼地大喊，"你根本就不听我说话"，或者"你总是站在她那边"，又或者反驳说，"我不是累了"。

不要说教

我第一次听到"说教"这个词是在芭芭拉·克拉罗萨（Barbara Colarosa，《孩子值得用心对待》的作者）的一次演讲中。

所谓说教，就是总是重复说一些陈词滥调，自以为十分有理，实际上缺乏内在的逻辑性。我们刚开了个头，孩子就知道接下来我们要说什么。

就拿我家来说，当碰到黛博拉的这种情况时，可能就会说，"你知道有个邻居小姑娘陪你一块儿玩是件多么幸运的事吗？我在你这么大的时候，我都是……"然后拿自己的经历跟孩子现实的感受来比较。

我们很容易按照自己的人生经验得出某种结论或观点，并试图用这种观点来指导孩子的人生。毫不意外的是，孩子不仅不能从中受益，而且从中也得不到任何抚慰。他们很可能会打断说："行了，行了，我知道了。你在我这个年纪的时候……"

不要代为解决问题

我们可能一开始就这么做，或者最后做出这样的选择。无论哪种情况，这么做都不会有好结果。

妈妈："你去骑一下单车怎么样？"

孩子："不要。"

妈妈（依然热情高涨）："那要不数一下你一共有多少颗糖果怎么样？"

孩子："不要。"

妈妈（还是激情澎湃）："我知道了！要不你给杰玛打个电话，把她叫到家里来玩。还记得杰玛上星期给你的那个拼图玩具吗？多好玩呀！你把杰玛叫过来跟你一块儿玩吧。"

孩子："不要啦！"

妈妈（已经泄气了）："唉！那你还是自己回房间黯然神伤去吧。"

问题出在哪里？这本来只是两个 5 岁孩子之间的小摩擦，结果我却跟疯子一样提出这么多解决办法。女儿只是站在一边，并未参与到这个过程中。自始至终都是我在挖空心思地想办法，而她只是轻松地站在一边，隔一会儿就说个"不要"好让我继续说下去！

那我们能做什么呢

10 分钟过去了。我心情沮丧，疲惫不已；女儿大发脾气，哭个不停。这件事要从前面说起，我的女儿遇到了一个典型的"5 岁小朋友"的问题，而她把这个问题抛给了我——事实上我也接过了她的问题，还挖空心思地想要去解决，现在整个气氛都凝固了。

所以，要是我不能责备、批评、转移话题，也不能解释、说教、解决问题，那么，我该怎么办？

做一个耶全纳妈妈

当我想到耶全纳妈妈的方式，我试着抱住黛博拉，轻声说一些抚慰她

第3章　情感独立之路

的话。这样持续几分钟，直到她的心情平复，然后离开。这是巧合，还是真的良策？

我试着用这个方式来处理很多问题，结果屡试不爽。不管生气或伤心的是大人还是小孩，每次只要我用这种方式，他们就能迅速平静下来。其中的关键就在于，感同身受和拥抱。

感同身受

表示感同身受的一种方式，就是站在孩子的立场说出她当下的感受，可以用下面这些句子：真是太难为你了；哦，可怜的人儿；天哪，我想那肯定很痛；你肯定很生气吧；这件事让你很生气，对吧？

所谓感同身受，就是让难过的人知道你明白他的感受。如果你不擅言辞，那真诚地应和几声也是好的。

可能很多人都曾因为嗓子痛去看医生。当医生看着你的喉咙说"有点红"，然后坐下开药时。他真的明白你有多痛吗？他是不是觉得你小题大做？他真的关心你的疾苦吗？

我过世的表哥戈登生前就是一个医生，他一般都会照着你的喉咙说，"啊，我想你肯定很痛吧！"然后，再坐下来写药方。仅仅是这么简单的回应，却会让你觉得他真的明白你的痛，关心你所受的苦。

我们的孩子也一样，他们的情绪有多激烈，我们就得说多深刻、多亲密的话。其实我们不仅可以用语言来表达我们的理解，语气本身就是最好的手段。

身为一个新西兰人，我觉得我们有时候对孩子太过严苛了。孩子为一道小抓痕哭着找父母时，新西兰人通常的反应都是，"别哭，亲爱的。不过是抓了一下而已。"

这样会让孩子觉得你不明白他的痛苦，他的心里因此更加难受，以至于大喊大叫起来，"痛，很痛！就是痛！"结果耳朵受折磨的又是我们自己。

换一种更有效率、更好的办法就是说，"哦，天哪，这肯定痛得不得了吧。来，到我怀里来，我抱着你看会不会好一点儿？"要是再加上浓烈的情绪，一般孩子很快就会平复下来，由大哭变成小声的呜咽。（当然，要是我们表现得太夸张了，他们也很可能说："其实没那么痛，妈妈。"）

有了我们在情感上的支持和理解，孩子就能自己处理那些挫折。更重要的是，他会因此学会自己去承受一些小的挫折和悲伤。

无聊的拥抱

如果是还在牙牙学语的婴儿，用你的双手温柔地环抱他，或者让他坐在你的膝头；如果孩子年龄大了，这么抱已经不合适了的话，那就只要耐心等待，并表现出你对他的爱意。等什么呢？等你的孩子感受到他所需要的支持，等到他找到独立解决问题或忘记问题的方法。

这个过程可能是 10 秒钟，也有可能是 10 分钟。不管怎样，都比简单粗暴的责备、批评、解释、说教或直接替孩子解决问题强多了。

我之所以会用"无聊"这个词来修饰，是因为你无须逗乐孩子，也不需要用你的办法或解释来转移他的注意力。你只需要在他需要的时候给予支持，让她有足够的力量来面对这个世界，能以跟年龄相称的方式来独立解决面对的问题。

用奈德罗夫的专业术语来说就是，我们要用自己强大的身体接收孩子小小的负能量。这也是为什么当我们苦口婆心地去劝说或者安慰那些承受巨大痛苦的人时——无论是身体上的痛苦，还是心灵上的折磨，很多时候都会有一种被抽干的感觉。

我喜欢"一杯水"的比喻。滴几滴滚烫的热水在一杯冷水中，温度的变化几乎可以忽略不计。同样的道理，我们安慰一个受伤的小孩，其实无须把自己卷进问题，只需要放松地给他们以支持，这样就不会有那种被吸干的感觉。

第3章 情感独立之路

难道我们不是在教他们要有同理心吗

第一次读到印第安耶全纳部落的故事时,我确实担心他们的方法会让我的孩子变得软弱无能,以至于每次一受伤就希望得到他人的慰藉和支持。不过奈德洛夫的书得出了恰恰相反的结论,我的个人经验也验证了这一点。如果父母能做到无条件地对伤心或愤怒的孩子表示理解和支持,他们便能很快地恢复自信。

如果我们吝于支持,那孩子就只能用哭闹撒娇的方式来争取,从而变得不讲理,甚至有些时候大发脾气。

父母无条件的支持会让孩子相信他们有自己解决问题的能力,同时又有坚强的后盾在后面保护着他们,无论什么时候都有一个温暖的怀抱等着他们。

在考虑如何安抚不高兴的孩子这个问题上,我还发现了两个有用的概念:情感蓄水池和父母成为"花心"。

情感蓄水池

不夸张地说,我们每个人都有盛载个人情绪的东西。

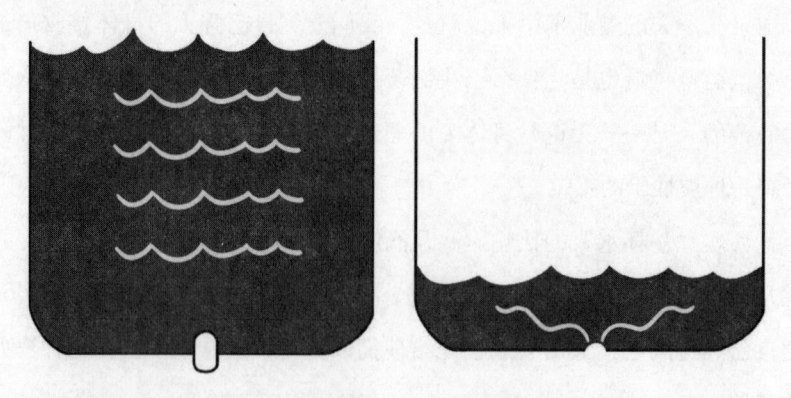

蓄水池注满了水。孩子有能力解决与年龄相称的问题。

蓄水池的水干了。孩子没有能力解决问题。

情感蓄水池满的时候，我们就能用恰当的方式面对小困扰、小挫折，解决生活中必然会出现的一些问题。我前面所说的"无聊的拥抱"就是一种填满孩子情感蓄水池的方式。

情感蓄水池一旦干了，我们就没有了承受挫折的能力和恢复力。我想到这一点，是因为有一次一个大部分时间都很开心的小孩突然发起脾气来，而且谁的话都听不进去，变得不可理喻。

我想这可能也是我们通常说的4点到6点是"地狱时刻"或"动物园时刻"的原因吧。因为这个时候，孩子没有了"水汽"，变得很脆弱。这个时候，父母要整理心情，保持淡定，并给孩子足够的"歇工时间"。那种情况下，父母多半都希望趁着情感水杯里还有几滴水的时候，孩子能赶紧睡觉到第二天。

我们得知道，正面的推动也是很耗水的，不管这个过程多么有趣。等下次你在心里嘀咕"我再也不要带他们到海边玩了，这些家伙根本就不知道感恩"的时候，想到这一点或许能带给你一些安慰。

塞子的大小

同样不夸张地说，每个情感蓄水池的下面都有一个塞子。性格平和的小孩的塞子比较小，刚好跟蓄水池的开口相适应。当然也免不了有时候会漏点儿水，但安抚这种性格的小孩相对来说还是比较容易。因为开口小，所以漏掉的一点儿水容易补上。

可是，还有一种小孩，他们情感蓄水池的塞子就很大，跟开口对不上，很容易就会被水流冲开。

碰到这种小孩，我们总是会问自己到底应该怎样才能让他平静下来，恢复正常。性格暴躁易怒的小孩可不好对付，他们一旦发起脾气来就没完没了了，很难听进别人说的话。我们的问题就在于，我们老是忘记这其实就是孩子性格的一部分，他并非故意要为难我们。

第3章　情感独立之路

给孩子的情感蓄水池注满水

除了感同身受和拥抱之外，还有很多种方式可以给孩子的情感蓄水池注水。

有些孩子只要把事情说出来心里就舒坦了，有些小孩却更愿意自己安静一会儿。

这取决于他们的性格。在幼儿园、学校或社会上受了挫折，多血质性格的小孩回到家会兴冲冲地告诉你这一天过得很精彩，但是，哪怕是性格再乐天的小孩，在一天的忙碌之后也需要一点儿自己的空间。

而控制欲很强的小孩就只想跟你说其他人做错了什么，或者他做对了什么，哪怕度过了很开心的一天，他也会为一点点小事而大发雷霆。

抑郁质的小孩就需要把事情的细节说出来，或者，他想要空间去消化这些事情，希望能够独处一段时间。

黏液质性格的小孩最需要的就是平静，所以你只要不对他提要求，让他静静地待一会儿就好了。

要满足一个多血质性格学龄前儿童的全部需求就得看你的能力和手段了，他可能刚睡醒，正等着哥哥姐姐回家，而且那天刚好一个抑郁质性格的同学抢着说完了他想说的话。碰到这种情形，最有效的方法就是考虑他最真实的需求和渴望。抑郁质的小孩需要空间，所以你如果只跟多血质小孩说话，他就会很感激。"珍妮弗忙了一天，需要安静一会儿，你到我这儿来（这也同时满足了多血质小孩渴望被陪伴的需求），让她自己待一会儿。等她休息够了，就会来找你玩的"。这对辛苦工作了一天的父母而言，当然是一个挑战，不过，不得不说这能为你省去很多麻烦——不管什么时候，当你把多血质性格的小孩和累了的抑郁质小孩或黏液质小孩放在一起时，都可能发生你不想见到的事情。

父母要成为小雏菊的花心

我得出的另一个重要育儿概念就是让父母成为"花心"。孩子刚学走

10. 多关心，少干涉

路的时候，会尝试着爬远一点儿，但迟早他们会爬回到父母身边寻求安慰、支持，或者仅仅是确认我们还在原地等着他们。

等孩子长大一点儿，他们就想着爬到隔壁房间，不过还是会随时注意我们的动静。一旦有什么不对劲，就赶紧回到我们身边。

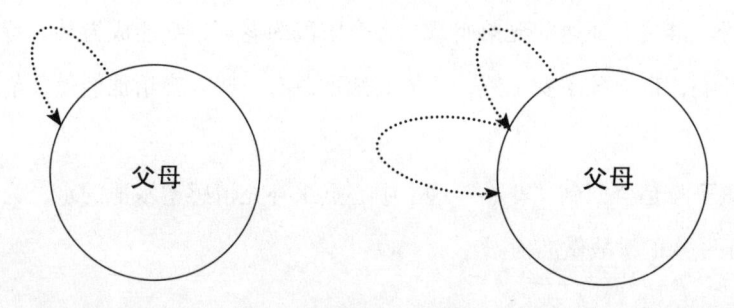

所以说，孩子长大独立的过程其实就是一个不断摸索、不断远行的过程。他们试探着走进真实的世界，感受真实的生活，同时也知道无论什么时候都有一个温暖的家可以依靠。

这个远行的过程可能是上幼儿园、上学、参加学校组织的露营，或者只身到国外生活。雏菊的花瓣会越来越大，但花瓣对花茎的需要从未改变。

大女儿第一次去国外生活的时候，我们对她说："你一个人在国外，可能有时候会想家，会想跟我们说说话。这很正常。任何时候，只要你想跟爸爸妈妈说话，打个电话回来就行。"我们说这番话的目的就是想让她知道，我们会一直在这儿，随时给她想要的支持——就像花茎对花瓣的支撑一样。我们当时没有意识到，其实我们渴望听到她的消息比她联系我们的渴望更殷切！所以后面就变成了"反正你每周都得打个电话回来"！

后来，大女儿决定在国外定居，登机前，她说的最后一句话是："家里有什么事一定要跟我说，你们不能报喜不报忧。我得知道家里全部的状况。"我知道，她需要确定我们这根"花茎"会一直在这儿，需要知道家里发生的一切，好跟家里人、跟新西兰保持住联系。

第3章 情感独立之路

父母不是孩子的全部

随着孩子渐渐长大，除了父母，还有其他很多人能带给他们这种花心一般的安全感。爷爷奶奶、兄弟姐妹、婶婶阿姨、叔叔舅舅、看护人、继父继母、继父母那边的兄弟姐妹、各个阶段的老师，都能成为某一特定时期的花心，带给孩子安全感，让他们知道总有一些人会给他们爱，给他们支持。

孩子总是会回到"花心"这个中心点来补充情感蓄水池的水，为迎接生活下一次的挑战做准备。

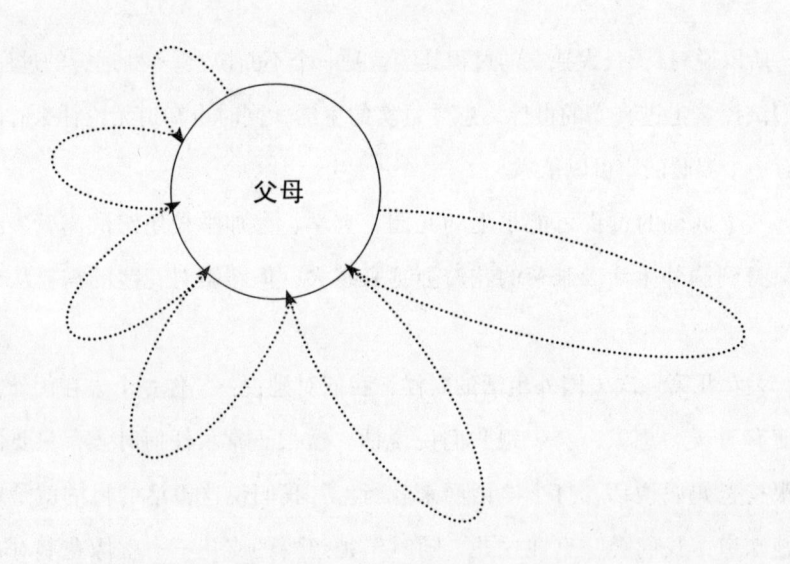

父母离异可能会带给孩子两朵雏菊花

说到父母离异，减少孩子心理压力的一种方法可能就是从一个家到另一个家，也就等于拥有了两个家庭，两份关爱，每个家也都有自己的雏菊花和花心。这也意味着，两个家庭都有可能成为支持和安慰的来源。

11. 帮助孩子应对挫折

千万记住，我们要摒弃责备、批评、解释、说教、代为解决问题等教育孩子的方式，那么在现实生活中，我们该如何运用"感同身受"和"给一个拥抱"呢？

婴儿的控制欲并不强

婴儿时期的孩子哭着要东西吃，要人抱，这并不意味着他们就天生爱控制人。先别急着反驳，别说"你是没见过我的孩子"这种话，首先，我要说明一下固执和控制欲强的区别。当然，也有的孩子格外固执，想要什么就一定要得到，不然就大哭不止，好像在说："快拿过来，现在就要！"然后你就只能想办法满足孩子的要求，但是，这并不能说他们的控制欲强。很多时候，婴儿哭只是因为他们觉得不舒服。一旦我们满足了其基本的生理需求——喂奶、休息、不受痛、换尿布等，剩下的就只要抱着他们四处走走，或者轻轻拍打他们的身体，或做些其他事情，因为，这就已经满足了他们对于支持和抚慰的需要。

不要急着奔过去帮孩子

毋庸置疑，我们应当保护自己的孩子，但我觉得不用提供不必要的保

第3章　情感独立之路

护。比如，孩子刚学走路的时候需要很多练习，在这个过程中他们会摔倒。请不要担心，因为这很正常，更何况摔在地毯上造成的伤害也有限，所以，无须太过紧张。

孩子刚学走路的时候摔倒是很难避免的，试着让他自己站起来，继续往前走。如果他需要你的话，他会自己过去找你，到时你再给他一个大大的拥抱就好。

那么，保护和过度保护的区别在哪里呢？拿我家曾发生的一件事举例。我们家有一张方桌子，四个角比较尖，对小孩来说相当危险。所以每次看到小宝贝们从桌子旁晃晃悠悠地走过，我都会靠过去不动声色地用手捂住桌子角。这样做，是因为要确保孩子不会磕到眼睛或磕到牙齿。这叫做保护。

如果我说"小心桌子角！从另一边走！注意脚下！还是我抱你过去吧"，这就是过度保护了。这么一来，孩子很可能会因为你的话而分心，而且会出于一种好奇心鬼使神差地朝桌子角撞去。

我们出去散步吧

蹒跚学步的小孩四处转了一早上，上楼梯，下楼梯，爬上桌子，又爬下来；把积木全倒在地上，又兴冲冲地跑到另一个房间找猫咪；爬上沙发把头探出窗子；走到小道上看来来往往的人，或者走进浴室看那儿有多少条浴巾。

无奈的我们觉得带他出去走走或许能让他安静下来——孩子走累了，也许就能睡个安稳的午觉了。可是，到外面还没到五分钟，小宝贝就不满地挥起手来，嘴里呀呀喊着："我好累，抱我。"这时候，我们可能就会说："哦，再坚持一会儿吧。"然后继续拉着孩子坐的童车往前走，肩上还背着一大堆孩子要用的东西。路上，我们跟孩子可能会有如下的对话：

你在一大早疯跑的时候怎么不累呀！（责备）

怎么一带你出来走，你就累了，还要我抱？（批评）

11. 帮助孩子应对挫折

你看那边！我看到树后面有一只小老鼠。要不我带你去那看看？（转移注意力）

妈妈待会儿还要做饭，如果这会儿抱你就太累了。（解释）

如果你想长大后跟爸爸一样强壮，现在就得自己走。（说教）

要不我抱你到灯柱那儿，然后你就自己走？（代解决问题）

以上这些都不是轻松活儿，而且结果往往不是我们预想的那样。尽管我们想尽了办法，孩子还是只有一句"我累了，抱我"！

这时候我们可能会妥协，心不甘情不愿地抱起孩子。接着便是一连串的抱怨、指责、威胁——与此同时，费劲地把孩子抱在手上。走了一段路后，我们把孩子放下，让他自己走（当孩子愿意下来自己走的时候），任他在人行道上乱跑，心里面同时又希望他不要跑到车道上去。原本是想带着孩子出来散步，结果却变成了这样。

还有一种办法

这种办法就是，抱起孩子，然后站在原地不动，或者找一个地方带孩子一块儿坐下。

轻声说，"哦，亲爱的。你累了吗？"（感同身受）

静静地待一会儿，无须多说话，只要等待就好。（无聊的拥抱）

你觉得小孩子一般能坚持多长时间呢？10秒钟？最多20秒，他们就投降了。只要情感蓄水池重新注满了水，他就会挣扎着往外走。

你的任务就是提供情感支持，用不了多久，孩子就能得到抚慰，准备好继续往前走了——甚至是奔跑。这个过程的关键就在于"等待"。很多时候，遇到问题我们都急于"解决"——其实这个难题只需一个温暖的拥抱就能轻而易举地化解，结果就是把孩子的问题变成了我们的问题。

帮助孩子做他们想做的事

两岁的小侄子突然要来我们家待一个星期。他对我们还没什么认识，

第3章 情感独立之路

而我们家有这么小的小孩子已经是多年以前的事了。显然，小侄子过来会有一段适应的过程。

"来，杰克。我们来换尿布。"

"不要！"杰克大喊，然后就跑下了楼。

我跟着他下去，他一直跑，直到转进墙角无处可走。我走过去抱起他，然后抱着他回到换尿布的地方。一路上我轻声对她说，"你肯定很想你的妈咪吧，肯定不想让我给你换尿片。"

我表达的情感强烈程度跟他喊得那一声斩钉截铁的"不要"差不多。抱了一会儿，杰克也顺从地躺平身子，让我给他换尿片。

如果我费尽口舌地跟他解释换完尿布会有多舒服——尤其是当原来的尿布并没有让他不舒服的时候，他肯定不会同意。

很多父母刚听到这个办法的时候，总是说，"我家的孩子肯定不吃这一套。他一定马上大喊大叫起来。"怎么说呢，这种办法主要是适用那些情绪低落或心中有气的孩子——特别是当面对他人的孩子的时候。

如果这个办法以及接下来的手段对你的孩子不起作用，那你的孩子就不仅仅是不高兴这么简单了，他很可能是真的故意在跟你对抗。在下一章，我也会就这种情况介绍几种有用的应对办法。

派对

你带着孩子参加生日派对，他年龄那么小，自然不能把他一个人留在家里。按照派对的安排，当你坐在屋子里喝咖啡、与人交谈时，你的孩子很可能跟其他孩子在花园里玩儿，在有秩序地玩几个游戏，观看几个节目。

你看到其他父母一开始都牵着自己孩子的手走一走，等到孩子熟悉了环境，他们就会自己去玩了。

可你的孩子不是这样。你走到哪儿，他跟到哪儿，不管你怎么说，他就是抱着你不放。显然他这一下午就打算这样跟着你。你告诉他，其他小朋友玩得多开心，建议他也加入进去，跟别的小朋友一块儿玩，可他还是

11. 帮助孩子应对挫折

紧紧抱着你的大腿。你对他说,要是他现在先自己玩一会儿,妈妈会很开心,可他只是紧抱住你的大腿不放。你提醒他之前多么想参加这个派对,现在要是不跟大家去玩的话,下一次别人就不会邀请他来玩了,他依旧紧紧抱住你的大腿。无奈的你又建议他在旁边玩一会儿,说你就在屋子里头,随时可以出去陪他。这时候他开始往你的大腿上爬,要求你带他去荡秋千。就这样,一整个下午别人在那欢聚一堂,你却孤零零地在一旁推着孩子荡秋千。

仔细想想,是谁在试图转移注意力、解释、代为解决孩子的问题,是谁一直在抗拒?所谓的感同身受和拥抱如何能在这种状况下起作用呢?我们还是另寻他策吧。

你可以跟着孩子的脚步颠颠地走一会儿,主动提出带他去想去的地方——这时候他一般会拒绝。"那也行,"你用理解的语气说,"跟我来,亲爱的。"然后你走过去拿一杯咖啡,让孩子坐在你旁边,接着你就继续跟左右两侧的大人聊天。在这个过程中,你只需要用一只手轻轻搂住孩子,用不着费心地想办法逗他开心(无聊的拥抱)。

过不了多久,他就会觉得无聊了。他会哭着要你带他出去玩。这时候你该继续搂住他,语气温柔地对他说,"不行,亲爱的,我不能跟你到外面去,因为我跟这些叔叔阿姨在聊天,不过你要是愿意跟我待在这儿也可以。"(我明白胆汁质的小孩这时候一定会爆发,下一章我将重点讨论这种行为。就目前而言,只要你能保持冷静并给予支持就好——控制住解决问题的冲动,至少能保证孩子的糟糕情绪不会升级。)

最后,觉得无聊透了的孩子只能自己出去找其他同龄人玩。这时你就可以长舒一口气了。但没想到三分钟后他又回来了。这时候千万别责骂孩子(你怎么这么快又回来了),也不要批评(怎么你就不能跟那些大哥哥大姐姐一样自己好好玩呢)。你只要把他抱起放在你旁边的凳子上,用手搂住他说:"亲爱的,看到你真好。你先在这儿坐会儿,待会儿想出去的话再出去。"然后,继续聊你的天就行了。

第3章 情感独立之路

回到"让父母成为花心"的话题。他从你这儿获得安慰，在你的保护下探索这个世界；回到你身边做短暂的休息，然后再次出发。你给了他情感的支持，而且没有试图去代为解决"他的"问题。

我知道你最想要的是孩子自己就能跟其他小朋友玩，而你就在一旁为他的独立和沟通技巧暗暗开心，这也成为你在同龄人中的谈资。并不是所有孩子都有这种自信，但我刚才说的这种策略是内向孩子培养自信的最快的办法。

送孩子上幼儿园

孩子最初进幼儿园的那段时间，是我们运用"转移注意力"最频繁的时候。很多人都建议我们先把孩子送过去，等他们投入游戏或其他课堂活动，再悄悄离开。这对性格比较独立的孩子或许可行——他们会选择自己喜欢的活动，甚至主动让你回去。"妈咪，你可以走了。"

不过，很多小孩在面对陌生的环境和人时，都有一种本能的抗拒感，即便是对人和环境熟悉了些，有些小孩子也很难短时间内适应。抑郁质性格的孩子需要明确自己要做的事情，以及他人对他们的期待为何。所以你要是把他们突然丢到一个陌生的环境，让他们自己去摸索，必然会让他们不知所措。

"先安抚,再偷偷离开"的建议对于这种性格的小朋友肯定没什么作用。如果他们知道只要自己安定下来，爸爸妈妈就会离开，那他们怎么会安定呢？他们越早接受你转移注意力的举动，你们就会越早离开。

对于这种性格的小孩子，最好别用转移注意力、解释或说教的办法。

我们再回到花心理论。要让你的小孩接受另一个人——老师，而这个人还将暂时成为他的小世界的中心，并提供他需要的支持和安慰，你可以这么说："我知道你真的很想妈咪留下陪着你（感同身受），但我现在必须离开。过几个小时我就来接你回家。妈咪走了，谁来抱你呢？"只要孩子安下心来，他们往往都能第一时间感觉到谁最适合做妈咪的暂时替代者。这个选择就由他们来做吧。等到交接的时候，再跟负责照顾他的人简单地交代一句："詹姆斯不太高兴我离开，你能帮我照顾他一会儿吗？"最后跟他吻别，离开。走到门口，记得要回头跟他挥手告别。

走到门口时一定要回头挥手作别，以免孩子眼巴巴地看着你离开的背影。孩子在幼儿园老师的陪伴下目送爸爸或妈妈走远，心情也会逐渐安定下来。

放下大哭的孩子不管，这种感觉肯定不好受。孩子那张梨花带雨的脸庞可能会在我们脑海挥之不去。我们在心里想，要是孩子哭个不停怎么办？不管怎么样，这个早上是毁了。

不过，孩子也很有可能过一会儿就缓了过来，老师会安慰他，也会悉心照料他。若还是放心不下的话，那就打个电话过去问问吧。当你听到孩子已经开心起来了的消息，你也会度过开心的一天。

这种情况上演几次之后，你要跟幼儿园老师确认，你离开之后孩子的不良情绪会维持多久。也许你转身之后，孩子总是会哭上一会儿。我知道这让你跟孩子都很难接受，但总的来说，对你们都有好处。

另一方面，如果发现你走后孩子变得特别伤心，幼儿园老师完全安慰不了他，那就不要再用这种方式。长此以往，你的孩子可能会失去自信，而且可能会有别人逐渐取代你在他心目中的地位。

也许失去的自信可以重建，也许他对你的离开还没准备好，也许当时的环境不适合他。想知道确切答案的话，最好的办法就是跟幼儿园老师商量下面的这个计划，争取得到老师的配合和支持。

你可以在幼儿园找一个合适的静静地观察，记得带上一本书或笔记本电脑，以免无聊。告诉孩子，你会一直在这儿陪着他。你也可以提出让他到你旁边来玩会儿，并且要表现出你的兴趣和支持。不要说"你去玩吧"这种话，也不要起身跟他一起玩（不好意思，亲爱的，我不能陪你去。我还有好多事情要做，不过你要是愿意的话，可以在这儿跟我一块）。最后，孩子一般会走开跟其他小朋友玩儿，玩一会儿再回到你身边。你只需要表

第3章 情感独立之路

现出你对他的欢迎，无须参与其中。让他自个儿去探索，离开再回来，离开再回来，而你只要待在原地等他就好。

如果这么重复三五次，孩子的信心还是没有明显提升，那我只能怀疑他还没做好上幼儿园的准备，或者幼儿园里有让他特别难受的人或事。

游泳课之战

课后或周末，让孩子游泳、打网球、拉小提琴、做体操、参加合唱团或其他精彩的活动，是一件很好的事，前提是你能兑现自己的承诺，并且你的孩子有足够的精力做这些活动。我们先假设你的孩子精力充沛，并且对这些活动很有激情，可是，等他们到达活动现场时，我们的麻烦就开始了。

其他小孩子都腾地跳进水中，尽情享受游泳课的乐趣，可你的孩子却紧紧黏着你，不肯下水。游泳老师过来亲自向他发出邀请，可他连话都不愿意回。你觉得之前交的游泳课学费像是丢打了水漂，更糟糕的是，你担心孩子落下课程，日后跟不上。而且其他孩子都下水了，只有你的孩子不肯下水，这多少也让你有点难堪。

这个时候，一定要忍住下面这几种冲动：

（1）责备（"当初是你说要学游泳的。"）

（2）批评（"为什么你不能跟其他孩子一样？你看，那个孩子只有你一半大，人家都下水了。"）

（3）解释（"你看，都已经来了。下水游一圈你会觉得温暖好多的。"）

（4）说教（"每个孩子都得会游泳。我们这儿有那么多海滩，下次去海边玩儿，你总不想一个人在旁边待着吧？"）

（5）代为解决之题（"你只要下水，抓住那根杆子就行了。下水试试，你肯定会喜欢在水里的感觉的。"）

（6）撒个小谎（"你就身子下去，脸朝上就好了。"）

（7）威逼（"你要是再不下水，我们就直接回家，你给我乖乖到床上去。"）。哪怕这样，有些孩子还是会说，"回家就回家"——他们宁愿被逼着上床睡觉，也不愿意到冰冷的水里。

（8）利诱（"要是你现在下水，待会儿回家我就买个大冰激凌给你吃。"）

试试下面这些：

（1）用毛巾裹住他，让他在你旁边坐下，说，"我们就坐在这儿，等你准备好了就下水。"然后，你可以带着他饶有兴趣地看其他小朋友游泳。你无须故意让他去看游泳课程多么有趣或者他落下了多少东西。

（2）你要做好坐一整堂课的准备。我也知道这可能很浪费钱，不过请你相信我，这是让你的孩子下水游泳的最好办法。

（3）等到下一周，你再找机会带孩子去游泳池，看你的孩子是否准备好下水玩了，是否愿意跟你在水下玩儿，玩得是否开心。

（4）第二节课你还是得做好陪孩子干坐的准备——去游泳池的路上也不要说孩子什么。现在你的孩子已经看到别人上课了，他知道游泳没那么无聊，或者确认下水没那么危险。所以，他很有可能会在一开始或者等几分钟后选择下水。

如果这么静坐了两堂课，你的孩子还是不愿意下水尝试，那可能就是他真的还没做好准备。也许是游泳老师的风格不适合他，也许是他对游泳池没有信心，或者仅仅是因为他还没准备好。所以你再坚持也没有意义。在他学会游泳之前，你不能让他不穿救生衣就到水边去。

这种办法适用于任何想参加集体活动或集体学习的孩子。我的大女儿和大儿子上学之前就学会了游泳，所以他们很喜欢上游泳课。我最小的孩子小时候不想学，不过一年级学期末的时候她总算愿意下水了，开始信任游泳课老师，同意让老师慢慢教她。

我不想去和我不去

孩子眯缝着眼睛，说："今天又要上学吗？我不想上学，我不去！"

第3章 情感独立之路

事情很可能就从这儿出问题。首先你要记住，这个决定不应该由孩子来做。孩子是否要去幼儿园、托儿所或学校的决定得由父母或监护人来做，而且不容讨论和商量。我之所以这么说，是因为不管你怎么讲道理，好言相劝，不管你的道理多么正确，也不能改变孩子的主意，因为，第一，这些道理他之前全听过了；第二，上一次他没有被这些道理说服，这次又怎么可能被说服呢？

所以，你还是省点儿力气吧。要回答"今天又要上学了吗"这种问题，最好的回应就是"是的"，除非是周末。

他要是说"可我不想去上学"，你可千万不要说"亲爱的，我们每个人都有自己不想做的事情，可我们还是得去做呀"。跟小孩子讲大道理是讲不通的。你可以饱含热情地说："宝贝儿，我知道你不想去上学。我抱抱你会不会好点？"很多时候这就是给孩子情感蓄水池补水的最好办法，能带给他面对挫折和困难的无穷力量。

固执或蛮横的孩子可能又会说，"反正我就不去。"除非你真的喜欢跟人争执或幼稚地想说服对方，不然这时候你只要不以为意地哼一声，然后漫不经心地问一声"啊哈"或者"真的吗"，孩子就没得选择了。

"今天过得怎么样"

当你把孩子从幼儿园、学校、夏令营或老师的办公室接出来，听完孩子的叙述，你很多时候都会说"你要往好的方面看"或"我们想想开心的事吧"这些陈词滥调。这是因为，我们本身就期望听到好消息。

罗伯特小的时候，当时我还不知道不同性格有不同需要这回事。放学后我把他和其他几个拼车的孩子从学校接出来，就总是会佯装高兴地说："现在你们各自给我说说今天发生的高兴事儿。"多血质性格的孩子一听到这话，就忙不迭地跟我说起当天发生了哪些事儿。黏液质性格的孩子只要逗乐我，就觉得高兴，而罗伯特性格中抑郁质的部分让他只想把坏的事情忘掉，而胆汁质的部分则让他对我问了一个他无法回答的问题感到生气。事情往往就是从这儿开始恶化的。

"告诉我三件高兴的事儿",天性乐观的孩子自然喜欢听这种开头,他们总是有说不完的高兴事儿。性格忧郁的孩子却只想对问这种问题的大人说:"你问这种问题根本就是不顾我的感受。"他们需要忘记不开心的事儿,想从大人那儿得到安慰和支持,这会让他们感觉好受一点儿。还有那些累了或词穷了的孩子,也不会喜欢你问这种问题的。

一个开放式的问题,比如,"如果你们有兴趣的话,跟我说说今天发生的事儿吧",这至少会让孩子觉得你尊重了他的情绪。你甚至还可以这么开头:"今天过得怎么样啊?"你得到的回应可能是沉默或者几声咕哝,这说明孩子这会儿最需要的是自我的空间。

很多人都担心,如果引孩子说出让他们不高兴的事儿,可能会加剧他们的不良情绪,或者让他们变得悲观忧郁。但经验告诉我,让孩子说出——如果他们愿意的话——那些令他们产生负面情绪的事情,倒是能让他们从心里放下,继续新的生活。没有负面情绪挡路,孩子反倒会看到生活并非只有坏的事情,还有好的一面。

这对蛮横的少年也有用

孩子回家了,他或怒气冲冲,或泪眼婆娑地跟你说,这一天过得很糟糕。"发生什么事了?"你急忙问。于是,孩子把这一天的苦水全倒了出来。

(年纪较小的孩子)"老师针对我,我只是向同学借一支铅笔,他就说我。我再也不要去那个烂学校了。"

(年纪大一点的孩子)"那个烂老师。我只是问詹姆斯说了些什么——谁让他那么多废话,老师就罚我站到教室前面,让我重复她之前说的话。我说不出来,她就说我上课不认真,还罚我留堂。我不愿意接受,她就把我赶出了教室。现在我星期五下午得留在学校。那个该死的主任还说要打电话给家长。"

第二个例子中的对话可能跟孩子的原话有所出入。"烂老师""该死的"

第3章 情感独立之路

等可能会被其他语气更强的词语代替。反正不管怎样,这都不是你教他说话要有礼貌有教养的时候,你也不用费心想那些格言警句来教育他。

千万不要掉进替老师或替学校辩护的旋涡。碰到这种情况,我们一开始总是会下意识地站在老师那一边(哪怕我们从没见过孩子的老师),反倒忽略了心爱的孩子希望被安慰的需求。

如果可以的话,我们得尽量避免下面这些陷阱:

(1)责备("该听课的时候就好好听课,谁让你说话来着?")

(2)批评("你为什么要在课堂上讲话呢?有什么话不能下课再讲吗?不管怎么说还是你不认真听讲在先,不然也用不着问詹姆斯。")

(3)解释("或许老师上课上得累了,心情不太好呢?而你又刚好撞上枪口。不管怎么说,如果她没说几句就停下来,你让她这个课怎么上呢?")

(4)说教("你现在这个阶段很重要。也不止一个老师说你不注意听讲了。你现在这么大了,不需要老师教你课堂上应该怎么做了吧?这么大的人了,课堂上就得集中注意力听课。再说了,老师在上面讲课,你在下面说话,这本身就是对老师的不尊重。")

(5)代为解决问题["那你现在只能乖乖留堂了,(叹息)有什么办法呢?我到时再挤高峰去接你吧。"]

(6)代为解决问题("我给你老师写张纸条,让她别留你堂了。我会跟她解释说每天背这么多东西对你的腰背不好。话说回来,他们真的不能让你每天背这么多书回家。")

(7)代为解决问题("要不你明天去找老师,让她给你换个位置,或者把那个给你惹麻烦的同学调开?")

其实,最稳妥也是最能给孩子支持力量的回应是说一些感同身受的话,比如"那肯定很难受吧。唉!你这一天肯定过得很糟糕。"然后再给他某种形式的"无聊的拥抱"。

我需要你，所以请你走开

对于大一点的孩子，你只要在他身边忙你自己的事情，就相当于给到他一个"无聊的拥抱"了。

我已经记不清自己曾多少次尝试做一个"好妈妈"了。孩子放学回到家，餐桌上就已经摆好了下午茶，另外再给自己倒一杯咖啡。这杯咖啡相当于告诉孩子，"我有时间。我很专注。我愿意听你说话。我会感同身受。把你的心里话说出来吧。"

孩子们一般会走进来，扫一眼我准备的东西，然后对我说，"谢谢妈咪。我能把这些吃的带到房间再看书吗？"

最后，我独自坐在厨房，问自己为何要费心思替他们准备这一切。我本可以利用这些时间工作。即使我这么做了，又有多大的不同呢？

但是，我知道为人父母的就是一朵花的花心。孩子们需要温暖和支持，所以他们需要妈妈在这儿，但忙碌了一天，他们也需要有自己独处的空间。只要知道我在这儿，他们就能安心地做作业或其他事。到吃晚饭的时候，他们自然会跟我分享这一天的见闻。

同样的理论也适用于上学的青少年。他们可能一整天都不在家，你可能会怀疑自己待在家里的意义为何。其实只要知道有一个人在家等着他们，这对孩子们来说就是一种莫大的支撑。我们在，花心才能完整。

孩子大了，"无聊的拥抱"往往是无形中进行的。你只要表现出感同身受和关心，孩子就能得到力量，然后勇敢地面对问题。任由他砰地关上厨房的门，把自己锁在屋子里，把音乐开到最大声，这其实也相当于一种无形的拥抱。

你可以责骂他音乐声开得太大，以至于门上的油漆都要被震脱了，但这对于改变他的行为，帮助他勇敢地面对挫折，或发泄愤怒的情绪丝毫没有帮助，而只会火上浇油，让他更加生气。

或者，让他按照自己的方式处理挫折情绪。给孩子空间，让他自己去处理这些负面的情绪，解决问题，其实也是对他的支持。

第3章　情感独立之路

帮助大孩子处理大事情

孩子在慢慢长大的过程中,不管我们如何保护,他们终归还是会受伤害,会感受失望,这是生活的一部分。孩子的一生中,肯定会有不尽如人意的时候,会有友谊不再的一天,曾经的恋人也可能各奔天涯,还可能失去心爱的亲人。

我们总是试图找最合适的话来改善一下剑拔弩张的状况,可是,却发现我们自认为合适的话无济于事,反而更加激怒孩子,引得他们更加难过。

碰到沮丧或者愤怒的少年,我的第一反应通常是倾听,并尽可能地表示理解,直到他们自己走出来。"无聊的拥抱"不仅仅是用手臂抱住他们,有时候也可以是安静地坐在他们身边,或者,给他们打越洋电话,耐心地倾听和引导,直到他们说出心里的话。不管是哪一种情况,我都等着听到孩子说出那充满魔力的话——"谢谢妈咪。我想我现在知道该怎么办了。"

支持孩子独立处理生活中遇到的各种问题会让他们感觉到一种力量,让他们更加出众,进而实现情感的成熟、独立,且更加自信。

12. 父母理所应当给建议吗

"可是黛安,"我听到你说,"我什么时候该说出自己的建议呢?明明看到孩子犯错,我该怎么办呢?难道不该让他们明白一些成年人的智慧吗?你真的认为我只要做到感同身受和无条件地支持就万事大吉了吗?"

你问的没错。如果我要求你面对自己最关心的人时,收起自己多年积累的智慧、学识、和经验,这肯定是很可笑的。另一方面,我们也都曾有过试图用自己的经验教孩子做事,可结果却只换来歇斯底里的愤怒和大喊大叫——"我想自己来!"(小孩子),或者"你根本没听我说话!"(大孩子)

不过,我们可以换个方式表达情感支持,这可能会延长孩子转移感情的过程,并让我们能以一种不那么激烈的方式来表示支持。

让你的孩子开口

孩子一般都有很多心事。如果我们仅仅是"哦哦"或者给一个"无聊的拥抱",可能会让他们觉得我们是在敷衍。问一些问题,让谈话继续,让孩子把心里的话说出来。你可以这么问:

(1)接着发生了什么呢?

(2)你是怎么处理的呢?

第3章　情感独立之路

（3）回应得很不错。那他是什么反应？

（4）问题解决了吗？

想办法让孩子把心事全部说出来。这时候你要整理信息，找到整件事情的关键点。不要给他建议或代他解决问题，这只会让孩子把心门关上。

对于大一点儿的孩子——我是指青少年，你就得更加谨慎了。对他们而言，关心和干涉只有一线之差——这一阶段的孩子总是喜欢控诉父母或长辈干涉他们的生活。

青春期的孩子对于同伴也有一种格外强烈的忠诚感，所以他们经常会话说到一半，突然想到自己说出来可能会"出卖"朋友，然后就缄口不言。作为有智慧的家长，这时你可以轻声说："要是你方便讲完这件事的话，我很乐意听。"然后默默走开就好了。（他们表面上可能会说好奇心绝对害不死猫，可我可以负责任地说，这招屡试不爽。）

记住，让孩子说出心里话的目的并非站出来替他解决问题。更重要的一点是，千万别用讨论的方式试图挖出他曾做过的"坏"事。总之，让他说出心事的目的是为了让他重新找到内心的平衡和安宁，以新的姿态面对新生活。

你应该批评不正确的行为或者纠正那些不好的行为吗？

总会有这个机会的——但不是现在。这会儿你的孩子只需要你的支持来应对内心的愤怒和郁闷。所以你只需要做到支持和收集信息两件事就好了。你得记得孩子说话的内容，等他的气消了，你便可以找机会表达你的看法，以避免下次发生同样的事情。

别急着说正确答案

婴儿或小孩需要大人说几句感同身受的话帮助他们度过情绪危机，让他们学着面对自己的情绪。温柔地说一些安慰的话，既是帮孩子，也是帮自己。

你可不要傻傻地认为，孩子需要借鉴你的生活经验，想要听你的建议。

哪怕真的要提建议，也要含蓄地说，比如："这个嘛，我有一个想法，你要不要听听看？"这种问法让你可进可退，你可以根据他的反应决定是否说出建议。

如果你一开始就说"你该这么做"，哪怕你的答案是正确的，结果也可能适得其反。因为这时候孩子需要的是我们的支持，而不是解决方案。

一旦孩子把心里话一股脑儿倒了出来，他接下来迫切需要的就是空间。这时候你就任他去玩，或者回到房间看书，或者坐到电视机前看电视。等过一会儿，他的情感蓄水池重新注满水了，你再说："我一直在想你之前跟我说的事，你想听听我的看法吗？"或许会比较好。如果孩子回应说"不用了，妈妈。谢谢你。我已经没事了"，你也不要感到意外。因为你满足了他细腻的小心思和对空间的需求。只要情感蓄水池是满的，他就有充足的力量自己解决问题。

尊重性格差异

很多时候，多血质性格的人只需要一个听众。在讲事情的过程中，他们自己会看到事情好的一面，而与生俱来的社交能力也会让他们在这个过程中找到合适的解决办法。

抑郁质性格的孩子则需要把每一个细节都告诉我们。如果刚好碰上胆汁质性格的父母，他们可能很难克制住自己不说出显而易见的解决办法。多血质性格的父母则会觉得孩子说的那些细节很无聊，根本不是重点。不管怎么说，要记住，孩子说这些的目的并不是为了取悦你，他只是情绪不佳，需要你的支持。若父母是黏液质性格或抑郁质性格的话，还好说，因为他们本身就善于倾听。

胆汁质性格的孩子则往往觉得愤怒或沮丧，你可能很难理解他们怎么会对自己最好的朋友生那么大的气。出于本能，我们可能会忍不住为他的朋友辩护，然后我们的麻烦就来了。明智的父母不会在这时候跟孩子唱反调，而是让他先发泄心中的不满和愤怒。

第3章 情感独立之路

黏液质性格的孩子就只需要简单地说一句"查理今天好过分",然后你就不用多管了。他们身心俱疲地回到家,现在需要的只是空间。你可以说,"等你缓一会儿,要是愿意跟我说说,随时来找我。"如果他最后还是没跟你说事情的来龙去脉,你也不要觉得惊讶,因为很可能他已经在心里消化了。

尊重性别差异

广义上来说——一般而论,女性更有可能在说事情的过程中想清楚问题。("只有听到自己说的话,我才知道我自己是怎么样的。")而男性更喜欢一个人待着,把事情想透彻。

说回孩子,这种男女思考方式的差异也同样体现在他们身上。很明显,"我们坐下来慢慢说吧",这种办法对我的女儿们更管用,而儿子一听到我的这种邀请,就会有抵触情绪。

以前我会觉得他们不知好歹,现在我明白,这是因为我给出的建议完全不适合他们。男孩子需要空间——用约翰·盖里《女人来自金星,男人来自火星》里的话来形容就是,男人喜欢钻进洞穴想问题。所以你要小心洞穴怪兽。如果你太快靠近或者太靠近,洞穴怪兽都有可能伤到你。

尊重年龄差异

年龄小的孩子更有可能把事情和盘托出。等他们说完了,也就没事了。

随着孩子进入青春期,他们更希望有时间独自思考。他们喜欢待在自己的房间里,辗转反侧地思索如何解决问题。他们——尤其是女生,喜欢把自己的想法和思绪写进日记本里。这是吐露心声的一部分,对于他们而言,写出来心里就会舒服很多。

青春期的孩子更喜欢跟同龄人说自己的心事,而不是跟父母说,所以,想让处于这个阶段的孩子吐露心声会比较困难。我们想不通这是为什么,难道是因为我们不够好吗?难道比我们年轻二三十岁的毛头小孩会比我们更有帮助？为什么孩子宁愿跟同龄人说心事，也不跟我们说？我们还担心同龄人给的建议并不那么好。他们值得信赖吗？几个小孩凑一块儿能想出什么好主意呢？

你要知道，这只是我们的担心而已。我强烈建议你们不要把这些想法告诉孩子。哪怕你把这些问题问了出来，答案很可能也不是你想听的。

电话、邮件和短信在这个过程中都能起到重要作用。我的女儿在学校一直跟她的那些同学、朋友待在一块儿，回家也是一块儿坐车，到家后还要接着互相打电话，甚至于晚上还要进行"夜谈"。真的有这么多话要说吗？这也是我之前一直想不太明白的事。

现在我想我明白了。孩子一天之中经历了一些事情，他们需要回顾，需要分析，需要为第二天做好准备。这是他们利用情感支持来解决问题的方式。我想，这肯定是电话公司乐于见到的。

含蓄地给建议

得到了想要的支持，孩子应该就能忘掉之前的烦恼，继续往前看了。孩子是没事了，可你心里却不安起来。你担心，焦虑，想帮忙。但是，你要用尊重孩子解决问题的方式。

尊重？难道他们不应该尊重我们的生活智慧吗？

作为父母，我觉得我们应该尊重孩子解决问题的方式，让他们用自己的方式去面对问题。只要给孩子想要的支持和空间，他们面对问题时的聪明和机灵劲儿总是让我们吃惊。所以，如果我们想要提出自己的想法，首先就得表现出对他们的尊重。你可以试试下面这几种方式：

（1）我一直在想困扰你的那个问题。现在问题解决了吗？你还想不想说一下？

（2）我有几个想法，可能会对你有点儿用。你想听一下吗？

（3）你知道明天要怎么解决那个问题吗？还是你想先说出来？

如果孩子不领你的情，你也不要感到奇怪。如果孩子说，"不用了，爹地，我自己会解决的"，那你应该为他感到高兴。这证明他感激你的帮助，有良好的教养，而且能够独立解决问题。换句话说，你家孩子教育得不错。

判断时机

我们期待从孩子口中听到那富有魔力的话——你觉得我应该怎么做。

但是，当孩子说出这话时，你可得小心了。我在前面说过，要想以最恰当的方式给出建议，首先你要知道孩子的需求，然后再告诉他们应该怎么做。

我最大的儿子罗伯特就曾经把我折腾得够呛。他对我说："妈妈，你能看看我写的这篇作文吗？"然后我就天真地以为他说这话的意思是，让我帮他找出文章中的错误，然后告诉他。好几次当我指出他的几个拼写错误和发音错误时，罗伯特愤而从我手中夺过本子。尽管我这人反应慢，但经过这么几次，我也知道罗伯特不喜欢这样，我也从中学到了很多。

首先，我学会了事先估量他的疲惫程度——以及我自己的。一个疲惫不堪的孩子把他的作文给我看，是希望得到肯定的回应。我得告诉他，我喜欢他写的作文，文章里面有几个地方很有意思，告诉他我看得懂他在写什么。如果他情绪不错，我可能再稍微指出他的拼写小错误。他是想提前改正，还是想让老师帮他改？这一点我得先判断清楚。

其次，我还学到，不管什么事，我得先从大局出发，然后再判断时机，说细节。

当你也解决不了的时候

你可能注意到了，我在上一段提到"估量疲惫程度"的时候，还特别指出了"我的"。随着孩子越来越大，他们经常深夜带着忧虑或某种需要回家——这对我们来说已经太晚了。孩子的问题可能是，"我刚想起我明天需要三个冰块"，或者"你能教我做下这道微积分题吗"，抑或是"我最好的朋友背叛我了"。这时候不管你怎么控制，都很可能会以发脾气收场。

如果你当时满足不了孩子的要求，那就实事求是地跟他说："我很想现在听你说，可我真的太累了，我现在暂时处理不了。"也就是说，要是孩子的问题需要耐心，需要你小心对待，而你恰巧这一天精力又不够，那就不妨实话实说。

情感支持并非一劳永逸

孩子如果比我早上床，通常我会在他们床头坐上10分钟，跟他们说说话，帮他们盖好被子，再让他们自己看会儿书直到睡着。

塔尼亚8岁的时候，一到睡觉的时候就感到焦虑：我担心化验血；我害怕学开车；我担心会怀孕。

作为一个深爱孩子的母亲，作为一个生物老师，对于孩子这些莫名其妙的担心，我尽量温柔相待。我柔声跟她解释，向她保证这些事情不会发生，可她每晚还是担心个没完。我试了很多种办法，结果还是不起作用。尽管如此，我对塔尼亚始终报以耐心和温柔。

过了一段时间，我发现我们的床头聊天从10分钟延长到了45分钟。老实说，我有点儿不耐烦了，我只想快点离开。

塔尼亚是一个聪明的孩子，一般你跟她说什么她马上就能明白，但是，这件事我已经跟她解释这么多次了，她竟然还是这样，那也别指望她以后能明白了。

究竟是怎么回事呢？我并不认为这是塔尼亚故意拖着我的伎俩，我觉得这是她潜意识作用下的行为。塔尼亚无意识地打了一个死结，把我困在其中。

那天晚上，我迈出了勇敢的一步。我在塔尼亚床头坐下，对她说："塔尼亚，宝贝儿。今晚我们可以谈任何话题，但不许再说化验血、学车或怀孕的事。"果然，那天晚上我们只聊了10分钟，而且没再聊这些话题。

你可能想知道这件事对我们的长期影响：事情到现在已经过去了20年，

第3章 情感独立之路

我还是对这几个话题有抵触,而塔尼亚现在已经能坦然接受化验血了,即使呕吐也只是一点点儿。至于开车,她15岁那年就学会了。目前塔尼亚生活在国外,单身,还没有生小孩。

当我们觉察到不对劲

内向型

很多时候,我们知道事情出了问题,但却很难让孩子开口说出来。他们不说,我们就无从下手。根据孩子不同的风格,我们可以把他们分成内向型和外向型两种。

"内向"派容易相处些,但却让人操心。这样的孩子会变得越来越内向,气色也会越来越差。他们大部分时间都把自己关在某一个密闭空间,躲在里面不出来。他们神情忧郁。不管我们问多少次"发生什么事了",他们的回应总是"没什么事"。

其实你真正想问的是:你究竟怎么了?肯定是有什么问题——你已经郁郁寡欢好多天了。如果你总是把事情藏在心里,那问题是得不到解决的,不如找个人把心事说出来吧。你需要我给你安排心理咨询吗?

千万别这么做。你可以试试下面的办法。

敲开孩子的门,轻声说"我可以进来吗",然后在他身旁坐下,无须过多的眼神接触,你只要柔声对他说,"我们很担心你。你这段时间总是待在房间里,也不怎么说话,一副心事重重的样子。我们能为你做什么吗?"(注意你不用费心去猜孩子的心事,只要说出你的感受就好。)

这样一来,可能你的孩子会给予积极的回应,愿意开口说话。也可能只会说:"是的,你说的没错,可我现在不能跟你说。等以后再说吧。"如果是这种回应,那么你最好是回答:"不管什么时候,我都在这儿,愿意为你做任何事。"

听到你这么回答,孩子可能会痛哭流涕,这时,你只需静静地抱着他,让他大哭一场就好。你要知道,有时候表达支持并不一定要知道具体发生的事情。

如果孩子想把心事说出来,那就让他说好了。如果他不愿意说,我建议你尊重他的想法,只要告诉他"随时等着你"就好。

外显型

有时,孩子用外在的方式来表达自身情绪——尽管这个理论我们一时还难以理解——孩子大喊大叫、大哭大闹、欺负同伴或者吹毛求疵,究竟是自身的行为有问题,还是因为他们内心焦虑?

如果你觉得是后者,那你千万别这么说——"你最近很烦人,肯定是发生什么事了。天呐!到底出什么事了,请你说出来吧。你这样根本不行,我们得想个办法才行。"

建议你撒个善意的谎言,尽管手段不那么光明,但只要结果让人满意就行。

试着温柔冷静地说:"我注意到你最近特别容易生气,情绪似乎不好。(这儿可以试着撒个小谎了。)这可不像你。是有什么事困扰你吗?我能替你做什么吗?"

既然你面对的是一个性格固执的孩子,那如果接收到他负面的甚至是愤怒的回应,你也一定不要奇怪。你可以继续轻声对他说:"如果有什么需要我做的……"这时候记得给他一个小小的拥抱,然后就安静地走开。要知道,这些行为肯定会对孩子产生正面的作用。你主动询问并提出帮忙,这就能起到情感支持的作用。

其实这个办法我也是偶然学到的。有段时间我那个性格敏感又固执的儿子罗伯特接连好多天动不动就生气。当时他大概是十八九岁。他对姐姐妹妹爱答不理,对父母也是动不动就发脾气,我们好像跟一个炸药包生活在一块,随时都可能爆炸。(这种情况之前也发生过,只是从这一次起我才明白,这种行为除了荷尔蒙、青春期特有的粗暴和坏脾气之外,还可能

第 3 章 情感独立之路

是有别的原因。）

一天晚上，罗伯特到我床前来跟我道晚安（我们已经到了需要孩子给我们盖被子的阶段了），我对他说："罗伯特，发生什么事了？你这几天脾气特别不好，动不动就发脾气。这可不像你。你愿意跟我说说吗？"

"不要！"罗伯特大吼一声，然后就跑到了走廊上。他走到走廊尽头，然后又转身跑回来，腾地扑倒在床的中间。（罗伯特足有 6 英尺[①]高 80 公斤[②]重，肌肉发达，所以我们特意做了一张加大床。）"有件事……"罗伯特说，然后他便把心里的话说了出来，足足说了半个小时。

其实，你很难分清粗鲁和焦虑外在表现的区别。我的经验就是，每当你觉得孩子的表现不对劲，那十有八九是因为他有心事——糟糕表现只是他内在情绪的外在反应而已。

成年人如何付出和得到情感支持

我和经常几个女性朋友碰面，因为我们喜欢聚在一块儿，而且总能给对方不可思议的情感支持。相聚的快乐部分来自于，我们能在一起毫无顾忌地分享生活，这带给我们心灵的愉悦。不管是谁在说话，我们总是会尊重对方的需求，感同身受地倾听。

从某种意义上说，我们这几个人都已经实现了情感独立，所以不管谁需要倾诉，我们都会给对方一吐为快的空间和时间。倾诉，就是我们获得轻松喜悦的方式，就是我们解决问题的办法。有时候一件事情说完了，我们总是会问一句："你们觉得我应该怎么办？"

偶尔会有人说，"关于这件事我倒有几句话想讲"，或者"你以前经历过这种事吗"。我们尊重彼此的情绪和感受，对彼此的忧虑感同身受，从不会幸灾乐祸地取笑对方，而是待彼此以温柔和爱。一句话，我们都看重这种情感支持。

[①] 1 英尺 =0.304 8 米。
[②] 1 公斤 =1 千克。

13. 当答案不明朗时

显然，生活中的事情并非只是倾听和支持这么简单。关于孩子带来的种种问题，我们也许知道最佳的解决办法，也许不知道。即便我们知道答案，孩子也未必按我们说的方法去做。

想让孩子有所改变，最好是多想几个办法，然后从中选择最好的一种，再根据这个想法制订计划，最后评估结果。

我总结出这种应对模式是在黛博拉8岁的时候，当时她气冲冲地朝我喊，"我再也不要去上那该死的课了！"让黛博拉生气的老师能力很强，尽管有点独断专制，但她对学生很关心。她总夸黛博拉聪明过人，也看出了黛博拉做事情懒散。

此前我多次用过"情感支持"的办法，多多少少也起到一点作用，可这一次情况不一样。这次黛博拉气得不得了，而且急需一个解决办法。

第一步，结盟

这种时候，你需要百分百站在孩子这边，跟她结成联盟来想办法。

"黛博拉，现在事情已经是这样了，我知道你很生气。要不我们坐下来喝点下午茶，一起想办法来解决问题好不好？我来记录。"

这时候记得用巧克力饼干诱惑一下，并且特别强调她只需要参加就好。

第3章 情感独立之路

这一招屡试不爽。

第二步，认清问题

下一步就是认清矛盾，把矛盾简化成一个可以直接回答的简单问题。就黛博拉这件事而言，她觉得问题就在于，"那个该死的老师为什么要让她工整地写作业？"

同所有父母一样，我也很难接受这种说法。我很想告诉她，无论如何不应该这么说自己的老师，我很想对她进行一番关于尊重他人的思想教育，告诉她作业本来就应该写工整才对。我本来可以这么做，我有充分的理由，但一旦这么做了，我的计划就会被彻底打乱。这时候更明智的做法是先忍住这种冲动，让她把心里的怒气发泄出来——毕竟，如果她不在家撒气，还能去哪儿撒呢？

拿出一张纸，在上面画一个圆圈。写下要解决的问题——按照孩子的话来写。

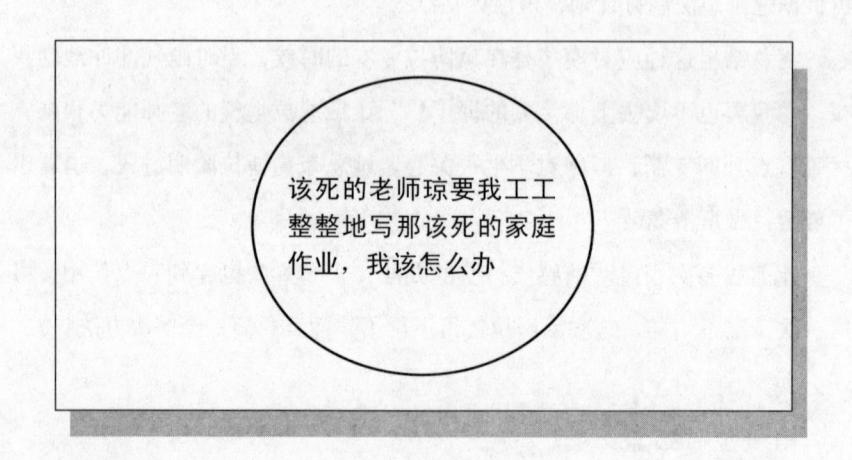

> 该死的老师琼要我工工整整地写那该死的家庭作业，我该怎么办

第三步，多想几种备选的解决办法

如果想要多种解决办法来选择，那至少要先想出10种备选的办法。所以，在圆圈的外面往外画10条线。

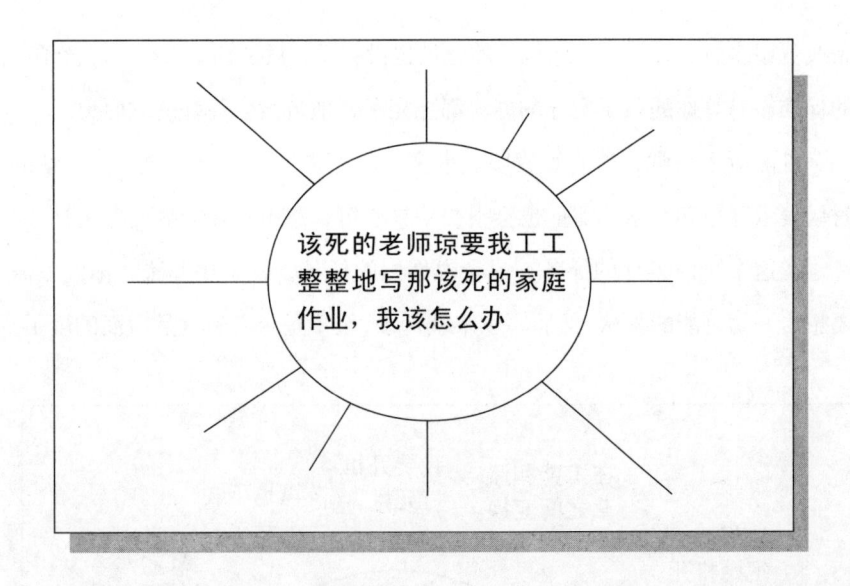

```
                    该死的老师琼要我工工
                    整整地写那该死的家庭
                    作业,我该怎么办
```

我建议黛博拉自己想办法,我来记录。她的怒气还没消,所以脱口而出的第一个办法就是,"我要向她开枪,把她打死"。这是一个纯发泄的、满怀恶意的想法,我当然不能这么写。黛博拉接着还补充了一句,"然后你再过去把她打一顿"。我真的很想告诉她这么做很可笑,但是,我忍住了。我在纸上写下"开枪打她""妈妈过去打她"的字眼。我坚信,一旦黛博拉发泄完心中的怒火,她肯定能想出更理智的办法。我也知道如果这时候跟她争论,只会适得其反,到时候就别想再有什么理智的好办法了。

黛博拉见我没有说什么,便继续提出她的建议:再也不去上学了;让妈妈开枪把她打死;作业继续写得潦草;只要答案对了,就不要管是否工整;让妈妈去找她,跟她提意见。

听到这儿,我开口道:"在工整和潦草之间变换,如果被老师抓到就重写一遍。"

听我这么说,黛博拉微笑着对我说:"你把这些也写下来吧。"

我按她说的做了。

"要不你再写上,"黛博拉略显严肃地补充道,"按她那该死的方式来。"

反正,就这么一直写,直到我们两个人再想不出新的对策。需要多少

第3章 情感独立之路

条线就添多少条线。写上你自己的意见也没关系，只是别急着往"好孩子"的标准靠。等你的孩子把坏的办法都想完了，他自然会往好的方面想。

可能听上去觉得这有点冒险。事实上，如果你能在孩子说一些气话的时候表示理解和尊重，那他也会很快平复心情，想出合理的解决办法。

在这个阶段，你的任务，或者说你们的任务，就是想办法。你们只需要想出一切可能的办法，然后写下来就行了，至于是否实施就是后面的事了。

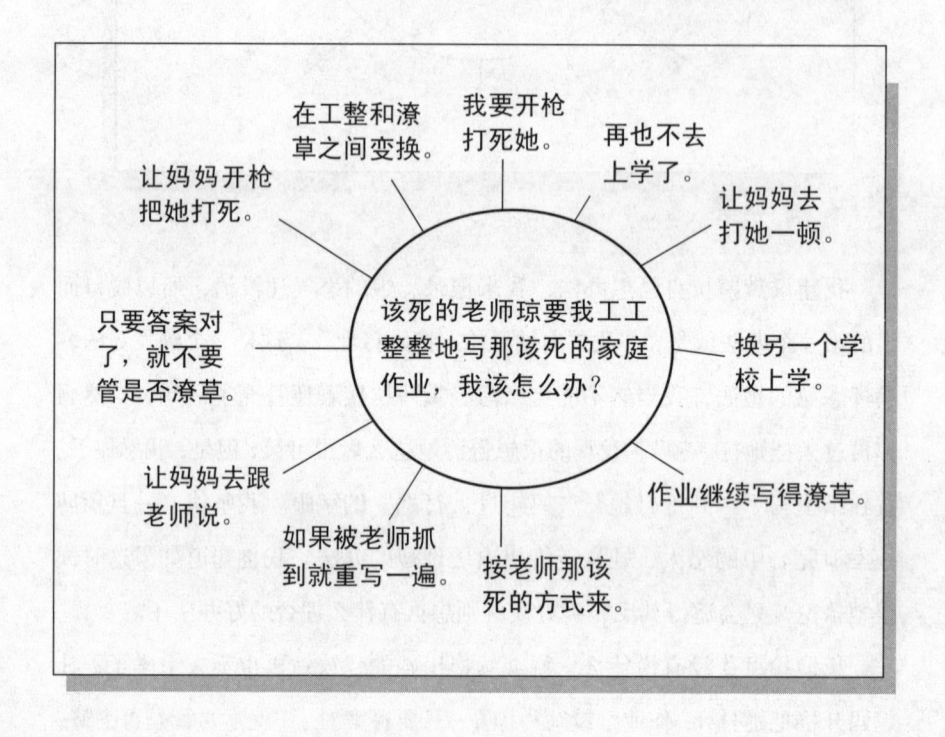

```
              在工整和潦          我要开枪
              草之间变换。        打死她。        再也不去
    让妈妈开枪                                   上学了。
    把她打死。                                              让妈妈去
                                                           打她一顿。
    只要答案对        ┌─────────────────────┐
    了，就不要        │  该死的老师琼要我工工  │     换另一个学
    管是否潦草。      │  整整地写那该死的家庭  │     校上学。
                      │  作业，我该怎么办？    │
                      └─────────────────────┘
    让妈妈去跟                                           作业继续写得潦草。
    老师说。
                      如果被老师抓        按老师那该
                      到就重写一遍。      死的方式来。
```

第四步，加工想法

告诉孩子，你会整理所有的主意和想法，从中找出最佳的解决方法。我一般都是说："我们可能找不到最好的办法，但我们至少不要选最差的。"这就为接下来的事做了铺垫，你可以选一个孩子不是特别喜欢但却最可行的办法。

划掉那些违法的、无法接受的想法，剩下的就让孩子来决定。违法的、

140

13. 当答案不明朗时

无法接受的办法有：我要开枪打死她；让妈妈去打她一顿；再也不去上学了。

剩下的是：换另一个学校上学；让妈妈开枪把她打死；作业继续写得潦草；只要答案对了，就不要管是否潦草；如果被老师抓到就重写一遍；在工整与潦草之间变换；按老师那该死的方式来。

"妈妈没办法开枪打死一个老师呀，哎！我没那个本事。我们倒是可以看看其他学校，只是新的学校也不是一下子就能找到的，所以这段时间你还是得面对这个老师。"

所以，换另一个学校上学和让妈妈开枪把她打死就被排除了。

"我也不能因为一个老师抱怨你作业写得不工整就骂她一顿吧。"我试探着说。

"嗯，其实中午吃饭的时候还是挺高兴的，这是我最喜欢学校的一点了。"黛博拉补充道。

这一次，让妈妈去跟老师说、作业继续写得潦草和如果被老师抓到就重写一遍也被排除了。现在剩下的只有：只要答案对了，就不要管是否潦草，在工整与潦草之间变换和按老师那该死的方式来这三种方法了。

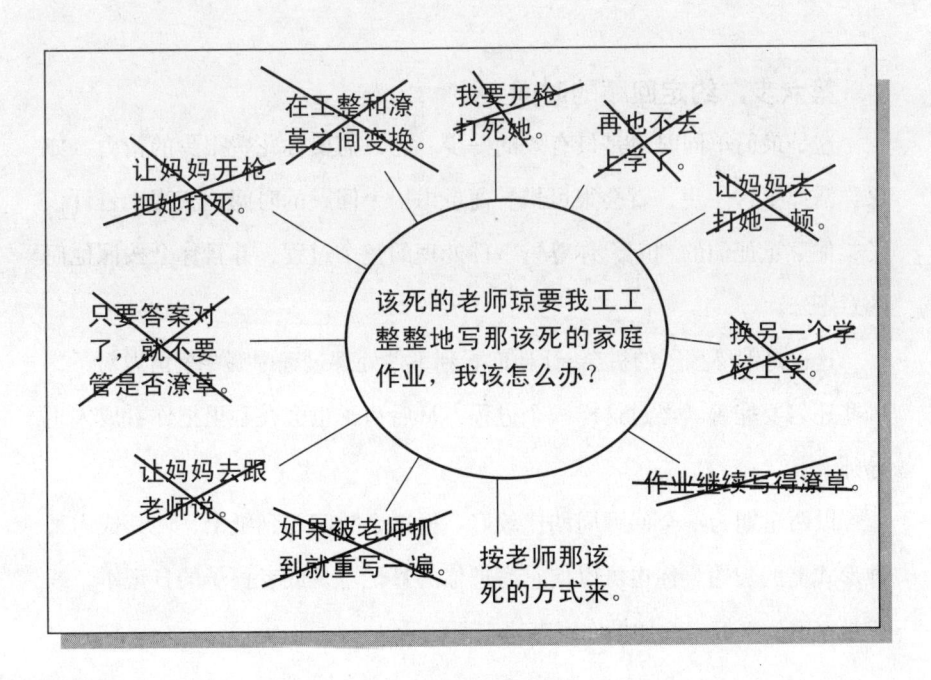

"你觉得这几种怎么样？"我问。要忍住引导她的冲动真的很难。不过我知道，最主要的目的是让她形成一种思考方式，给她足够的支持和鼓励，让她自己选出最好的答案。其实最后这三种解决办法都是我能接受的，黛博拉也能从这件事中学到东西。

那天我的运气还不错，只听黛博拉小声说："那好吧，我觉得还是按她的方式来做好一点。"

"这个想法不错。"我应和道，表面上尽量装得中立一些。

第五步，支持接下来的计划

到这一步，就应该转换主从位置了。你可以问："要实现这个想法，有没有我能帮忙的？"帮助孩子朝正确的方向走也是为人父母的一大乐事。同时也是向孩子表示认可和支持的好时机。这时候，孩子一般都会回答："不用了，谢谢你，妈妈。我现在知道该怎么做了。"

就黛博拉的例子而言，她的回应是："你能帮着检查我的家庭作业吗？"当然可以！

第六步，约定回顾的时间

这是最简单同时也是最有效的一步。它只需要你花费很少的精力，如果你漏掉了这一步，就会很可惜。商量出一个回顾的时间，相当于告诉孩子，你尊重他们的判断，你尊重事件处理的整个过程，并且你会按照他们的意思来。

这也是锻炼孩子的机会，让他们看到事件处理过程中哪些事情做对了，哪些还需要完善。经过这样一个过程，日后孩子也会在心里把你看成人生导师。

以两星期为一个回顾周期比较好。把这个时间写到纸上，使其成为某种形式上的契约。你也可以把它写进你的日记本，或者孩子的日记本，或者是家庭公告板——如果你家有这东西的话。

记住，你一定要说到做到。如果你没能信守承诺，那很可能会引发一系列新的问题。到时候，你就失去话语权，只能按照孩子的想法去解决问题了。

"这是不是小题大做"

我不这么认为。通过这个过程，你把一个深陷苦恼和愤怒泥沼中的孩子拽到了解决问题的大道上。你给了孩子支持，同时又为他的行为划了底线。你给孩子树立了榜样，让他看到日后可能遇到更多问题，但任何问题都有解决办法。你也向自己证明了，你是一个值得孩子信任的人，是会倾听孩子真实想法的人，而不是强迫孩子接受你的意见。

我觉得，这 20 分钟意义非凡。

第 4 章
自律之路

14. 让孩子听话

只需说一遍，孩子就照你说的做，这是不是很理想的状况？或者，不用你多说，孩子就能主动去做。从6个月到6岁的这个阶段，你还记得曾多少次千方百计让孩子自己穿衣服吗？

要是孩子能懂事听话，怎么说就怎么做该多好啊！

先想想你的目标

说到让孩子听话，我们得有一个短期、中期和长期目标。

短期目标

可能我们最先想到的就是短期目标——让孩子做某件事。这件事通常都比较简单，而且是重复性工作，如：

（1）请让我给你穿衣服吧。

（2）请系好安全带。

（3）请快去做作业。

（4）请去收拾你明天要带的东西。

我们先来说说这个"请"字。多一个"请"字可能对孩子是否按你说的做没有太大帮助，但这是在帮助他们养成礼貌的习惯（而且言传身教是教育孩子的最佳方式），以防他们误入歧途。当然你也得做好心理准备——不管你做得多完美，孩子可能还是没有乖乖听话。

中期目标

从小学会听爸爸妈妈的话，也是成为一个有自律能力的成年人的重要一步。如果孩子把大把的精力都浪费在拒绝你的简单要求上，那也就相当于他浪费了很多时间和精力在重复旧的技能上——拒绝服从，而这也就挤占了他学习新技能的空间。这对他绝对没有好处。

如果他不愿意起床，不愿意穿衣、刷牙、收拾自己的东西，不愿意自己铺床，那你觉得你送往学校的是个怎样的孩子？这是一个准备好学知识、学本事的小孩，还是一个会拒绝老师合理要求的小孩？比如说，"把你的书拿出来""找到你的铅笔""不准再打杰森""动手写字"，等等。

所以，我们的中期目标是要让孩子按大人说的做。

长期目标

长期目标是什么呢？一个从来不懂服从的孩子到最后一定会吃亏，可能会因此毁掉生命中很多重要的关系。父母一次一次地原谅终将会疲倦，老师不再愿意面对他，朋友也会渐渐烦他。

每当有家长过来找我，说担心孩子在学校学习跟不上或者缺少朋友，我的第一个问题通常都是："他平时听话吗？"如果家长是"这个嘛，他性格比较固执"等类似的回应，我一般都会建议先从培养他的服从意识开始。如果这方面能有所提升，那这个孩子在学校或者社交场合的表现肯定也会让人刮目相看。

如果孩子在家里的表现有所改善，在学校却还是一如既往地不听话，那我们也就有理由说："反正他在家里是已经改变了，接下来看我们能不能想个办法，让他在学校也有所改变？"

孩子学会在家里服从，那他不仅能改善跟父母、老师和同学、朋友的

第4章　自律之路

关系，同时也证明他已经踏上了成为一个有自律能力的成年人的征途。这就是我们的长期目标。

如果你也认为从不听话的小孩成长为有自律能力的成年人需要一个艰苦漫长的过程的话，那就得一步一步来，先完成短期目标，再逐渐向中期目标和长期目标靠近。

我们来看下面这幅图，除非孩子熬过"学着听话"这个阶段，不然他们越往后，碰到的麻烦就会越多。

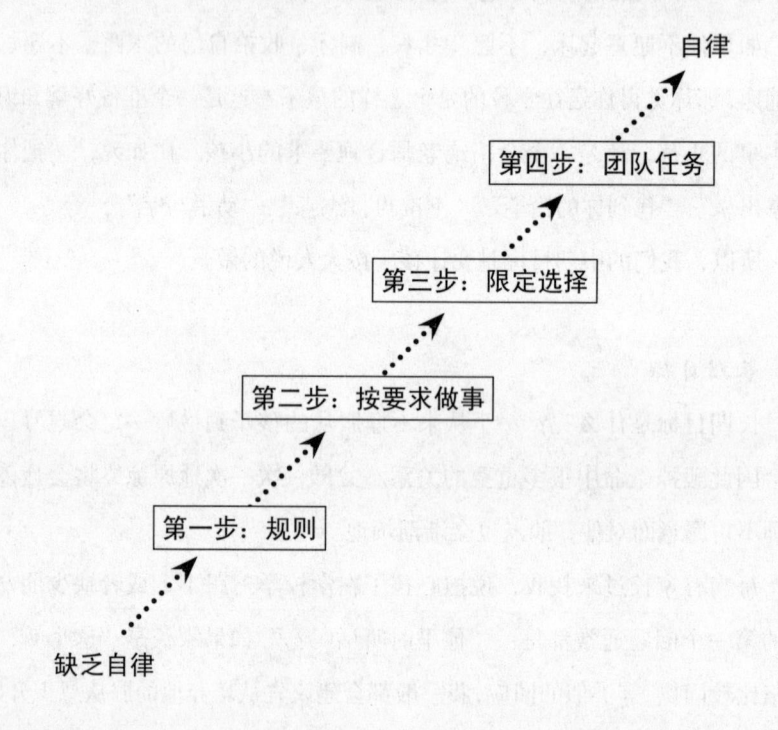

缺乏自律 → 第一步：规则 → 第二步：按要求做事 → 第三步：限定选择 → 第四步：团队任务 → 自律

积极策略

对于我的大儿子和大女儿，我一直都是奉行"关爱备至，严加管教"的策略。对于我不认同的行为，我会冲他们吼，会跟他们讲道理，也会有惩罚。这种办法多少起了点作用。到现在总的来说他们还算是好孩子，除了特别过分的时候。

14. 让孩子听话

后来，我到了莱斯利中心（Leslie Center）工作（这是奥克兰首家家庭咨询和治疗中心，我在里面接受的训练让我受益终生），知道了"夸奖"的巨大作用。只要看到孩子做得好的地方，我就会毫不吝啬地给出感情强烈的夸奖，久而久之，他们的表现真的好了很多。

到黛博拉出生的时候，我在心里对自己说，如果我能继续强化好的行为，也许以后就再也不用面对孩子的任何不良行为了。我的办法就是看到她做得好的地方，然后不遗余力地赞扬。但是，如果碰到我不认同的行为呢，该怎么办？你得知道，有些行为必须要得到矫正。

黛博拉有段时间喜欢把书丢进书柜，谁碰都不行。可一个不满一周岁的孩子怎么懂得如何选书呢？

我想了一个计划。我语气强硬地说："不行，黛博拉。"她听出我的语气不悦，便会短暂停下手上的动作回过头看我——我猜她是想看看我是不是认真的。然后我便会趁这个机会教育她："好孩子，妈妈说不能这样你就别这样。"这也给我足够的时间从她手上夺过书，把她带到别的地方。

到黛博拉 15 个月大的时候，这个策略的效果开始显现出来。这个阶段她已经可以很利索地打开厨房的门，所以我们必须在橱柜的门把上系上橡皮筋，这样她一打开门，橡皮筋就会弹回来。趁她受痛之际，我便砰地关上橱柜门，说，"好孩子，我的宝贝儿，不痛不痛。"——我们有 10 秒钟的时间离开厨房，一旦错过这个时机，策略也就不起作用了。

到她蹒跚学步的时候，我们又该怎么做呢？

经验告诉我，当你对孩子大吼"别碰那个热炉子"的时候，孩子听到的只是"碰那个热炉子"。

我吼"别把箱子里的东西都翻出来"，孩子听到的就是"把箱子里的东西都翻出来"。

作为父母，此时该怎么办呢？

我开始思考可否用其他词代替"不行"和"不要"。想来想去，我觉得用来代替"不要扔那个杯子"的最好的话是，"让妈妈看看，你能拿住

第4章 自律之路

手上的杯子吗"。而"让妈妈看看，你会不会给猫咪轻轻地摸背"可以用来代替"别碰那只猫"。也就是说，"让我看看"是"不行"和"不要"的最佳代替词。

到黛博拉一岁半的时候，有一天我把她从托儿所接出来。你猜她做了什么？她用水彩笔到处乱涂乱画，把薄卡片和漂亮的羊毛用胶水粘到箱子上。就这样，我带着她的"杰作"、幼儿园的书包、备用尿片、厚夹克、车钥匙、我的手包、杰克和两页通知书回家了。

我最喜欢的一幅卡通画描述了这样一个场景：章鱼妈妈一边手忙脚乱地做事情，一边对章鱼宝宝说："难道你们看不到我只有四双手吗？"

黛博拉突然松开我的手，绕过车头跑到车道上。一辆车呼啸而来，差点儿撞到她。我赶紧奔上前抓住她，把她按在座位上，惊魂甫定地开车载她回家。当时我真想狠狠打她一巴掌，对她吼"以后再也不许这样在马路上乱跑了"！（就在几天前，我看到一篇文章说很多在路上乱跑的小孩死于交通意外。）我忍着脾气，给黛博拉做好午餐，安排她睡觉，然后坐下来静静思考。有什么词可以替代"让我看看"吗？我应该怎样告诉她哪些事能做，哪些事不能做？

但现实是，奥克兰到处都充斥着"让我看看"这样的话。"让我看看你能不能站在这棵小树旁别离开，我去把你的推车拿过来。""让我看看你能不能自己走到那条线的终点然后停下。""让我看看你能不能在我把买的东西拿下来时手不乱动。"……

接下去的几年，我对黛博拉奖惩并行。现在我发现"支持-保持距离"的策略比"夸奖-惩罚"的策略更有用。

20世纪90年代末，我听琳达和丹·波波夫谈起他们的"美德项目"。这个项目的中心点是，无论地理条件和历史环境如何不同，所有文化都遵循同样的美德发展。我们都认为诸如关心他人、勇敢、卓越不凡、慷慨大方、公平对待他人、善良、忠诚、尊敬、责任和踏实可靠这些品质都得在童年时期培养，这样孩子长大才能成为有尊严、有正义感的人。

他们在这方面的努力深深触动了我的心。琳达和丹·波波夫认为美德存在于每一个人身上，只要善于观察并不断强化，这种美德便会展现。我对这种观点深表赞同。我现在更认可孩子的美好品质，而不仅仅是称赞他们的某种行为。

当看到孩子为他人着想，或者坚持不懈地解决某一个难题，或者温柔细心地照顾小宠物，或者拾金不昧，或者谦虚接受他人的夸奖，我们要让孩子知道我们对他的行为十分认同，便能强化这种品质，并能加速孩子道德观、价值观和人生观的发展。

通过这种方式，不仅能帮助他们成为独立的年轻人，更重要的是让他们成为一个受人尊敬的人。

星星奖励法

很多父母通过星星奖励法取得了很好的效果。他们设立清晰明确的参数，以此激励孩子。孩子也喜欢这种方式，只要表现好就能得到一个星星，而星星又能用来换取他们想要的东西。

可有更多父母跟我说："我们试过星星奖励法，可那并不管用。"一般来说，参数如果不够准确清晰，如果奖励的只是独立行为而不是完整的任务，或者父母因为孩子不好的行为而罚掉星星，或者星星给得不够及时，就会出现这种情况。

尤其当父母试图用星星奖励来阻止孩子不听话的行为，或者当孩子缺乏动力的时候，这种方式就会失去它本来的效力。因为一旦孩子没有动力了，父母就会说："如果你不那么做，你就得不到星星，到时候可就凑不齐足够的星星买新玩具了。"而孩子就会反击："反正我不想再要那个旧玩具了。"

星星奖励还有没有其他用法？是否真的要摒弃这个方法？

第 4 章　自律之路

如何开始

1994 年英联邦运动会之际，黛博拉大概是 9 岁。她每天早上起床总是拖拖拉拉的。我试过冲她大喊大叫，试过体罚，也试过不停唠叨，但都不起作用。

我对黛博拉说："我知道你早上起不来床，所以该做的事也就做不完。我也知道你不喜欢听我嚷嚷、唠叨。我有一个计划，可能会对你有所帮助。如果你能按时起床，按时做完该做的事的话，我就奖励你巧克力饼干。"黛博拉的注意力成功被我吸引了过来。她认真听我说。"要改变一个习惯需要 21 天，"我引用之前看过的一些经验之谈，"每天早上我六点四十五分叫你起床，把出门时间定在七点半。如果你能在七点半之前穿好衣服、吃完早餐，做好上学前的一切准备，我们就来进行一个颁奖仪式。"

然后，我拿出一袋子巧克力饼干，并用锡纸把巧克力一颗颗包起来。从今天开始，只要你能按时做好上学前的准备，我就会宣布，"黛博拉·莱维，请你走上领奖台。"然后我学着颁奖嘉宾那样举起黛博拉的手，大声宣告，"由于黛博拉同学于七点半之前做好了上学准备，为表彰其为此付出的巨大努力，我授予你这枚奖章。"

出乎意料的是，这一招竟然起到了很好的效果。当然后来黛博拉偶尔也有赶不上时间的时候，但她不会再责怪我，因为做评判的是闹钟，而不是我。任何事情一旦形成习惯，坚持起来就容易了。

纵观这个计划和它起到的作用，我觉得这个办法或许也可以应用在其他情况中。经过多次尝试和反馈，现在我已经掌握了使用星星奖励法的最佳方式，不过这只针对相对听话的孩子，它对于特别调皮的孩子可能没有太大的效果。

约定

跟你的孩子同时面对问题，跟他坦诚交流问题所在，并提出愿意帮助他克服。你可以跟孩子解释，要想完全克服问题至少需要坚持21次，而且这需要一个好的开始。等到新的习惯养成,旧的习惯也就消失了。

买一些小星星贴纸、彩笔和糖果,画一张简笔画。我没什么艺术天分,所以这个星星图看起来就是这样:

给图画的细节部分标上号码,比如头发可以标 1,2,3,4,5,6,7,左耳可以标 8,9,10……

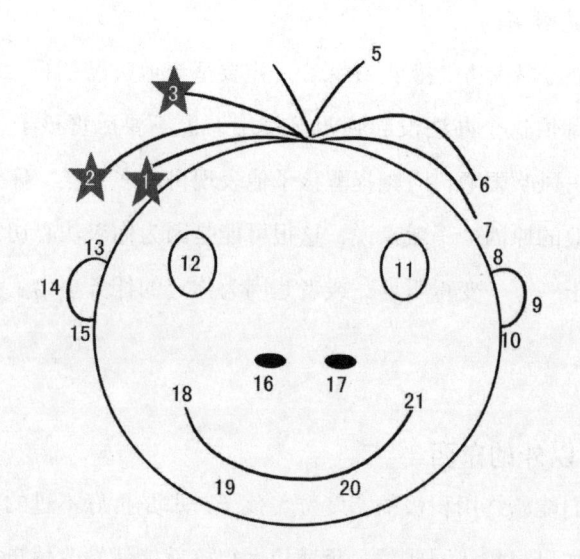

延长认同

画星星图,用糖果或星星作为奖励,目的都是为了增强认同。你想让孩子做的事情,可能对他而言并不容易。如果他克服困难做到了,就把他带到星星图前,问他想把星星贴在哪个数字上。有些孩子喜欢按数字顺序来贴,直到把所有数字贴满。有些小孩则喜欢按身体构造来贴。他们会先贴眼睛,再贴鼻子,按照自己的喜好来贴星星。

当众表扬

把星星图贴在冰箱上,让亲近的人都看到孩子表现有多好,这也会强化孩子的努力价值。对于你和孩子而言,这是一件双赢的事,同时也相当

第 4 章　自律之路

于邀请更多人来做你们的啦啦队。

理解沮丧

如果孩子没有达到要求，或者没有抓住这个成长的机会。记住，要理解，要感同身受。我想，你的孩子总有一天会明白该做什么，不该做什么。

庆祝还是放弃

如果这个习惯成功坚持了 21 天，一定要适当地庆祝一下。

再者，哪怕这个办法没起到明显作用，也不要斥责孩子，或者任由星星图在外头风吹雨晒，时刻提醒孩子他表现得有多糟糕。你要做的是反思，反思失败的原因。一般来说，这很可能是因为你求功心切，想通过这种办法让孩子一下子变得听话，或者是因为你定的任务超出了孩子的能力范围。

除夸奖以外的东西

若是我们能始终用积极的态度赞美孩子，那是再好不过的事了。我以前一直想，如果只靠认同或赞美黛博拉做得好就能让她改掉自身缺点就好了，那样也就用不着对她大呼小叫或惩戒。这听上去很好，或者说我想得太美。毋庸置疑，这只是我的空想，在现实中完全行不通。

没人喜欢给孩子的行为立标设限的过程。如果我的孩子能乖乖听话就好了，我一定会成为全世界最可爱的妈妈。但是，现实总不尽如人意。你总会碰到一个固执的、不听话的孩子，有时这个孩子性格还暴躁易怒，那我们就得对他错误的行为说不，一定要坚持自己的意见直到他改正为止。不用说，孩子肯定会拒绝服从，所以我们就得想想如何坚持自己的原则。

要引导孩子成为有自制力的年轻人，我们得让他接受某些确定的标准和原则——听话，遵守家庭规则，然后他们才能做出自己的选择，成为一个有规划的人，并最终学会睿智地做决定。

我们的孩子得学会听话。

行动起来

你对孩子提出一个要求，孩子拒绝服从——下面我就向你介绍一种简单有力的应对方法。它的过程很简单：

要求——等10秒钟——讲述——等10秒钟——行动

尽管这个图示看着简单，却需要几番理论和解释。相信我，要在孩子面前掷地有声，你就得有良好的逻辑思维能力和清晰的计划。如果我们对自己要做的事情充满信心，孩子也会感知到这种自信，从而有一种安全和被保护的感觉。

一切都从"要求"孩子是否愿意做某事开始。

"把这些杯子放到洗碗槽。"我们就假设你是让他一趟拿两个杯子。换句话说，这个要求是在孩子的能力范围内，而且不会花费太多时间。

现在我们提出了要求，孩子接下来要做的就是执行。如果我们放任，那就等于告诉孩子，以后我让你做什么，你也可以不做。

所以，在我们开口之前就得把这一点记在心上，因为一旦开口要求，就得执行到底。

10%的改变，带来100%的提升

作为父母，我们要时常鞭策自己，做事情一定要坚持（哪怕我们自己不鞭策自己，也会有别人来鞭策）。

关于如何让孩子乖乖听话，我的知识和本领最初都是在莱斯利中心学到的。我们做了一个特别有意思的研究。我们雇了一些大学生跟踪样本父母，看他们是如何进行"打造孩子"的任务的。家长每提出一个要求，这些观察的大学生就会记录下来，同时记录孩子的回应。

除此之外，我们还选了几个有两个以上孩子的家庭，这些家庭的家长也深受育儿问题的困扰。也就是说，我们有机会对"好孩子"和"坏孩子"进行直接的比较（很多人听到这两个形容词会有点不舒服，其实，把它们换成"听话的孩子"和"不听话的孩子"也可以）。

第4章 自律之路

我们发现,"好孩子"70%的时候都会按照父母要求的做。也就是说有30%的概率,这些孩子会不服从父母,或者父母没有坚持自己的意见。其中的要求包括"到这儿来,我给你系鞋带",而孩子对父母的这种要求并不是很在意。刚说完这句话,我们又记起他10分钟后就得洗澡,所以这会儿系不系鞋带也没有太大关系。

所以,"好孩子"听话与不听话的次数比例是7∶3。

到"坏孩子"这边,观察得到的结果就让我大跌眼镜了。在进行这个调查之前,如果你问我一个调皮捣蛋的"坏孩子"会不会听话,我肯定会笼统地回答,"他们从来都不会按别人要求的做",因为他们给父母就是这种感觉。

可调查发现,"坏孩子"竟然也有60%的概率会顺从父母的意见。令人惊讶的是,所谓"坏孩子"和"好孩子"之间的比例差异竟然只有10个百分点。

这也就是我说,父母为什么要想办法提高孩子的顺从度的原因了,因为好与坏只有一线之隔。

我们只要能把孩子的顺从度提高10个百分点,感觉就会大不一样。鉴于我一直坚定地认为,父母一定要享受跟孩子在一起的时光,可想而知这10个百分点的改变会给我们的心理感受带来多大的提升。

别急着感动

既然已经开口要求孩子做事,接下来就得确保他按照你说的做了。

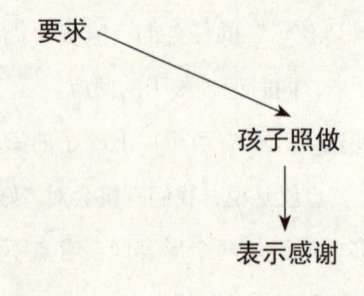

要求
↓
孩子照做
↓
表示感谢

说到这个，很多育儿类书籍可能都会告诉你"夸奖赞美"多么有用。但我始终对这个观点持保留意见。我觉得赞美是顺其自然的事儿，一旦父母提出要求，孩子的第一反应应该是："是的，我接下来就要这么做。"

如果你想让孩子对你的话言听计从，那只需用一句简单的"谢谢"来表达你的态度就行了。如果你就孩子的服从表现出一种感激的态度，那传递给他的信息就是，你在开口提要求的时候就没有期望他会服从，不然你怎么会感激呢？我一直认为，你期望什么，你就得到什么。如果我们期望的是服从，那我们就得到服从。我们期望不服从，那得到的就是不服从。

所以，对于相对听话的孩子，一句简单的"谢谢"就足够了。

不过，很多人的孩子都没这么好应付，他们需要经过磨炼才能变得更听话。这种情况下，我就得强调"认可孩子为此做出的努力"的重要性了，期望这能成为孩子行事的准则——只要70%的情况下能做到就行。

根据孩子的性格选择认同方式

教你如何赞美孩子的书籍通常会有下面这些原则：

（1）描述孩子所做的事情。

（2）保持热情。

（3）用"我"做陈述主语，比如，"你马上就做好了，我真的好高兴呢"。

（4）蹲下身子，或跟孩子处于同一水平线，同孩子进行眼神交流。

（5）孩子一做完事情，就要马上进行夸奖。

（6）每次孩子按你的要求做到某件事时，都要夸奖。

在我看来这可不是一件容易的事——每次都要跟比你矮好几头的小孩子做眼神交流，没有强大的弯腰能力可不行。除了多血质性格的孩子，这种方式对于其他性格的小孩显得有点过于夸张了。

如果你想让自己的赞美起到最大的作用，那就得根据孩子的性格来。

对于多血质性格的小孩，他们本身就需要听众、需要得到他人的认可，

第 4 章　自律之路

所以你只要用热情的口吻说"哇！你竟然马上就去做了。真棒"就行。

对于胆汁质性格的小孩，他们需要别人欣赏他们真正的付出和努力，你可以是这么说："谢谢你的帮忙，让我很感动。要是没有你我该怎么办呀？"

对于抑郁质性格的小孩，你可不要这样不管不顾地一通胡夸，因为你很可能因此挤占他们对于空间的需求。你可以走到他身边，抱住他，轻声说，"真的很谢谢你的帮忙。"

而黏液质性格的小孩需要的是自我价值感。所以，试着轻声说："非常感谢你为我做的事情。要是没有你我该怎么办呀？"

可能得到的回应

有时候被你这一夸，孩子会马上表现得百依百顺，但更多时候不是这样子的。对于"给我拿一个杯子"这种简单的要求，孩子"不服从"的方式多种多样：这次不该轮到我；为什么总是要我去拿？好难啊，我做不到；我不想去；你能去拿一下吗？我刚拼完拼图；那又不是我的杯子……

除此之外，还有嘟囔、摆脸色、耸肩、嘲笑、忽视等肢体语言。

忽视就是视而不见，听而不闻。很多不听话的孩子对于妈妈的听力来说都是一种考验。

三种负面反应

芭芭拉·克拉罗萨（Barbara Colorosa）在《孩子值得一切》一书中列举了让孩子做不愿意做的事情时可能激发的三种负面反应。

首先，会激发孩子的愤怒。"这不公平""不该轮到我去做""我不想去""你不能强迫我""我为什么要听你的"……而且，这些话都是孩子在愤怒、冲动的状态下说出来的。有些孩子甚至会因此变得特别吓人，想通过这种方式让我们妥协。也就是说，哪怕短期内能起到一定作用，长期来看也不利于孩子自制力的培养。

碰到这种孩子，我们常常会冒出一个想法：还不如我自己动手做了呢。确实如此，自己动手做还更简单一点，但这么一来，你的孩子也就失去了学习这一重要技能的机会，更糟糕的是，这会让他觉得原来"发脾气"就能解决他所面对的问题。

其次，有的孩子会用悲伤作为回应（低声呜咽），"这不公平"，"昨天就是我做的"，"太难了，我做不到"，"你为什么总是要叫我做"……孩子通过这种装可怜的方式让我们感到歉疚，以至于很多时候我们都忍不住怀疑是不是真的苛求他们了，或者担心事情对他们来说是不是太难。

事实上，大多数时候父母都是公平对待，并且安排孩子力所能及的任务给他们。面对这种深谙装悲伤的孩子，你一定要记住最终的目的就是让他们服从。既然你的要求正当合理，你就应该坚持到底。

最后一种抗拒的方式比较难定义，它是通过拉开距离的方式来进行的。不管你说什么，孩子都假装没听见，或者你叫他往东，他偏要往西，或者做出一副茫然的表情，好像听不懂你说什么似的。除了这些，孩子还有一种拉开距离的方式，即"好的，妈妈"，或者"等会儿，妈妈"，这意思其实就是："你把事情放那儿吧，别指望我会做。"

别落入圈套

面对这几种表现，我们常常会落入圈套。主要是以下几种：

（1）我们这样解释："亲爱的，我们马上就要出门，所以你得马上把事情做了，因为我们要确保房子干净和整洁。"但保持房间的整洁根本就不是一个4岁小孩或者14岁小孩会考虑的，他肯定更乐于做自己的事。

（2）我们这样解释："我们得快点做好准备，因为奶奶还等着见我们呢！"这种解释或许有时候行得通，但也会让孩子产生疑问：如果你这么急着见奶奶，为什么你不自己把杯子收起来呢？

（3）我们这样讲道理："你已经这么大了，按道理应该替妈妈分担一些家务。"

第 4 章　自律之路

（4）我们这样讲道理："不是，我并没有总是叫你做。我已经尽力做到公平了。"然后我们就陷入了什么是公平、怎样做才公平的无休止争论中，而那两个杯子仍然摆在原地。

（5）我们这样讨价还价："要不然你拿一个，我拿一个，怎么样？"

（6）我们这样哄骗："亲爱的，别这样嘛！我知道你是个热心肠的姑娘，就是让你拿两个杯子嘛！"

（7）我们进行威胁："你这样妈妈可生气了。"

（8）我们威胁："你现在要不把这些杯子拿过去，今晚上就不准看《辛普森一家人》。"

这些办法可能偶尔能起到一定作用——所以我们才会一而再再而三地使用，但这些办法有一个共同的致命缺点：让孩子感觉到我们并非真的有资格让他们去做这些事。孩子会觉得父母的要求不够认真严肃，所以只有采取威胁利诱的方式让他们听话。难道我们的本意是要这样教育孩子吗？

这么做还会让孩子觉得我们不重视他们。是的，不重视他们。我们让他们把杯子拿到厨房，他们也给出了明确的信息。不管孩子给出怎样的回应，他们的意思只有一个——不行。

这次不该轮到我。
为什么总是要我去拿？
好难啊，我做不到。
我不想去。
你能去拿一下吗？
我刚拼完拼图。
那又不是我的杯子。
嘟囔。
摆脸色。
耸肩。
嘲笑。
忽视。

┈┈▶ NO

14. 让孩子听话

我们要多久才能明白孩子的真正意图，或者说我们不明白的是哪一部分意思？

而在现实中，大部分时候我们都直接忽略了孩子给出的"不要"的信息，反而进入一种无意义的交流中。

妈妈（请求的口吻）："你看，就两个杯子而已。你快点拿过去就行了。"

孩子："我不想拿。"

妈妈（试图讲道理）："每个人都有不想做却不得不做的事情。反正你快点把杯子拿过去，我们就能去看奶奶了。"

孩子："我也不想去奶奶家。"

妈妈："你怎么会不想去呢？"

孩子："我就是不想去。"

妈妈（开始进行恐吓）："可是奶奶那么爱你，她很想见见你啊！"

孩子："可是我又不想她。"

妈妈（利诱）："说不定奶奶会给你准备冰激凌哦！"

孩子："我也不想吃冰激凌。"

就这样，我们陷入了无休止的辩论中，而那两个杯子仍在原处放着。

如果我们想让孩子变得更听话一点，首先就要意识到不管孩子做出何种反应，他都只有一个意思——拒绝。

不管他有多么冠冕堂皇的理由或借口，目的只是不想做那件事而已。

如何面对拒绝

既然孩子已经拒绝了我们的简单要求，那接下来我们要做的就是让孩子清楚地知道，这不是一个可有可无的要求，我们是认真的。在此前的篇章里我已经说过，20% 到 30% 的时间我们给出的是随意的要求——"我想让你……"在这种情况下，孩子是接受还是拒绝无关紧要。重要的是，我们怎么让孩子相信这个要求是认真的。

先来看看我们为了让孩子服从而采取的一般方式。

第 4 章　自律之路

我们把孩子叫到厨房的角落,"你能把这两个杯子放到洗碗槽里吗?"孩子胡乱扯个理由拒绝了,接着继续电视。

忙到一半,我们停下来抬高声音说,"我已经喊过你一次了。你能站起来把那两个杯子放到洗碗槽里吗?"然后我们又走了。眼不见为净,而孩子则继续自顾自地看电视。

4分钟过去了。我们再次回到厨房,看到两个杯子还放在原处。这下我们开始发飙了:"我跟你说多少次了,你怎么还不把杯子放到洗碗槽?等到奶奶家我告诉她你这么不懂事,你就别想吃冰激凌了。"

即便这样,孩子也不一定会乖乖照办,因为我们只是大嚷大叫,完全没有了父母的尊严,孩子则会觉得既然你能冲他吼,他也就能吼回来,或者号啕大哭,或者不闻不问,继续做自己的事。即便最后孩子把杯子拿过去了,但他能从这个过程中学到什么呢?也许孩子只是学会了大喊大叫,学会了霸道专制。

那么,究竟还有没有更好的办法呢?

平静地吩咐好过大嚷大叫

先提出要求。等待 10 秒钟,然后你便能知道孩子的回应是接受还是拒绝。

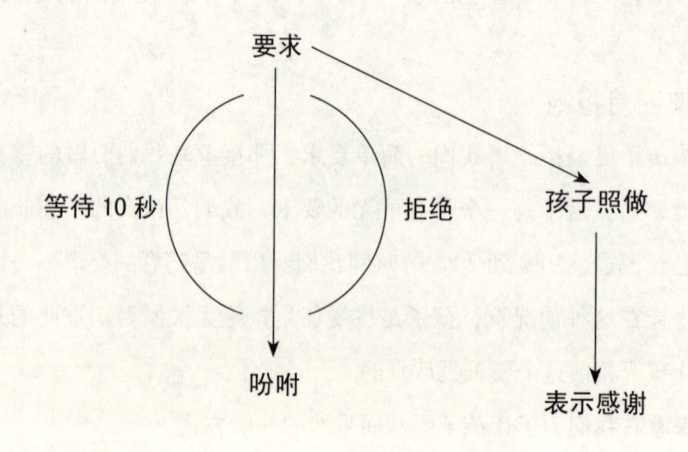

```
            要求
           /    \
          /      \
    等待10秒    拒绝    孩子照做
          \      /         |
           \    /          |
           吩咐         表示感谢
```

14. 让孩子听话

如果孩子拒绝，那你就得从要求模式转到命令模式。你可以走到孩子旁边，坚定地对他说，"我要你现在就把那些杯子拿过去"，然后再等待10秒。

你不需要暴跳如雷，不需要讲道理，也不需要苦口婆心地劝告。你只要给孩子传递一个强烈的信息：你是认真的。所以你只要走过去坚定地提出要求，然后等待——80%的情况下孩子会顺从你的意思。你所做的只是吩咐——以一种非常有力的方式。

有力地吩咐

是什么让直接的吩咐如此强而有力？

首先，走到孩子旁边拉近了距离感。你侵入到孩子的空间，这就会让你的孩子感受到你的认真。

其次，你利用了自己身高的优势。无论身处何种社会，个子更高的人总是有更多的威严感。在很多社会体系中，若想突出表现一个人的权力，就会把这个人安排在一个比众人更高的位置——王座的位置通常都高于众人。这是一种直观的表现，能增强人的威严感。

其实，这也是让4岁的小孩听话比让14岁的小孩听话容易的原因。至少跟4岁的孩子相比，我们具有绝对的身高优势。要是孩子长到14岁，我们就不一定比孩子高了。所以我们说一定要在孩子小的时候树立父母的威严。

等到父母老了，我们大多数人也都会对父母格外多出一份尊敬。假如年迈的父母让我们拿一盒牛奶，我们肯定不会说，"啊，那太麻烦了"，因为一旦小时候在孩子心中树立了威严，这种威严感就会贯穿孩子的一生。

再次，跟孩子有直接的眼神接触。吩咐孩子的同时要直视他的眼睛。"我要你现在就去做"。千万不要陷入"看着我，我在跟你说话"的无用争论中，这样肯定会偏离你最初的要求。要是你硬把他的头拨过来，他肯定会说，"哦，你弄疼我了"，到最后你会发现矛盾已经完全转移到另一件事上，而本来

第4章　自律之路

的事情没有得到任何解决。

不管孩子的视线停留在何处，你都要迎上去直视他的眼睛。记住，你的眼神一定要坚定，要直直地看进他的视觉神经，穿过他的大脑！

最后，你的声音语气要保持冷静。如果你对孩子大吼大叫，那相当于告诉他，你已经失控了。他的情绪或许会因此变得低落，但你可别期望他会因此而变得顺从或对你表现出更多尊敬。当你说出"你竟然敢吼我，对我尊重点"这种话，你就会把自己放在一个被动的位置上。如果你只是冷静地表达，平静地吩咐，那表示你完全控制着局面，就更有机会控制住他。

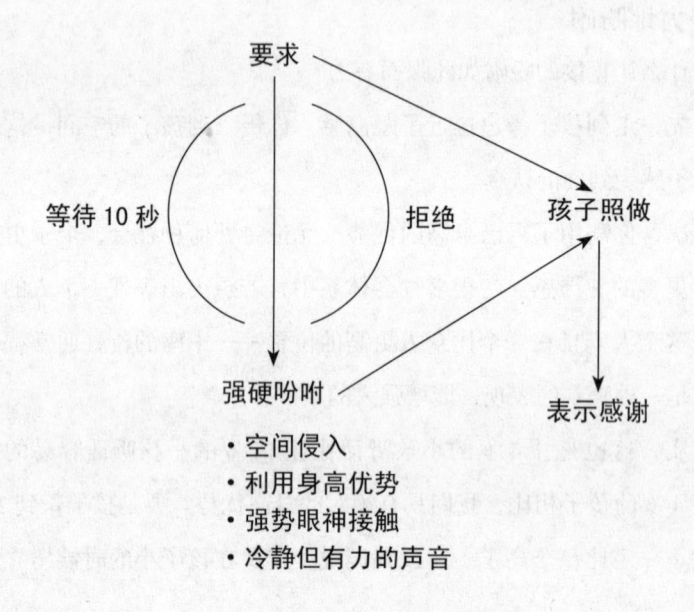

```
                    要求
                   ↙    ↘
          等待10秒        拒绝 → 孩子照做
                   ↘    ↗         ↓
                  强硬吩咐       表示感谢
                  · 空间侵入
                  · 利用身高优势
                  · 强势眼神接触
                  · 冷静但有力的声音
```

经过这个过程，孩子很可能就对你俯首帖耳了。

从"不要"到"没门"

有些孩子就是不相信你。他们性格格外固执，或者他们认为只要忍受了你的争论或责备或疏离，他们就有理由不再按照你说的做。

提出要求之后，等待10秒，然后以一种有力的方式吩咐，再等待10秒，如果孩子还是不肯服从，那他基本上不可能会按你说的做了。

14. 让孩子听话

在他表达拒绝的时候——发狂、悲伤或态度疏离，很可能行为或情绪会进一步升级。如果一开始他就生气了，那接下来他只会更生气。他可能站在原地双手叉腰大吼，"我说过了，我不会做！"

这时候千万别陷入"你怎么可以这么跟妈妈说话"的争论，不然等着你的就是两个矛盾——他说话的口气和你本来的要求。你一定要坚持自己本来的要求，不要被其他情况分心。

如果他一开始表现出悲伤，那接下来这种悲伤也很可能会升级。从难以自抑的呜咽开始，逐步发展成歇斯底里的哭喊。他就是想让你知道，反正无论怎样，他都没办法拿动那两个杯子。这时候你可不要同情他。你又不是让他砍断自己的手。随着对抗的情绪越来越激烈，你很可能会忘记自己提出要求很简单，完全是他力所能及的。所以，千万不要被他骗了。

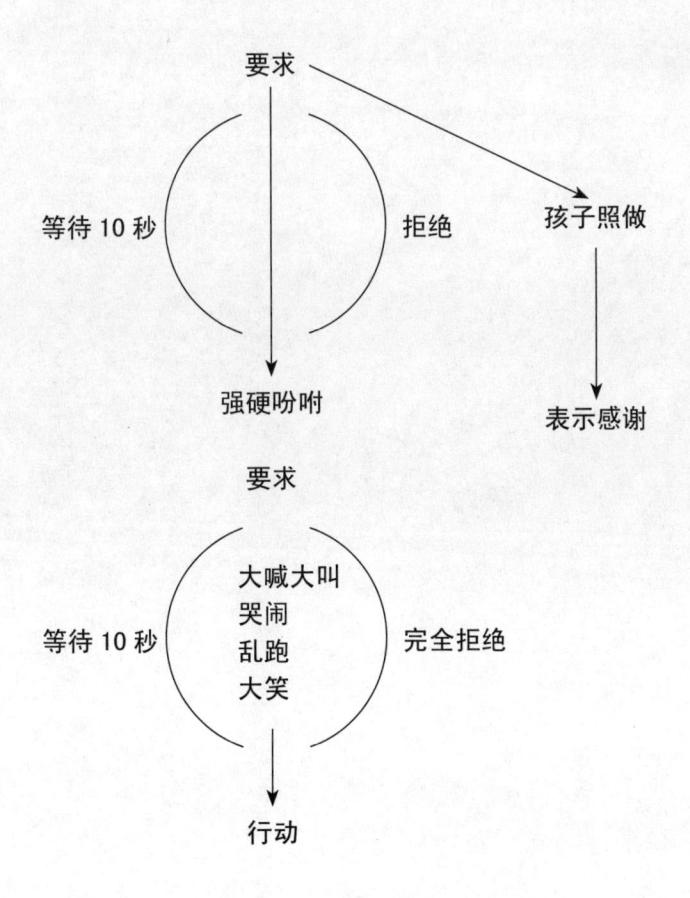

要求 → 拒绝 / 等待10秒 → 强硬吩咐
要求 → 孩子照做 → 表示感谢

要求 → 完全拒绝（大喊大叫、哭闹、乱跑、大笑）/ 等待10秒 → 行动

第4章 自律之路

　　如果他一开始就忽略你的要求，接下来可能会离你更远，甚至躲着你。不要追上去，也不要问"你听到我说什么了吗"这种话。他肯定听到了，答案是毋庸置疑的。

　　有些孩子甚至会对父母的要求报以嘲笑，这是极大的不尊重。

　　说得更直接一点，父母让孩子做点力所能及的事儿，而且是走到孩子身边冷静地吩咐，这个孩子竟然表现得特别生气、悲伤、无动于衷或冲撞，那只能说这个小孩的行为已经偏差到了一定地步。

　　如果你的小孩变得粗鲁、没礼貌、不讲理，那你就不能仅仅是要求他。你得采取点行动改变这种情况了。是的，你必须立刻采取行动。

15. 让我们来谈谈"反省"

从很久以前开始，只要孩子做错事，父母就会让他们回房间反省。这已经成为一种约定俗成的惩罚孩子的方式。有的孩子会被关进小木屋，有的被关在有蜘蛛的煤房，有的则被盛怒之下的父母赶出家门。

除了这种惩罚，父母有时还会用鞭子、杖条把孩子痛打一顿，我们应该都忘不了父母常说的那句"再不听话我就拿竹条去了"吧。

父母之所以这么做，是因为他们觉得这种惩罚能让孩子长点记性，让孩子知道他们的行为是错的，以后就不至于再犯。这就跟我大学时候养的一只小老鼠一样，一旦它越过笼子，就会掉进陷阱。那种感觉很不好，看得出小老鼠也很不喜欢。所以说惩罚很难起到正面的促进作用，反倒激起孩子的反叛心理。

大约是25年前，我第一次接触"暂停"理论。那时候我对这个理论还十分陌生——用一种新的惩罚方式代替暴力。经常都有家长带着让他们头疼不已的孩子来找我们。据这些家长说，他们常常对孩子采取暴力威胁的方式，直到孩子乖乖听话为止。那么，除了打孩子，还有其他可行的办法吗？

反省跟关禁闭或者面壁思过不太一样。反省的意思是说，如果你让孩子做一件事，连续喊了两次之后，孩子还没做，那你就把他带到房间让他自己待两分钟——具体时间长短根据年龄大小而定。两分钟过后，再打开

第4章 自律之路

门问他是否已经准备好。如果他准备好了，就让他出来把事情做完。如果他还没准备好，那就让他再进去，直到想通为止。也就是说，孩子要想走出房间，就必须照你说的做。

反省比体罚好

这种惩罚方式比体罚要好得多。

我们还是说回拿杯子的事。你让孩子把两个杯子拿到洗碗槽，但他不想去。然后你说如果不把杯子拿过去就把他打一顿。他选择被打一顿，并且说，"打我就打我，又不疼"。你被气得真打了他一顿。他忍着疼痛，双眼噙满泪水，说，"我就是不拿"。然后你又打他一巴掌，可他还是不愿意把杯子拿过去。

这时候可能会有两种情况。一是你大发雷霆——这一点儿也不让人意外，原本只是做做样子，结果真把孩子痛打了一顿。这么做的结果是，孩子被打急了；你也急了，而杯子还在原处。出现这种情况，最后你肯定也没心思再坚持让他把杯子拿过去。

还有一种情况是，打了几次之后，你也没有心思再继续让他拿杯子了。你感到沮丧，孩子也不开心，而杯子仍在原处。你跟孩子之间的气氛变得很僵，其他孩子坐在电视机前看电视看得不亦乐乎。

有一个事实是，孩子每天都在电视上、电脑游戏中、电影中看到暴力。他们还在真实的日常生活中看到数不清的暴力事件。慢慢地，孩子也会认为暴力就是解决问题最简单最直接的方式。

我们生活在一个崇尚暴力的年代，这直接影响了我们对人对事的态度。不管我们愿不愿意，我们就是孩子的榜样。他们从我们身上学习好的行为，也会模仿不好的行为。如果身为父母的我们总是通过体罚等暴力来惩罚一个人，那他们为什么不能学你呢？

我很喜欢一幅卡通画，上面画的是一个父亲一边拍打孩子一边说："这是为了告诉你不要打别人。"

15. 让我们来谈谈"反省"

是的，我也打过孩子

在我接触这些育儿理论之前，我也曾打过孩子。对于一向合作的好孩子，打他一巴掌的结果往往是他自己伤心地哭半个小时，再睡两个小时，然后接下去的三个月基本上不会再犯。其实他们一开始会犯错误，很可能是因为他们当时真的太累了。

体罚对固执的孩子偶尔能起一点作用，但更多时候无济于事。体罚会激怒他们，却很少能令其修正自身行为。很多情况下，心怀怨恨的孩子或许表面上会配合你一下，但心里却是满满的破坏欲。

作为一个母亲，作为一个家庭咨询师，我经历得越多，也就越加认识到体罚的不可取。从这一点上来说，我的第三个孩子比较幸运。不过，每次当我谈起我很少对黛博拉动手时，她总是开玩笑地反驳说："我可记得那一次妈妈差点掐死我！"可笑的是，我竟然也没能忘掉当时的情景——我想让她换掉睡衣，可不管我怎么说她就是不愿意，气急了的我就对她吼了一句："你能不能听话一点。"

现在，我已经知道有很多种办法来应付这种情况。

除了体罚，我还学到了其他方式。弗农和我都属于慈爱型的父母。在还没了解这些育儿知识之前，我跟弗农对孩子动手的次数应该也差不多。后来我意识到，如果是我自己对孩子动手，我还能接受。可当我听弗农说他如何凶孩子，我感觉就很糟糕。你见过有父母在超市打孩子的屁股吗？那感觉就是大人在欺负孩子。

幸运的是，我的父母从来没这么"欺负"过我。他们对我非常严格，我很爱也很尊敬他们。他们对我有绝对的控制权，我甚至从来没想过不服从这件事。我应该也有机会继承父母的这一点，做一个不打孩子的慈爱妈妈，同时又能把孩子管教好。但愿我也能做到。

关于体罚的最后寄语

这最后的寄语我想对罗伯特说。

第4章　自律之路

事情发生在罗伯特4岁的时候。当时他犯了一个错误，于是我怒气冲冲地跑进厨房冲他大吼："你信不信我拿竹条来打你。"等我拿着小铲子走到他房间，威胁着要打他时，他却在一旁静静地说："这可不是竹条，这是小铲子。"他的话让我更加火冒三丈，我抢起铲子就打了过去。用罗伯特自己的话说就是："还记得那天你打我，把炒菜的木铲子都打断了吗？"我辩解道，那把铲子都已经用来搅拌早餐麦片粥4年了，干干湿湿的循环了几百次，所以我轻轻一打就断了。

那第二次打他呢？当时我也是被他气得不行，便冲他怒吼："你最好找个地方躲起来。"他却针锋相对地说："没什么好躲的。"他说得没错，但就这一句话也为他惹来了一顿打。

是的，我也曾打过孩子，这并不是什么值得骄傲的事。一个朋友曾跟我说，老师在课堂上惩罚孩子可以，只要他每打一下就说一句："我这么做，是因为我不是一个合格的老师！"

反省作为惩罚手段面临的困难

刚开始教家长们用反省来小惩大诫时，我们碰到了阻力。

有的孩子在听到"你再不听话，就让你反省"的时候，会无所谓地接受，有的孩子则在父母还没来得及教育之前就跑回房间，甚至在父母说"时间到了"后还躲在房间不肯出来。还有一些孩子甚至会怒冲冲地补充一句"我就喜欢待在这儿"。话说回来，如果孩子本身就喜欢这种让他独处的方式，那它怎么能起到惩罚作用呢？

用反省作为惩罚手段教育两岁以下的孩子时，还会碰到道德问题。毕竟，当别的家长问我"你怎么忍心或者放心让15个月大的孩子自己待着呢"时，我会不知所措。

若换成15岁大的孩子，你还要故意站直身体，伸长脖子，以制造一种凌人的感觉，然后说"回你自己房间去"，那感觉也有点奇怪。

越来越多的事情让我觉得，暴力惩罚只会招致孩子更多的不满和反

15. 让我们来谈谈"反省"

叛。尤其是胆汁质性格的孩子，他们面对惩罚时，总会特别沮丧和愤怒。换作多血质性格的孩子，如果让他反省，说不定还能听到他一个人在房间唱歌呢。抑郁质性格的小孩本身就比较享受一个人独处的时光，而黏液质性格的孩子心思细腻敏感，比较容易受伤。

让我觉得头疼的还不只是惩罚手段，我觉得如何夸赞孩子也是问题。初为人母，我觉得每隔10分钟就要想法子称赞孩子，或者发现他们做得好的地方真是一件很累的事。育儿生活应该也不仅仅是在夸赞与棍棒中交替进行的吧？

看看周围那些听话的孩子，他们的父母似乎并没有整天追在后面不停地夸奖。相反，他们好像觉得孩子表现好是应该的，所以并没有什么值得特别的表扬。犯错误的时候，父母也不会过分惩罚，孩子似乎也能认识到自己的错误，不会进一步对抗惹恼父母。

新概念：情感疏离

随着越来越意识到情感支持是化解孩子愤怒和沮丧的最佳办法，我也渐渐放弃用赞美来改变孩子行为的想法。同时，我认为反省是有效的办法，不过我想看看这两者是否可以结合起来。

大约是8年前的一天，我突然灵光一现。我想到，情绪疏离不正是跟情绪支持相反吗？很早以前，人们就开始用情绪疏离来表明他们不喜欢某种行为。对于具有强烈归属需要的人，疏离他们绝对是最有力量的惩罚。还记得念书时，当朋友说"以后再也不跟你玩了"时候的伤心吗？为了重新融入某个集体，我们愿意做任何事。

我突然想到，反省之所以这么有效，并不是因为孩子讨厌他们的房间，而是因为他们需要父母亲的支持，他们想成为家庭的一部分。我们无须把孩子关进有蜘蛛的小黑屋或者灯光刺眼的房间，因为跟家人隔离本身就是最重的惩罚。这样，你就相当于给孩子一个选择的机会，让他们决定是否愿意用好的行为换来家人的接纳。

第4章 自律之路

孩子很大程度上都会寻求父母的认同——当然还有父母的支持,所以我们利用这个弱点对他们进行教育是十分有意义的。

如果孩子肆意踢东西、咬人或者抓人,我们就可以让他们回自己房间去,这会释放出一个清晰的信息:你的行为不被我们这个群体接受。

同样地,当孩子拒绝我们的要求或者拒绝服从他人合理的要求时,就得让他体会和家人隔离的感觉,直到他听话为止。

记住,我们并非让孩子做很难的事情,或者对他提不合理的要求。我们的要求仅仅是穿上袜子;别碰那只猫;不要往地上吐痰;把那两个杯子放到洗碗槽去等小事。

孩子也需要空间整理自己

反省的本义不是为了惩罚孩子,而是为了提供一个安静的、安全的空间给孩子,好让他想清楚,到底是随自己的性子来重要,还是成为家庭的一分子重要。也就是说,当孩子说"我就喜欢待在这儿"时,我们也不要太介意。这只是说明他还没想清楚,还没决定是按你说的做,还是跟家人隔离更久一点。

每个人都是社会群体性动物,基于这个基本的需求,孩子最后一定会选择回归家庭,而反省就是为他提供这个空间。

当孩子决定要成为家庭的一部分时,把两个杯子拿到洗碗槽在他看来就会变得公平了,这对他自己也有好处,所以他就会按你要求的做。反正,不等孩子想通这个道理,他们是不会乖乖听话的。

想想雏菊理论

这种做法相当于暂时切断孩子(花瓣)跟我们(花心)之间的交流。把花瓣跟花心之间的联系切断,直到他完成任务。你也可以把这看作一个交易——服从一个简单的要求就能享受到家庭的温暖。在我看来这个交易很划算。只要孩子把两个杯子拿到洗碗槽,他就能再次回到"家"这个舒

适的情感区间，这么一想应该就没什么好犹豫的了。

小孩子的反省

反省最轻松的一种方式就是不去管孩子，让自己忙起来就好。

比如，你告诉一个 18 个月大的孩子说，现在得坐上高椅喝下午茶了。孩子嚷嚷着"不要"，然后跑到厨房的另一边，或在屋子里乱窜，但就是不靠近你。这时候你只要静静地做你自己的事情，表现得屋子里好像就你一个人一样。要不了多久，你就会听到一个小小的声音，"嘿，嘿"。你的小宝贝儿已经受不了被你疏离，自愿按照你的要求做了。

更厉害一点的办法就是"抓起-丢下"。让两岁的孩子站着别动，因为你要给他穿鞋，可他就是不愿意把鞋穿上（外面正在下雪，这种情况下你可不能听他的）。你走过去，但他开始乱踢乱动。这时你就咬牙盯住他，然后拎起他，把他扔进小房间，对他说，"等我回来，再看看你是否准备好穿鞋了"，然后走出房间。这会给到他一个缓冲的时间，他并不会像你想象中那么难过。你在外面等 10~15 秒的时间，然后走进房间问他："现

第 4 章 自律之路

在想好了吗？"你已经明确表明了自己的态度，这时候你只要走过去给他一个拥抱，绝大多数情况下他都会接受你的要求。如果孩子还是执意不从，那就把他晾久一点儿，只要确保他的人身安全就好。你要让他知道，除非按你说的做，不然就别想做其他任何事情。

孩子多大算大

只要孩子能"做样子""摆脸色"，你也就能对他实行反省的策略了。这个"样子"或"脸色"的意思是，"你是说真的吗？"

想象一下，地上有一盆盆栽，蹒跚学步的孩子走过去。他前面看看，后面看看，闻闻气味，甚至扯下叶子尝味道。甚至，他用手指插进泥土里。毫无疑问，此时孩子是专注其中的。

这是典型的小孩子的探索行为。他还分不清后面和前面的区别。除非亲身尝试，不然他对气味、味道、柔软度也没有任何概念——除了用眼睛看。他得通过自己的感官来感受这个世界。

想象另一个场景，同样是那盆盆栽。你的孩子走过去看。可能之前你已经在不同场合告诫过他，要他别碰那盆栽。他凭着本能闻了气味，尝了味道，还感受了一下质感。不过在他这么做的时候，他脸上若有若无地挂着一抹笑容或者挑衅似的望着你。他的身体语言好像在说，"我知道我不应该这么做，可我就做了，你能拿我怎么办呢？"我所说的"样子"就是指的这种。

当孩子有了这种表现或行为时，就意味着你可以对他进行有意识的教育了。你可以要求他做某事，或者阻止他做某事。

"不过，我想让他在摇篮床里待得舒服"

你可以选择任意一个安全的、孩子无法离开的空间或地方。我比较偏好摇篮床，因为我觉得它比较安全，而且只要背过身就可以了。平时当我把婴儿放进摇篮床时，我会温柔地哄他，抚摸他，给他情感支持。

15. 让我们来谈谈"反省"

而当他不听话或者故意跟我对抗时，我会一把拎起他，然后扔进摇篮床。我这么做就是要让他感受到距离，让他明白不好的行为就会受到这种惩罚。摇篮床还是那个摇篮床，空间位置没变，但其间的情感气氛却变了。

如果你对摇篮床有顾虑，或者因为条件不允许，没办法用摇篮床，那也可以用手推车、房间、角落、楼梯代替——任何安全的空间都行。反省并非是一个房间或一个摇篮床，而是一种态度，一种心理状态。

小孩子的反省

对于年龄稍长一点儿的孩子，若想让他听话，有时候保持沉默就可以了。你提出要求，让他完成某个任务，然后你默默做自己的事情。在这个过程中孩子会感受到你的情绪疏离，从而改变主意。

有时孩子会回过头确认，看你是不是认真的。"妈妈，你知道我下午要去游泳吧？"让他知道你的要求不变。"你还是要先把这两个杯子拿到洗碗槽，然后我们再讨论游泳的事。"

比沉默更有震慑力的是当你说，"回你自己房间去，等想清楚再出来。"然后孩子就走了。孩子离开是因为比起把杯子拿到厨房，他更愿意回自己房间。等回到房间一个人待一会儿，他又会想回到家庭的怀抱，从而按你要求的做。

还有一种更有震慑力的办法是押着孩子回他自己房间。如果他不肯回，那你哪怕强制执行也要把他送回房间。你可以陪着他走过去，可以引着他过去，甚至提着他过去或者扛他过去。无论采取哪种方式，一旦他进入房间，你就要确保除非他愿意按你说的做，不然就不能让他离开。估计这就得耗点时间了。

若想更进一步的话，把他送进房间后，你还要用力把门关上。关着的门对孩子是一个暗示，暗示他除非按你的要求做，否则就会跟外界隔离开来。

第4章 自律之路

他总跳出来怎么办

你想让孩子进入反省的状态，可他总是跳出来（不按你的要求做），破坏屋子里的东西，用脚踢门或者偷偷从窗子爬出去。

这种情况下，你一定要意识到，这是一件严肃的事情，你得认真处理。孩子对你的要求无动于衷，不愿修正自己的行为。他不相信你的话，觉得并不是非留在房间里不可。

他耍了你，而你竟然接受？你得让他知道，当你说"回房间去，不想通不准出来"这句话的时候，你是非常认真的。

你要押着他回房间，关上门，并且想办法不让他出来。建议你悄悄地做，以免进一步激怒他，引发他更大的破坏欲。

如果孩子已经明显表现出对你的要求不以为意，你就得强势一点。

扯住门闩是最简单的方式。你只需要悄悄拉上门闩，也不要让他知道是你在外头拉上的，他就会觉得门是被什么东西神奇地卡住了（很多孩子，包括我的孩子在内，都会聪明地透过门缝往外看你的脚是不是在门外面）。如果他试图打开门，你就得想个办法锁上门——并且无须你亲自拉住门。不然，就等于把主动权交到了孩子手上！

你可以用另一扇门挡住这扇门或者安装一个小门闩（门闩要安得高一些，不至于让你自己被锁）。安装门闩的时候让孩子看到也没关系。"妈妈，你在做什么？""哦，我只是想确保门能关紧。"

小贴士：先是百般忍耐孩子的行为，直到终于忍不住大吼"我受够了。你已经越过底线。现在回你自己房间去。我现在不想看见你"——这既苦了你自己，也苦了孩子。然后你还希望孩子能乖乖地自己回房间，过两分钟出来后就能脱胎换骨。这根本就是不可能的事。早在一开始，你就要有力甚至强势地坚持你的要求，孩子只有按你说的做了，才能去做别的事。

选择最佳地点

知子莫若父/母，最了解孩子的肯定是你。所以你可以根据对孩子的了解，选择最佳的反省地点和时间，尽量以温和但有力的方式达成目的。如果你的孩子敏感易怒，在他觉得自己没有选择，只能按你的要求做时，他需要的将是一个独自哭一场的空间，这时让他回自己房间就行了。如果你的小孩性格固执且反叛，那你估计就得用到锁门这一招了。

选择反省地点时，要考虑那个地方是否安全，或者它为什么安全。当然，你还要考虑距离。如果孩子气冲冲地跑回自己房间，重重地关上门，生一会儿闷气，然后又没事人儿一样地出来，那你的苦心也就白费了。

碰到那些不肯回房反省的孩子，你得想办法把他拖上楼梯，拖过长长的走廊。如果你的房子有两层，那最好在每层都找一个适合反省的地方。

孩子不是应该喜欢待在自己的房间吗

这话没错，大部分时间孩子都会选择在自己的房间里玩耍、休息、独处或者冥想。如果你选择用他自己的房间作为反省之地，也就是说，他可以轻易完成以上的活动——特别是思考"听话"的智慧。周围的环境越安全舒适，越对他有利。

选择卫生间作为反省的场所也存在同样问题。在我刚开始教孩子自己上厕所的时候，我肯定不会选择卫生间。不过之后这未必不是一个好的选择呢。

每当带小孩去上厕所，我的心理旁白很可能就是："好孩子，知道告诉妈妈想上厕所，你真是让我感到骄傲。现在我们先把裤子解开。嘘嘘，嘘嘘，嘘嘘……好孩子。好了，我们现在再把裤子穿上。一个扣子，两个扣子。现在你可以冲水了。来，我们再去洗个手，先打肥皂。嗯，我们把手洗干净，擦干。你是不是做得很好呢？"

假如你把孩子赶到同一个卫生间，说，"等你决定把杯子拿过去时再出来"，那种感觉是不是会很不一样呢？

其实，反省的效果跟去哪个房间没关系，而跟我们的支持或疏离有关系。

第4章 自律之路

如果赶时间怎么办呢

我想，你肯定也不会期望孩子能在5分钟内学会游泳，或10分钟内学会做菜吧。同样地，你也不可能在短短几分钟内让一个不听话的孩子变得听话懂事。

我也希望能找到迅速有效的方式让孩子变得自律。我一直都在寻找，希望能先用在我自己的孩子身上。在我们找到一劳永逸的办法之前，就得接受这个事实，即教育孩子需要时间和耐心。最重要的是，哪怕是让孩子拿两个杯子到厨房这种小事，其实也需要父母的智慧。这不仅仅是拿不拿杯子的小事，而是教育孩子的大事。

一旦走上这条育儿之路，就不要问如果自己没时间该怎么办。从早上七点到下午三点半，你要确保这段时间内你最先提出的三个要求被孩子完全执行，然后你会惊讶地发现，不管你接下来再提出什么要求，孩子都会特别配合。

即将出门怎么办

若孩子表现不佳，那你就得在出门之前做好计划。

我想起一个长得很好看的3岁小男孩，他不管什么时候看到坐着的婴儿，都会忍不住用小棍子戳他，而他刚好有一个小妹妹。所以妈妈每次回来都被他气得半死，然后罚他去反省。

后来这位母亲给我打电话，因为她要出去参加一个私人组织的家庭活动，到时候会有很多婴儿。这位母亲不知道该怎么办，就提前打电话给主人，得知主人家楼上有一个空置的小房间。于是，我们制订了一个计划。而我们不知道的是，这个调皮的小男孩也有自己的小算盘。

刚走进主人家，小男孩就抬起头轻声对妈妈说："这儿可没有反省的地方。"说到这儿，我真的很佩服这位母亲的忍耐力，她只是轻声回答："我们走着瞧。"（我之所以佩服她，是因为她克制住自己，没有说："谁告诉你没有，我已经计划好了……"）

小男孩看到几个坐着的婴儿，不假思索地走上前想要干坏事儿。这时他妈妈猛地把他拎起来，扛进二楼的小房间，然后一言不发地走出房间。过了15秒左右，她看到小男孩还站在原地，一脸惊诧的模样。这时妈妈张开怀抱对他说："你现在能听话了吗？"后来，这位母亲告诉我，她的儿子愣了几分钟，那天再没有惹在场的小宝贝们。

反省可以随时随地进行。就我自己的孩子而言，我发现有时候我只要走到另一个房间或者穿过后门，孩子就会乖乖地听话。一般我会这么跟他们说："我没办法接受你这种行为，我们就在这儿等着，直到你改正错误为止。"然后我就不动了，直到他做出愿意妥协的表示。尽管我人和他在一起，但我的态度让他感知到我营造的疏离感，从而达到预期效果。

哪怕是面对年龄大一点儿的孩子，你也可以把孩子拉到一边，告诉他你没办法忍受他的某种行为。然后，你会跟他一起等待，直到他能好好表现为止。

如果有客人来怎么办

孩子在别人面前表现不好往往会让我们觉得丢脸。当我跟一些家长谈起这件事时，他们都表示不愿意伤害孩子的自尊心。我同意这个观点，我们应当尽可能地保护孩子的自尊心，但不能以我们的尊严为代价。

根据我的经验，孩子在别人面前表现不好时——不管是同龄人还是大人，我们最好的回应就是对别人说："不好意思，失陪片刻，我得处理下这个问题。"这对来访的客人其实也是一种解脱，因为谁也不想身边站着一个对自己父母都不尊重的孩子。哪怕是孩子，我想他们也不会喜欢跟表现差的同龄人待在一块儿。

我把孩子带到房间，然后再回到现场。不管孩子是比较快地出来——因为他需要的就是确定行为的界限，还是在房间里待得比较久——这可能表示他难以接受，需要时间平复心情。

如果你的孩子不回来，那他的玩伴怎么办呢？你只需要找点儿其他事

第4章 自律之路

给他们做就可以了。只要安了心,他们就不会做出什么"坏"事情。

大孩子和青春期孩子的反省策略

你可能也发现了,我在孩子几岁就不再适合关禁闭这一点上没有给出明确的建议,这是因为我也给不出明确的建议。不过很多家长才刚开始就跟我说:"我现在能管得住他们了,只是等他们大一点儿后,我该怎么办呢?"

哪怕孩子长大,我们也会有让他们做或不让他们做的事情。幸运的是,孩子也仍然需要我们的意见,需要我们的支持和关心,所以我们可以运用同样的策略。不管孩子多大了,当我们要求孩子做一件事时,我们仍然期望他按我们说的做。

控制小孩子的行为是一件很难的事,而要控制大孩子的行为更是不可能的事。我们唯一可以控制的就是我们自己的行为,或者说我们采取的措施。

我们可能没办法强迫一个15岁的孩子把杯子拿到洗碗槽去,但我们可以选择是否再管他的生活——除非他乖乖地把杯子拿过去。当然,把话说穿或者威胁恫吓不是明智的做法。那样我们就相当于在跟他摊牌。最简单的办法是,先询问,再要求,然后做自己的事情就行,迟早会有他求我们的时候。到时候我们再平静地、不动声色地、不带任何讥讽或威胁地说:"你先把杯子拿到洗碗槽,我很乐意帮你。"

这种办法或许可行,或许不可行。如果不起作用的话,那你就记住让他反省就行了。你继续做你自己的事情,明确且强硬地表示,除非任务完成,不然你不会再理他。

别期望孩子会因此就变得兴奋或开心。他可能会哭闹,跟你讨价还价,会发脾气。当他发现这些过去很有用的办法现在没什么作用了的时候,他可能会惊讶或者生气。不管怎样,他都需要一点儿时间来适应你这种平静的、不动声色的办法。

别着急,记住你只是提出一个简单的、合理的要求,那完全在孩子的能力范围内。所谓反省,其实就是切断你给他的感情支持,直到任务完成。

16. 要求—吩咐—行动

回到前面的问题。我们让孩子把两个杯子拿到洗碗槽，10 秒钟后，我们走到孩子身旁，再次告诉他去做什么。再等 10 秒钟，孩子还是没有反应，显然他不想服从。

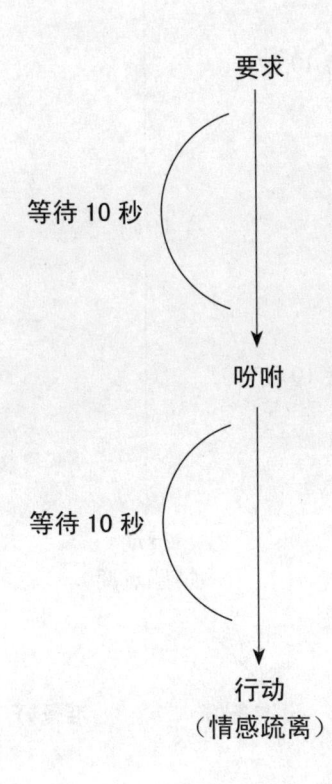

```
         要求
          │
等待10秒   │
          ↓
         吩咐
          │
等待10秒   │
          ↓
         行动
       （情感疏离）
```

第 4 章 自律之路

这时候你应该采取行动了。你可以刻意与孩子保持距离，直到他改变主意。关于坚定程度，我们应该提前做好打算。假如我们现在面对的是一个性格特别固执的孩子——10 岁左右的年龄不算小，可也还没到青春期，我们想让他回房间反省（假设他就是那种宁愿一个人待在房间也不愿意出来拿两个杯子的那种小孩，你都不需要给他的门上锁）。

走到房间门口，我们对他说："等你决定要把杯子拿过去就可以出来了。"

让他来做决定

你已经做了你应该做的事，把话说得很清楚了。除非他把杯子拿过去，否则其他事情都别谈。剩下的就看孩子自己的选择了。

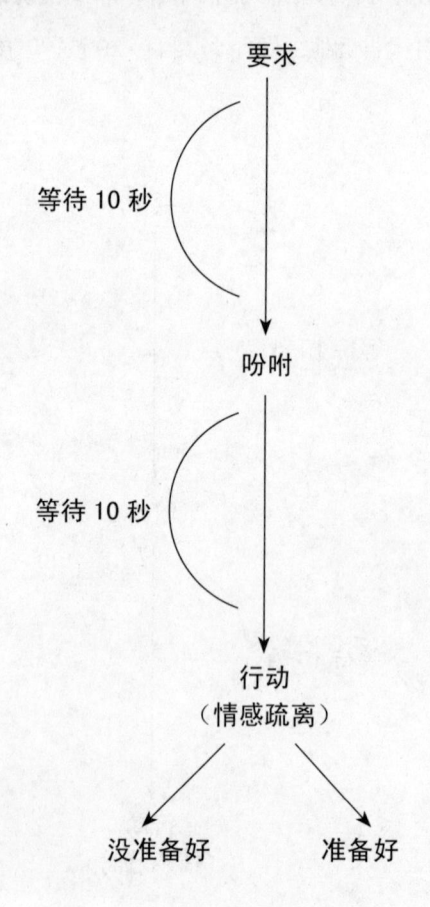

```
            要求
             │
    等待 10 秒
             │
             ▼
            吩咐
             │
    等待 10 秒
             │
             ▼
            行动
         （情感疏离）
          ╱      ╲
      没准备好   准备好
```

16. 要求—吩咐—行动

孩子待在自己房间，他只有两个选择：

同意——走出房间把杯子拿到洗碗槽；

不同意——留在房间。

孩子可能会试图找别的事情做。他找到一个乐高积木，堆了几个东西，然后又把积木放下。他在里面待了几分钟，渐渐有点不耐烦了。把杯子拿到洗碗槽？这个念头在他脑海中闪过，但他还是觉得这么做很蠢。于是他又拿起一本书信手翻阅，同时留神听门外头的动静。让他惊讶的是，家人好像离了他也挺好的。不就是拿两个杯子吗？这也不是什么做不到的事儿，可为什么要麻烦他呢？嗯，待在房间也挺好的。但是，随着在房间待的时间越来越长，他越加觉得无聊。你觉得这时候孩子会怎么做？

这就是孩子所面临的困境。我们不要管他，让他自己去解决，去做决定。

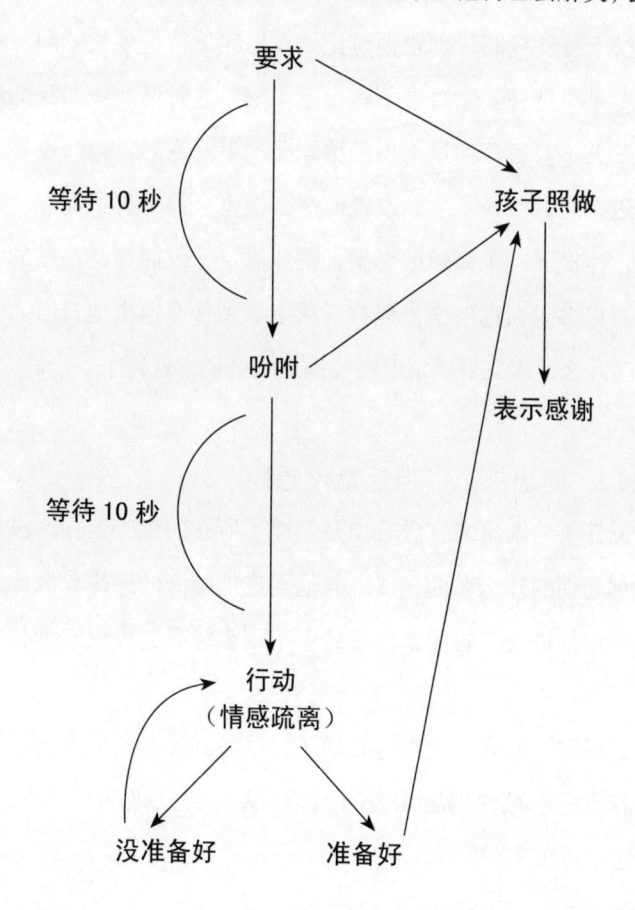

```
        要求
       ↙    ↘
  等待10秒   孩子照做
       ↘    ↗  ↓
        吩咐    表示感谢
       ↙    ↘
  等待10秒
       ↘
        行动
       （情感疏离）
       ↙    ↘
    没准备好  准备好
```

第4章 自律之路

最后，他终于决定服从你的要求。我不知道这中间会耗费多长时间，你也不会知道。孩子需要时间思考。我们也不知道他思考的速度是快还是慢，不知道他的个人原则是强还是弱（"别想我会把杯子拿过去——这又不是我的杯子"）。我们确切知道的就是，父母提出了明确要求，接下来要怎么做就是孩子自己的事了。

反正，或迟或早他会走出房间的。不过，走出房间就代表他真的想通了吗？

场景一：他想通了，然后出来

当孩子从房间走出来后，他很可能就会把杯子拿到洗碗槽去。这时候你可以柔声对他说："谢谢你的帮忙。我很感谢。"其他的话不要多说。

这时候千万要控制住别跟他讨论他在房间里待了多长时间，不要说类似于"你要是早把杯子拿过去不就没事了吗"这种话。按照我的经验，这时候你也千万不要解释你这么做的原因（"不好意思，妈咪也是逼不得已才把你关进房间的……"），或者说这么做也全都是为了他好。其实整件事很简单，你提了一个简单的要求，他照做了，仅此而已。是的，这个过程或许还有很多东西可以学，但孩子从中学到什么得由他自己去体会，去判断。总而言之，你只需要留着力气提下一个要求就行了。

场景二：他出来了，但还是没想通

他若无其事地走出来，看着像是朝杯子所在的地方走去。没想到他突然一转，拿起别的什么东西，或者其他闯进他脑海的用来分散你注意力的事情，然后对你说："妈妈，你看这个东西多棒啊！你说它为什么会做成这样呢？"

冷静，淡定。他看上去像是想通了，准备好了，实际上并没有。这时你可以冷静地对他说："哦，亲爱的，你还没准备好。你得回去再好好想想，直到你想通了再出来。"

16. 要求—吩咐—行动

这样一来，他就只剩下两个选择，要么按要求做，那就可以出房间；要么不按要求做，那就乖乖待在房间。

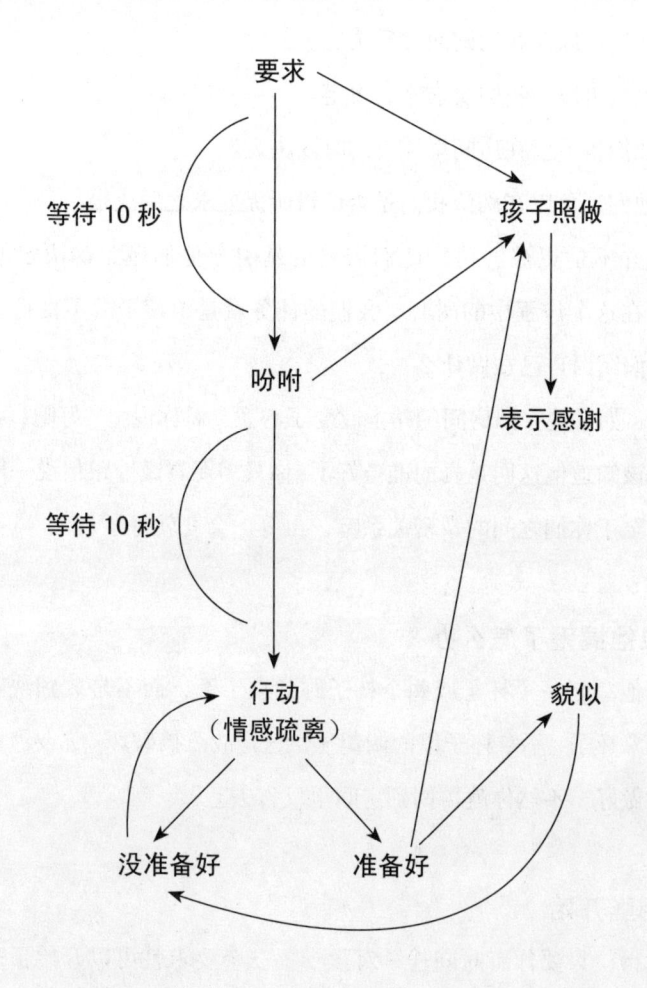

```
         要求
         ↓
    ↶        ↘
等待10秒       孩子照做
    ↓         ↑  ↓
    吩咐      │ 表示感谢
    ↓         │
    ↶         │
等待10秒      │
    ↓         │
    ↓         │
   行动 ───→ 貌似
 （情感疏离）   ↑
   ↓    ↓      │
 没准备好 准备好─┘
   ↑_____│
```

如果他改变主意了，怎么办

每当孩子不听话或不按我们的要求做时，我们就会想惩罚孩子。对于那些完全不想拿杯子的孩子，这么做无可厚非。他们受自己的情绪支配，但是，他们的行为又是另一回事。考虑性格和品格的培养，孩子需要完成父母或其他人交给他们的一些简单的任务。我们得给他们的行为划出界限，让他们明确知道哪些行为或思想是好的，哪些是坏的，这也是为了他们日

第4章 自律之路

后的发展着想。最重要的是，要让他们明白，不管他们愿不愿意，有些事必须做，而做或不做的决定在他们自己。

☆ 他们可以在我们询问之后决定。

☆ 他们可以在我们要求之后决定。

☆ 他们也可以在房间里反省的时候决定。

☆ 他们还可以在确认我们是否记得所提要求之后决定。

他们并不是想被惩罚。他们需要的是引导他们做正确决定的要求，以及我们在这个过程中的耐心。我们的任务就是给孩子的不良行为划定界限，让他们明白自己在做什么。

所以，如果他在回房间的路上改变了心意，对你说："好吧，我做。"那你就应该知道他这回是真的准备好了，你只需要真诚地跟他说一声"谢谢"就行了。至于你们之间的亲密关系嘛，再等一会儿就好了。

如果他搞砸了怎么办

如果他拿起一个杯子或两个杯子跑到桌子旁，而不是放到洗碗槽呢？或者他只拿杯子，不拿杯子里的调羹呢？这是故意搞破坏。你要严肃对待。"把事情做好，不然你就再回到房间里反省去。"

从哪里开始

我觉得，只要你有时间连续对孩子提三个要求就可以开始了——也许第一个要求是在早上起床或者放学之后。

就以放学之后为例吧。也许你首先想让孩子做的就是要他把书包拎进来，然后把餐盒放到洗碗槽去。而他却想让你代劳。这时，要坚定地提出你的要求："把你的书包拿进来，然后把餐盒放进洗碗槽。"如果你的孩子连这个简单的、合理的要求都做不到，那你接下来就别想他会听你的话了——你就等着被他牵着鼻子走吧。你应该不容置疑地对他说："等你想好要不要把书包拿进去再进来找我。"

你的孩子正试图把他的问题抛给你（他自己不想提书包）。你可以选择接过这个问题，然后开始无休止的解释、唠叨、威胁、代为解决问题和惩罚吧。我认为这个问题最好留给他自己去解决。你让他做一件事，他权衡利弊，然后按你说的做了。通过这样的小事，既锻炼了他的能力，也给他的行为树立了规范。

下一步：再来一次

问孩子要家庭作业本（这样你就能知道他以及你自己下午应该完成哪些任务）。这个过程需要多长时间，他会在房间里待多久才能决定同意你的第二个要求——所有这些我不得而知。我唯一能确切知道的是，只要你足够坚持，最后他一定会服从你的要求。

再来一次

这个时候，可能你能抽出点儿时间去给他准备下午茶和点心了。所以你的第三个要求可以是让他去把手洗干净，然后准备吃下午茶。如果你在提出前面两个要求的过程中表现得很坚持，那孩子知道这一次你也不会轻易改变立场。他可能会有点困惑。你表面看上去跟平时没什么变化呀，只是之前的妈妈爱唠叨，喜欢大吼大叫，不过最后还是会对他妥协。现在是怎么了？这个时候，千万不要跟他解释你的情况，也不要千方百计地逗他开心。你只要慢慢调整自己就行了。

为革命做准备

如果你想开始一场革命，想翻身做孩子的主人，你就得提前做些准备了。领导军事革命的将军们都是这样，先制订计划和策略，三思而后行。他们可不打无准备的仗。

我一直在想，为什么幼儿园的老师总是能让小朋友们乖乖收起他们不玩的玩具，或者打扫桌子，或者在没有糖果诱惑的前提下玩猜谜语的

第4章 自律之路

游戏？最后我得出的结论是，一切早在打招呼或问候的那一刻就决定了。每天早上，老师都以一种饱满的精神状态来迎接我的孩子。而我却每天七点半睡眼惺忪地冲进孩子的房间，对他大吼："还睡，快起床！"这也难怪会有这么大差别了。然后我进浴室洗澡，等我从浴室出来，身上搭着湿漉漉的毛巾，一边擦身子一边对他喊："5分钟前我就叫你起床了，你怎么动都没动一下？"等我穿好衣服，可能会第三次冲他吼："你要怎样才会起床穿好衣服？你要迟到了——别这么懒，这么不懂事，行不行！"我会冲他嚷嚷，而这也让我陷入了被动的局面——失去大人那种不动声色的威严。

所以我给你们的建议就是，如果想替孩子做主，就得先做好你自己，你自己要先洗漱妥当，然后再去教育孩子。

第二个建议是，如果你决心培养孩子对长辈的尊重，想让孩子学会顺从，那你一定要给自己留足时间。

选择一个周末，没有他人打扰的周末——除了你的孩子。如果是工作日，那你就得提前计划，确保自己不会迟到。你得提前打好招呼，说一周可能有三天时间你会到得晚一点儿，这样就不至于把自己搞得身心俱疲。

如果你担心家里的其他孩子，那就找个人帮你看一下。或者，你可以利用其他兄弟姐妹迫使这个让你头疼的小家伙听话。我在拼车接送孩子的过程中发现，这一招对孩子们还挺管用的。"好，待会儿迟到了我就一一带你们去见老师。"这么说的意思就是想让"罪魁祸首"知道，他不仅会影响自己，也会影响到别人，而其他孩子也会通过语言或其他方式对他施加压力。

开始革命吧

早上，你洗完澡，穿好衣服，做好一切准备，然后走进孩子的房间，温柔地说："现在起床穿衣服。"（如果你的孩子年龄太小，或者实在太困起不来，那就说，"你坐着别动，我来给你穿衣服。"）然后等待10秒钟。

16. 要求—吩咐—行动

10秒后，要清楚地、坚定地说，"你现在必须穿衣服了。"然后再等10秒钟。

这时候孩子的态度你已经非常清楚，因为他已经开始配合你了。对他说："谢谢。咱们今天早上很顺利。"或者你的孩子还没准备好，那就对他说："等你准备好了告诉我。"接着起身离开，关上门。这么一来，问题就抛给了孩子，你只需要做自己的事情就可以了。

放心，孩子迟早会露面，他会出来看看外面的情况。如果他出来的时候已经穿上衣服，你就可以对他说："很高兴看到你穿上了衣服。"如果他衣衫不整或者压根没穿衣服，你就对他说："看来你还没准备好。现在回房间去，等你准备好才能出来。"

（当然，如果孩子年龄太小或者实在太困起不来，那你只要确定他愿意配合就行了。）

后续动作

事情进行到这一步，可能你已经能忍受孩子大部分的不合作的行为了，因为你觉得自己理解他们是因为情绪不佳，或者厌烦做这些琐碎的事情。如果是这样的话，那你很可能会功亏一篑。

对于接下来对孩子的要求，你同样要做到"令行禁止"——不管你对孩子提出什么要求，都要确保他完成任务。这些简单、合理的要求可以是把餐盒装进书包；去把头发梳一下（短发）；站着别动，我给你梳头（长发）；自己把床铺好；把你的睡衣放进洗衣机；把你的书放上书架；等等。

（你可能也发现"把早餐吃完"未被列入。我一直认为，吃饭是一件再简单不过的事，不应该把它搞得复杂。关于小孩子吃饭的问题，详见第二十三章。）

如果这三个任务都在进行中，你也已经准备妥当，那就平静地告诉孩子，其他人都已经准备好了，就等他一个人了。这样坚持几天，你会发现孩子上学前的准备时间会越来越短。

第 4 章　自律之路

小孩子

对于蹒跚学步的小孩子，我们的要求往往是站着别动，我给你穿衣服；现在坐到高凳上去；躺下来，我给你换尿布；让爸爸给你刷牙；来，给你脱衣服洗澡等。

之前的策略同样适用。先询问，等 10 秒钟。走近，发出命令。再等 10 秒钟，行动。把他拎起来放到摇篮车里，然后径直走出门。很多孩子还没等你的背影消失就会哇哇大哭起来，你也不必等到他哭到嗓子干了再出现。当你看到他深吸一口气（大哭前的准备），即可以走回来对他说："现在听话了吗？"

这样一来，你的立场就很明确了，你不会忍受他的胡搅蛮缠。看到你的态度这么坚定，很多时候孩子会做你要求的任何事。

如果他冲你大哭大叫，挥手乱打，或者你抱着他的时候他抗拒地拱起背，那就说明他还没有准备好。你可以把他放回摇篮，说："等你准备好我再进来看你。"然后走开。

至于什么时候走回他身边，这得按你自己的判断来确定，不必跟着时间走。当你走回去时，他可能已经准备好了，也可能还没准备好；可能会按你的要求做，也可能不会。如果他还没准备好，可能是因为你太心急，回去得太早了。反正，他迟早会准备好的。即使孩子顺从地接受，你也不必大惊小怪。不管什么情况下，你只要亲切地表示"好孩子，这样就好了嘛"就行了。

如果他想要抱抱怎么办

很多孩子面对自己不想做却不得不做的事情时会变得特别烦躁。他们可能需要你先拥抱他——也就是我们之前说的情感支持，然后才能做你布置的任务。你只要将他拥进怀里，轻拍他的背，无须言语。一旦他们的情感蓄水池满了，你就会看到一个对你百依百顺、听话懂事的好孩子。如果他还是没准备好，那可能是因为他还需要再缓缓。

很多父母都面临一个问题：对于不听话的孩子，还要给他拥抱吗？这是不是在鼓励他的不顺从行为，而非惩罚？我之前一直说不要把反省当作惩罚手段，原因就在这儿。反省只是等待——等待孩子做好完成任务的准备。当你给孩子一个"静静的拥抱"时（不要交谈），其实就是在安抚他的情绪，帮助他做准备。

有时候孩子会在你的怀里低声说："爹地，莎莉不要洗澡。"这时候你假装没听见就好了，无须表达任何意见。你可以通过孩子的身体语言而非口头语言来判断他是否做好了准备。

大孩子

尽管孩子越来越大，"反省"的策略还可继续保持，不过我们可以简化流程，同时要更加注意保护孩子的自尊心。这时的反省不再是简单的"回你房间去"，而应该是暂时中止给孩子支持或帮助。

如果孩子处于"训练孩子"的阶段，那么在开始之前你就需要有一个基本的计划。首先你要知道孩子此时此刻的需求，其次你要确保自己有足够的时间。

比如你知道他想去打网球，这时候你就可以让他把衣服拿到洗衣房去。当你知道他10分钟后想跟家人一块儿吃晚餐，你就可以要求他把垃圾倒一下。而在他最喜欢的电视节目开始之前的半个小时，你可以叫他帮你洗碗。

大致计划还是一样的：提出要求，等待10秒钟；靠近他，平静地吩咐，再等待10秒钟；行动——刻意跟他保持疏离。当他带着要求回来找你时，你再平静地对他说，"首先你要……然后我就很乐意让你……"

别期望他会为你的答复欢呼雀跃。说完之后你走开就好，避免成为他发脾气的对象。你只要走开继续做自己的事情就好了。如果他缠着你不放，那就走回自己房间，然后关上门。

第4章 自律之路

解决反省中的问题

"偶尔有用,现在又没效果了"

改变育儿习惯有点像开始节食、运动或改变其他一些行为习惯。当你按计划完成了必备的步骤,它就起作用。当你停下,它就不会有效果。我们总觉得效果没有预期的好,是因为我们总是期望一劳永逸。

起初,经过几次"反省",不听话的孩子就会渐渐意识到我们说到做到,而他们也会学着服从,或者经过一番思考之后再按我们说的做。只是控制自己和坚持本身就是一件很难的事情,所以容易出现"好景不长"的情况。

不知道为什么,当我们偶尔有一次让孩子相信我们是说到做到的,就会期望这种状态一直持续。可惜,在我几十年的育儿经验中,这种事情我都从来没有经历过。我们只有两个选择,要么坚持定下的规矩,要么在事情开始走下坡路时重新开始。幸运的是,只要我们摆正心态,这个模式就还能发挥作用。

在给客户答疑解惑的过程中,我总是会为他们做几条笔记,让他们拿回家看。假如改造孩子的计划功亏一篑,他们便可以再回顾下这些笔记。如果这还解决不了问题,那就可以打电话给我,我可以再花5分钟跟他在电话里回顾下关键点。一般来说,只有那些需要不断强化自己的家长才会这么做,而你只需要记得这本书放在哪里就行了。

是否会突然有一种"我受够了"的感觉

孩子的错误行为持续了几小时或几个星期,突然间你就爆发了,你大吼:"我受够了!你给我回房间去反省,等你准备好改正再出来。"这时候孩子可能会回房间,也可能不愿意回。他可能会表现得难过或者愤怒,他可能会跑进自己的房间做一些破坏性的事情,他可能泪如雨下,大哭起来。反正他不太可能因为你的爆发,马上变成一个懂事的乖小孩。

冷静地做出决定,你再也不会忍受这种令人无法接受的行为了。最好是在你可以马上执行决定的时候说出你的决定——也许是早上你跟孩子说了什么话，或者是你把孩子从学校接回来后。对孩子的错误行为有所回应，或者坚持你最初的三个要求。

这样，你就又重新拿到了主动权。

绝望型暴躁和控制型暴躁

如果在你提出要求之前，你的孩子就特别伤心或者生气，那不管你提出什么要求，孩子都可能会特别夸张地回应。这时，你要先安抚好孩子的情绪，然后才能跟他慢慢谈要求。你可以想办法把他送回房间，试着轻声跟他说："你似乎很难过，是因为我让你捡那三个玩具还是别的什么事困扰你了呢？"

"似乎我太唠叨了"

你需要时刻提醒自己是否严格坚持"提出要求—等待10秒钟—靠近对方，平静地吩咐—再等10秒钟—反省"的策略。

如果你花大半个小时跟他解释、争论、威胁、警告和唠叨，最后再大吼"我受够了。现在你给我回房间去，等你把那些碗烘干才准看电视"这样的话，计划不起作用也就不足为怪了。在这个场景中，本身就是孩子占据着主导地位，你的反应完全是围绕着他的反应进行的。

你的目的是要让孩子觉得"被父母隔离我会很难受"，所以如果你这么说，他只会为能摆脱你而更高兴，那么也就达不到你最初的目的了。

"反省之后他还是不听话"

在解决这个问题之前，你可以先反省一下，问自己有没有把反省当作孩子的可选事项之一。我们还是回到两个杯子的事例。你是不是让孩子有过这种经历：他在房间里惬意地看了半个小时书，等他再出来时，那两个杯子已经神奇地自己跑到了洗碗槽中？

第4章 自律之路

当然，他可能要因此而忍受你的说教——你可能会告诉他家里的事情不应该全部由妈妈来做，但他已经习惯了这些说教，如果只需要站着听你几句唠叨就可以不用做事情，何乐而不为呢？

反省绝对不是顺从的替代选择。开始下一项计划之前，一定要先想清楚这个道理。不管迟还是早，事情一定要由孩子完成。

"他不肯出来了"

如果我们事先就在头脑里对孩子的行为进行了预判——"3分钟后他应该会准备好把玩具捡起来"，最后我们会发现自己卷入了一场无法打赢的"战争"。当你走过去说现在是时候走出来捡玩具了，孩子却说待在房间里很舒服时，你是否会有一种进退两难的感觉呢？假如你走进去强行把他拉出来，结果很可能是你自己受伤。你要把他强行带出来，他很可能会变得特别生气或难过，那时，就不是捡起玩具这么简单了。

不要试图强迫把孩子从反省的状态中带出来。反省的目的就是让他得不到你的支持和关注，这样他才会按你说的做，不然就永远得不到支持和关注了。

"他宁愿反省，也不愿听话"

若我们把反省看作是一种惩罚，我们就很可能会认为孩子肯定会更愿意完成任务，而不是被惩罚。可要是他宁愿在房间里待两分钟、10分钟甚至半小时，也不愿意把两个杯子拿到洗碗槽去呢？

反省并非惩罚他们不听话的手段，而是等待孩子做好完成任务准备的过程。

当我们对孩子提出一个要求，很重要的一点是，我们自己要确切知道这不是一件可做可不做的事情。要求一旦提出，就一定要让它实现。反省结束之后，该做的事还是得做。

当然，要是孩子是在一个有电视、电脑、书或者CD的地方反省，他会花多少时间考虑你的要求就不得而知了。我的建议是，尽量找一个没什么能分散孩子注意力的地方。

反省和家庭作业的交点

很多父母为了避免孩子因为作业没写完而惹怒老师，就挺身而出跟孩子进行一场"家庭作业大战"。毫无疑问，很多孩子只有在家长的帮助和支持下才能完成作业。他们忙了一天，最后都是拖着疲惫的身躯来写作业。尽管这样，我们也不应该替他们背黑锅。

如果作业做得不好，那就对孩子说，"这样子不行。你休息一下，10分钟后我们再来做。"定好计时器。10分钟后，走过去问他是否已准备好接受你的帮助和支持。你可以通过他的反应判断他是否已做好准备。如果他还没准备好，那你再说也是无济于事。你只要让他知道，只要他准备好了，随时都可以找你帮忙。

如果你的支持不起作用，这时候千万要记住不要把孩子的问题接过来。你可以写一张纸条，说："我的孩子不会做这些家庭作业。"但千万不要容忍孩子的懒惰行为，替他把作业做了，他自己反而跳到了问题之外。

碰到很恶劣的行为怎么办

我经常被问到，对于孩子很恶劣的行为，怎么惩罚才合适。比如说，孩子故意把牛奶洒在地上；或者用力把门撞开，门把在墙上撞出一个洞；或者把一个人撞倒在地，害得对方受伤；又或者毁坏别人的财物；或者把老师办公桌里的铅笔拿回家；又或者——比如我曾经经历过的，把一床特别漂亮的手工缝制的被子划出一道10厘米的口子。

这种时候，父母很容易忘记惩罚其实并不是好的选择。我觉得，惩罚的结果可能是你把问题接过来，孩子反而从问题中解脱出来。他们做了错事，你却把错误接过来然后挖空心思地解决。你怒吼、殴打，问他们为什么这么做，或者虚张声势地威胁，你在明明知道答案的情况下还问他们为

第 4 章 自律之路

什么要这么做。不准孩子看电视或者禁足都属于这类情况。如果可以的话，我建议各位家长还是让孩子自己来面对问题，解决问题。

反省，作为一种感情疏离的方式，能否用来回应这种危机。我觉得答案是肯定的。

孩子故意把牛奶倒在地上

碰到这种情况，很多育儿书给出的建议都是，平静地扔给孩子一块抹布，让他把地板擦干净。我觉得对意外事件做这种反应或许还可行，但如果孩子故意这么做，那就是两码事了。这种情况下还能保持冷静的父母几乎都可以称作圣人了。反正我做不到。

相比之下，我更愿意把孩子赶回到他自己的房间，然后说："我要去打扫，你给我乖乖地待在这儿。"一般来说，我需要一点时间才能把一团糟的地板打扫干净，我的情绪也需要时间平复。这么做的意义在于，房间干净了，同时也避免孩子面对一个格外愤怒的母亲。

盛怒之下，孩子用力撞门，以至于门把在墙上撞出一个洞

显然，凭借小孩的个人之力不可能修好墙上的洞。首先，你要让孩子回自己房间，并明确指出，"我很生气，你这么做让我很失望。现在你回房间去，我要先平复下情绪再决定怎么做。"任何一个有头脑的孩子都会识相地走开。

等你平复下来，想想孩子能为弥补错误做些什么，或者给他安排一个其他任务。不管他能补偿多少，一定要让他知道，犯错就要承担责任，并尽力想办法弥补错误。

趁他待在房间，你也可以利用这段时间想想这是因为孩子一时冲动，还是因为他的性格容易失去控制。如果是后者，每当他有打人或者摔东西的行为，你一定要采取相应的措施。具体措施详见第十七节。

他把某人推倒在地，害得对方要缝针

你的小孩能为受伤的一方做点什么？对方在学校是否需要帮助？是否需要有人陪着在家玩儿？不管怎样，让你的孩子诚挚地表示歉意——无论是口头道歉，还是用文字表达歉意，或者是送一个小礼物。

他毁坏别人的财物

这时候要冷静，好好想个计划。道歉、赔偿都必不可少。

他把老师抽屉里的铅笔拿回了家

如果你的孩子敢把老师抽屉里的铅笔拿回家，估计他平时也会从别的小朋友那儿偷东西。出现这种情况，惩罚他也没有多大意义。你要时刻注意，哪些东西明明不是他的却出现在了他的书包里。必要的话，你可以每天检查他的书包和口袋。一旦发现了不属于他的东西，要第一时间让他把东西还给失主。如果孩子说他也不知道东西是谁的，那就把东西交给失物招领处，总之，一定要让他长记性。

终止孩子这种错误行为的关键就在于，让孩子自己去解决问题。

"黛博拉把被子划烂了，换作是你，你怎么办"

首先，我需要先冷静一下，以免盛怒之下伤到孩子。那床被子是几个朋友送给我的礼物，对我意义重大。我真的需要时间和空间平复心情，不然我没办法理智地看待这件事——黛博拉不知道这床被子对我的意义。其次，她的这种行为已经不是反省就能解决的了。

我清楚地意识到一点，即一定不能让黛博拉单独使用剪刀。除此之外，也不能让她接触皮毛制品。在我的严密保护之下，餐桌上的手工品总算保全下来了。

有一次，我让4岁的黛博拉反省，然后她就故意弄湿地毯，然后说："瞧，都是你让我待在房间里。"过了好一会儿，我才稳住自己，想到最

第4章 自律之路

简单的解决办法就是把反省的场所转移到一个没有地毯的地方！结果果然奏效了。

更多关于反省的轶事

"反省太凉快了！"

如果你面对的是一个性格固执的孩子，采取灵活的应对方式对你有好处。黛博拉四五岁的时候很喜欢玩纸、剪刀和胶水。一天晚餐时间，我需要有人快速帮我摆好桌子。"黛博拉，亲爱的，你能把那些乱七八糟的东西丢到垃圾桶吗？我要摆桌子了。"

"哦，妈咪，我很累。"

我当然知道她累了，如果这时候让她回房间，她肯定乐得在床上躺下自己一个人玩。"亲爱的，你跟我来。"我不动声色地说。然后带着她走到淋浴箱的前面，对她说："乖乖待在这儿，直到你把那些东西丢掉为止。"

过了5分钟，黛博拉跑过来，一脸兴奋地对我说："妈咪，我从来不知道淋浴箱竟然这么凉快。我现在准备好清理垃圾了。"

我们再来一次吧

一天下午，黛博拉坐别人的车回家，我打开门热情迎接。"亲爱的，回来了啊！今天过得怎么样？"可她径直从我身边经过，走到电视机旁，打开电视，津津有味地看了起来。显然，这个下午不会平静了。

"亲爱的，跟我来。"我领着她走到前门，"我们重现一遍刚才的情景。你要先敲门，然后说，'嘿，妈咪，我可以进来吗？'"黛博拉起先不愿意，她在院子前的篱笆上磨蹭了10分钟之后，门口终于传来轻轻的敲门声……

你可能会感到奇怪，我为什么没问她为什么不高兴，也许她更需要的是我的支持，而不是疏离？事实上，当你在一个人的心目中树立更强大、更权威的形象之后，她才会更愿意接受，也更看中你给的支持。

如果孩子对我们不够尊敬，那他也不会尊重我们给他的东西。所以，首先你要定好规矩，其次，等双方都准备好之后，再来享受亲子生活。

青春期孩子的反省

每隔一段时间，塔尼亚就会对我们感到厌烦，然后夸张地宣告她要离开家一段时间。因为我们之前就定好了安全问题的规矩，所以她总会告诉我们——在她冲出家门跑向校车的刹那，"我会告诉你们我在哪儿的"。有时候我们都准备睡觉了，却突然接到塔尼亚的电话，说，"我在娜塔莉家"。一般这时候我都会故作平静地说，"谢谢你告诉我。你什么时候想回家了，就回来吧。"而她的回答总是带些愤怒："你们就等着吧。"

等到第二天，趁她们都去上学了，我会给娜塔莉的妈妈打电话，感谢她让塔尼亚在家里过夜。孩子们一般都会为彼此打掩护，而娜塔莉的妈妈告诉我，其实是因为塔尼亚要跟娜塔莉共同做一个项目。

接着是继续等待。塔尼亚每晚都给我打电话，给出她还不能回家的理由。而我总会用不咸不淡的语气告诉她，家人都很想她，不过还是希望她自己想清楚了再回来。这个过程持续了 3 天。

我很感激那些收留塔尼亚的妈妈们，作为回报，我也经常收留那些需要一点儿空间和庇护的大学生。不过我们有一条原则：他们必须说出家在哪儿。

这是青春期孩子的反叛——"我就不按你说的做。我回自己房间。我喜欢一个人待着。"无须惩罚，也不强求改变。你只需要冷静克制，跟孩子保持情感距离，直到他自己想通为止。当然，问题始终得由孩子自己解决。

青春期孩子的错误

罗伯特拿到驾照后的两周时间里就违规两次。一次是因为超速，一次是因为违规拐弯。这两次违规的罚金高达 400 美元。作为父母，我们该怎

第4章 自律之路

么办？你怎样才能忍住发飙、惩罚的冲动？

我们替罗伯特交了两次罚金，之后我们想到一个办法——成为罗伯特的债权人。一旦他赚了钱——有时候他会趁假期打零工赚点儿钱，有时候祖父母也会给他点儿值钱的礼物，就要拿出一半给我们。我们给他记账。

罗伯特倒也挺讲信用。一有了钱就会乖乖地交一半上来，然后在账本上减去相应数额。有时候记完账，我都会因为心疼他而忍不住掉眼泪。终于，罗伯特用自己的力量把账还清了。

后来，罗伯特二十几岁的时候，他告诉我们，他觉得那是我们最成功的一次教育。唉！我只希望"教育孩子"不要这么难。

17. 家有家规

一旦开口对孩子提出要求，我们就要确保这个要求被执行。并且，在这个过程中，问题始终得让孩子自己去解决。

现在我们来探讨下如何制止那些孩子自己也知道不能被接受的行为。比如打人、咬人、吐口水、辱骂、推人、抓挠、夹人、乱扔东西，等等。

直接行动

当看到以下行为，我们可以跳过"要求"这一步：

（1）你为什么要打小弟弟？

（2）不准打小弟弟了。

（3）不许骂小妹妹。

（4）把泰迪熊还给妹妹，她只不过是抱一下而已。

（5）不许把盘子扔掉。

要制止这些行为，口头要求可解决不了问题。孩子这么做，毫无疑问破坏了家庭的规矩——无论是明文规定的还是大家心照不宣的。你要让这些恶劣行为在家里无立足之地。这种行为没有一点儿正面意义，它对谁都没好处。所以，首先我们得认清一点：这种行为根本就不应该发生。

我们也可以跳过"吩咐"这一步：

第4章　自律之路

（1）我跟你说过多少次，要你别打小弟弟！

（2）马上住手，不准再动小弟弟。

（3）你知道我们家是不准骂这些难听话的。

（4）我说让你把泰迪熊马上还给妹妹。你这样一把抢过来太粗鲁了。

（5）看看你搞的这些东西，我还得给你收拾残局。

你需要做的就是"行动"。

对于孩子破坏家规的行为，一定要让他明白，你对这些行为是零容忍。除非他从此以后能遵循家规，不然绝不原谅。

"我觉得我应该解释"

我们总觉得，要是能给出合理的解释，说不定孩子就能明白事情的严重性，或者明白事情对别人的影响，或者是这件事为什么对他自己也会有不好的影响。

假设你已经这么做过几次。假设你已经跟孩子发过脾气，解释过道理，也诉诸过惩罚，但是，孩子还是我行我素，没有变化。

经常有家长问我要不要召开家庭会议，阐释新的家庭规定，或者把家规贴在墙上，好让所有人都清楚。我不觉得这是个好主意。其实孩子早就知道那些行为是不被接受的。他们或许只是不够聪明，或者还不够成熟，还不明白要结束这种行为就得学着遵循家庭规则，学会克制自己——哪怕是被人惹恼的时候，也要学着跟不同性格的人和平共处。

他们自己也明白他们表现得很糟糕。他们需要我们立下规矩，告诉他们什么能做，什么不能做，什么可以接受，什么不能接受。规定就是规定。

你的孩子知道做错了

假设你的孩子18个月大，我问他，"你可以打小弟弟吗？"我想他肯定会害羞地摇摇头。我如果再好奇地问，"那你有没有打过小弟弟？"他一听这话可能表情就亮了，然后微笑着点点头。

通过这个情景，我们可以推断出，其实他知道什么应该做，什么不应该做。他只是明知故犯而已。

再假设你的孩子18个月大，我问他，"你可以骂妈咪吗？"我想他应该也会不好意思地摇摇头。我要是再问，"那你骂过妈咪是蠢牛吗？"他可能更不好意思了，低声嘟囔道，"嗯，骂过一两次。"

通过这个例子，我们同样可以得出结论——他知道哪些行为是对的，哪些是错的，他只是明知故犯而已。

所以，你无须召开家庭会议来解释这些规则。

始终如一是一件很难的事

如果说规则要成为规则，你就得态度始终如一。这才是规则的意义所在。

"始终如一"说起来轻巧，我用这个词其实犹豫了很长时间。很多次跟家人、朋友或者一些同行聊起孩子时，我们都会听到别人说"你的前后态度要一致"。

我对此不甚认同。我觉得好的父母应该用灵活的方式教育孩子，要快速评估各种变化的条件，在支持鼓励和制定规矩、慈爱与斥责、惩罚与拥抱、暴力和亲吻之间找到平衡点。

想象两种情况：早上七点，早上刚起来，看到孩子把牛奶倒在厨房地板上；劳累一天，孩子把橙汁洒在奶奶的白色地毯上——这两种情况下我的反应怎么能保持一致呢？

不过，如果真想让孩子改掉某种行为，我们就得清楚地表明态度，并且每次都对孩子的行为做出相应的回应。这是个坏消息。

好消息是，如果我们回应得足够迅速足够自信，每次都采用情感疏离的办法，那孩子也很可能会慢慢改掉不好的行为。我们要是能做好打长期战的准备——至少坚持10次——孩子改变的可能性就更大了。

第 4 章　自律之路

不要警告，不要解释——直接行动

我们看到 18 个月大的小孩挥手打比他更小的婴儿。这时要把孩子拎起来，让他到一个合适的地方反省自己，而无须解释。这一幕应该在我们的大脑里就已经预演过。孩子肯定也知道打人不对。

如果我们大声叫出来："你知道打人是不对的。你不能这么做。我现在要把你带到你自己房间去。"——他们可没这种耐心站在原地听我们把话说完。

如果你来了兴致，演讲可能就更长了——"你看你让小弟弟多难受。你这么一弄，他就睡不成觉，就会吵人。你这么对小弟弟真是太不应该了，你应该跟小弟弟成为朋友。等有一天你们长大了，爸爸妈妈也不在了，他就是你在世上最亲的亲人。"孩子可受不了你的长篇大论，他很可能被你的这番话逼到墙角不肯出来。

最有效的方式

最有效的方式就是把他拎起来，领着他或者命令他（这个视孩子年龄、听话程度和过往经验而定）去一个地方反省，无须多说一句话。盯着他走进去，然后离开。

几分钟后，他很可能会自己出来，并改正之前的错误行为。如果你每次都对他的错误行为采取这样的态度，那这种行为也能很快得到改正。

破坏规矩
↓
反省

若能做到这样就太好了。不过，我还是要提醒你，最好是想个备用办法，因为我毕竟不是圣人，我的方法也不能确保万无一失。

第二有效的方式

第二个办法就是把孩子拎起来，让他到一个地方反省，同时对他说"你知道你不能这样"等。

走到门口，你可以说（只能说这一次）：

（1）等你能好好表现的时候才能出来。

（2）等你做好道歉的准备才能出来。

（3）我会回来看你是否准备好回到大家庭的怀抱。

（4）准备好了就告诉我。

如果孩子出来的时候愿意道歉或者表现好了，这时你也不要多说话（千万不要走到门口说，"现在你知道我为什么让你到里头反省了吧？"原因你清楚，孩子其实也清楚，用不着再跟他解释一遍）。

不然，孩子可能会给你制造更多麻烦。他很可能会明知故犯，或者换个招数，再故意气你一次。而且，新的麻烦很可能接踵而至。说不定还没过5分钟，你又得处理新的麻烦事儿了。不管是以上的哪一种方式，都证明你的孩子还没准备好，他需要更多时间来想清楚哪些行为是能被家人接受的，哪些是会触犯家规的。

这时，要冷静地说，"哦，亲爱的，你还没准备好。"然后让他继续反省。

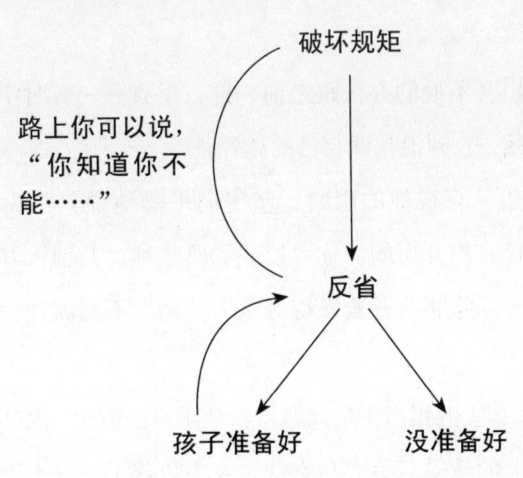

```
                        破坏规矩
                           │
                           ▼
路上你可以说，
"你知道你不
能……"  ────────────▶   反省
                        ╱    ╲
                       ╱      ╲
                      ▼        ▼
                 孩子准备好   没准备好
```

第 4 章　自律之路

孩子反省的时间长短

我的标准答案是直到他准备好。不过，如果你自己按捺不住想去看孩子是否准备好，我认为一个通用的办法是，按年龄来，年龄每大一岁时间就延长一分钟。

如果看到孩子自个儿玩得很开心，那表示他之所以会有不好的行为，是因为他需要一些属于他自己的空间。你可以轻轻推开门，说，"我把门打开一点儿。你准备好了就可以出来。"

如果你走过去，发现孩子把怒气都撒在你身上（"走开！你是个坏妈妈。"），这就表示他还没准备好，你可以过一会儿再来。

如果你走过去，看到孩子想要你抱他，那就先给他一个拥抱，然后再判断他是否准备好重新回到家庭的怀抱。

"我的孩子长大了，而且性格反叛"

我把 18 个月大的孩子跟 18 岁的孩子放在同一章讲，你可能会觉得有点奇怪。事实上，不管孩子是 18 个月大，还是 18 岁，他都不能破坏家庭规矩。

所以我们先来说说那个骂你是蠢驴的大孩子。我知道很多受过高等教育、家世良好的孩子能骂出更难听的话——益格鲁-撒克逊语（意为粗话）仿佛是他们的第二语言。"蠢驴"还算骂得比较轻了，但这还是对父母的极度不尊重。

对付这种出言不逊的办法跟之前一样，反省——暂时中断你对他的支持、帮助或照顾，直到他找回自己的教养。

走到他身边，直视他的眼睛，坚定而平静地说："我不喜欢你这样说我。"然后径直离开房间。你可以一如既往地对其他人好，但对这个出言不逊的孩子——除非他开始懂得尊重为何物，不然就让他自己一个人待着吧。

你这么做，其实就相当于把问题留给孩子自己解决。他对你无礼，所以，他失去了你对他的慈爱、关心和支持。大多数孩子——不管多大，总会有对父母亲的需要。用不了多久，孩子就会跑过来问："妈妈，你知道我那双足球袜放在哪里吗？"或者是："妈妈，你能给我 10 块钱吗？"又或者是："妈妈，你能开车送我到丹尼尔家吗？"

可是，他刚才骂你是"蠢驴"是不能接受的，所以对于他的这些要求，你可以这么回应：不好意思，蠢驴不知道袜子放在哪儿；或者：不好意思，蠢驴没有钱；或者：不好意思，蠢驴不会开车。

如果孩子骂了难听的话，那你就可以用他骂你的这个词来回击。不过要保持克制，要简洁，把问题留给他自己解决。这样一来，你就等着他乖乖来向你认错吧。他自己会想出解决办法的。不管怎样，这不再是你的问题。

绝大部分家长都跟我说，尤其当我们用来自嘲的话特别难听时（孩子骂我们的），孩子都会表现得很诧异，低声嘟囔"你太古怪了"。这没关系，我们就是这么古怪，我们就是这样一群父母，一群不愿意被自己的孩子恶言相向的父母。

他们应该道歉吗

我们可能会对孩子说："回你自己房间反省，等你准备好跟我道歉再出来。"或者当我们不方便把他们赶回房间时，就说："等你准备好道歉再来找我。"然后转头离开。

这对很多孩子来说都很有用。这么一来，他们应该能想清楚问题——或慢或快，然后走过来真诚地跟你说一句"对不起，妈妈"。如果这个办法可行，那自然是最好。孩子为自己的行为承担了责任和后果，并且把问题解决了。

但是，还有一些孩子可能过一会儿走过来，一看就很不真诚地说："那个，不好意思。"显然，这个孩子还没准备好。我建议你这么回答："这可不是道歉。等你真的准备好跟我道歉了再过来。"然后继续做自己的事。

还有一种小孩，他们很难向人开口道歉。他们很少觉得自己做错了，总是能为自己的错误行为找借口，觉得自己的错误行为都是由别人的行为

第4章 自律之路

或态度引起的。这种小孩通常脾气十分暴躁，属于强胆汁质性格。尽管这样，家庭以外的事情你还是要坚持得到道歉。因为这关乎社会原则，坚持是更明智的选择。但是，如果是家事，你会发现想让这种性格的小孩真诚地表示歉意简直难如登天。不过他会让你知道他已经改变了想法，已经做好重回家庭的准备。他的方式就是不动声色地靠近，试图融入。他可能会说一些好听的话或者殷勤地表示帮忙。这就是他"道歉"的方式，或者是他表示自己已经"做好准备"的方式。这种情况下，我建议你就不要非得坚持"口头道歉"了，接受他的道歉行为就可以了。

爱咬人的孩子

不要纠缠孩子为什么要咬人这个问题。反正我怎么也想不出一个合理的解释，貌似借口的理由我倒是听过很多：他正在磨牙；他心情不好；他两年前在幼儿园被其他孩子咬过……

孩子为什么咬人不是重点，重点是，咬人这件事在这个社会不被接受，所以我们要让孩子改掉这个毛病。

我时常接到一些无奈的家长打来电话，说他们的孩子喜欢咬人，因为这经常受到其他小朋友排挤。我发现他们经常试图跟孩子讲道理，跟孩子说咬人很痛或者说："牙齿是用来吃东西的，不是来咬别人的。"我最喜欢的一个家长的反应是，递给他两岁儿子一个洋葱，说："拿着。你这么喜欢咬东西，就把这个咬着吃了吧。"——可惜这个办法收效甚微。那个小鬼仿佛受到挑衅一样，腾地抓起洋葱塞进嘴里，还得意地说："哼，我就喜欢。"然后继续咬。其实，很多时候这些孩子根本就不需要真的咬下去。他们只要对着表弟表妹嚼动牙齿，小妹妹小弟弟就被他们吓得四处奔逃。这多么神奇呀！他们怎么会轻易放弃呢？

我们想了一个计划。每当他咬人，或者看着人嚼动牙齿，或者做样子要去咬人，我们就把他带离现场。如果是在家，就把他送回房间。如果是在托儿所，老师也把他们抱到其他地方。一旦孩子开始嚼动牙齿，老师就把他带到一个没有小朋友的地方。老师会对他说，"等你想好不再咬人，才能回去找你的小伙伴们玩儿。"老师会陪着他，不过并不参与。换句话说，老师只是看着他，但并不提供任何支持。反省。这么反复几次，孩子咬人的习惯慢慢也就改了。

迅速又高效的办法

无论何时，在课堂上提起小孩咬人这个话题，总会有人跟你说谁家的孩子咬人后，妈妈立马把他抓住，然后咬回去，孩子就再也不咬人了。

我觉得真正让孩子不再咬人的并非是妈妈把孩子咬疼了他才记住教训，而是妈妈迅速的反应——确定又迅疾，所以孩子马上认识到，家人不会再容忍他这种行为，从而决定放弃。父母回咬或许在某些偶然情况下有用，但我很难把这当作一个适合的方法。

不管是什么行为，只要父母认定这种行为不被接受，然后迅速且坚定地给予回应，这个孩子以后基本上不会再犯。

说到这，我举两个家里人的例子。

例一

那是一个风雨欲来的黄昏，天空乌云密布。罗伯特当时8岁左右，已经吃过了晚饭。弗农正在回家的路上。

也不知道我做了什么惹恼了罗伯特，他突然就扭过头来骂我婊子。我活了大半辈子，从来没被人这么骂过。更何况儿子这样骂自己的母亲，这实在让人无法接受。

我当时气疯了。我把他推到门前，强忍愤怒对他说："我不知道要拿你怎么办。你绝对不能这么对我说话。现在你给我出去。"说完，我砰地关上了门，走进屋里。

大约过了15分钟，我突然意识到现在是天寒地冻的冬天，而且又要下雨了，如果罗伯特在外头感染了风寒可就不得了了。于是，我又扔给他一

第 4 章　自律之路

件厚夹克，但是，我的气还没消，还是不能让他进屋。

又过了 15 分钟左右，弗农到家了，他看到罗伯特那样，马上就嗅出危险的味道。他从罗伯特身边走过，走进来问我发生了什么事。我当时还处在"以后再也不让他在这个家生活"的状态。弗农建议我："这么在外头冻着也不行，要不我让他回自己房间反省去？"

"随便你。"我勉强同意了。

弗农推开门，让罗伯特进来。那天晚上，我没再见他。第二天，生活继续，而罗伯特在那之后再也没有对我出言不逊过。

例二

黛博拉 18 个月大时，我们带她去我父母家。同样地，我也不知道我做了什么，她突然就打了我一下。我气坏了。

我一把把黛博拉拎起，将她推进我母亲的洗衣房里，大声对她吼道："你别想再打我一下了。"过了几分钟，里面安静了不少，我突然想起母亲的洗衣房里有仙人掌和漂白剂。我还记起之前接受家庭治疗师培训的时候，老师明确提到反省的场所一定要保证孩子的人身安全。

我马上跑过去，却看到黛博拉一动不动地站在原地。我抱起她，让她回到家庭集体中来。从那以后，黛博拉再没对我动过手。

这两个例子都表明，迅速且确定的回应能有效制止孩子的不当行为，但是，这种方式只能视情况而定，没办法进行统一的计划。因为父母的反应速度和强度直接决定了是否有效。

话说回来，我们家孩子的大多数不当行为都是通过之前的那种缓慢又艰难的方式才得以改正。反正，要制止咬人这种恶劣行为，最好的办法就是发现一次，反省一次。

打人：没门

不管什么情况，不管谁的小孩，都不能动手打其他孩子，我想不出他们有什么打人的理由。我可以想到很多小孩打人的借口，但想不出一个合理的理由来解释孩子为什么要通过这种方式解决争端或表达情绪。

一旦清楚了这一点，我们就能采取行动了。不然，父母总是会给孩子想很多理由（借口），如：他小的时候，姐姐总是抢走他的玩具。现在他想拿回自己的东西也没错，对吧？男孩就是男孩，你还能期待男孩子听话懂事吗？她得明白一个道理，这个世界不是她想要什么就能得到什么；我不在乎谁掌控遥控器。反正问题你们自己解决，只要现在闭嘴就行了。

在上面这几个例子中，我们都没有履行好父母的权利和义务。

他小的时候，姐姐总是抢走他的玩具……

不是说小的长大了，就能来欺负大的了。这是你的责任，你要从小教导孩子不能抢别人的玩具。

男孩就是男孩……

是的，男孩就是男孩。是的，睾丸素会刺激他们的男性气概。是的，孩子们需要一些发泄精力的渠道。是的，小男孩，包括大一点的男孩，甚至是女孩都喜欢在地上打滚，彼此扭打在一块儿。但无论男女，也不是非得用互相殴打的方式来发泄精力或情绪吧。

她得明白一个道理：这个世界不是你想要什么就能得到什么

没错，但这个道理不应该由哥哥或弟弟来教给她，这是父母的责任。当孩子受到挫折时，父母应该给他们支持和力量。

我不在乎遥控器在谁手里……

一个遥控器，10个孩子。这时候就需要父母制定规则了，父母得让孩子们学会分享和轮流拥有。"谁抢到听谁的"可不是好的规则。

所以，孩子要是有打人的倾向，无须纠结理由。重点是，打人本身就

第4章 自律之路

是错误的行为。你要跟孩子说清楚一点：打人在你们家是绝对不被接受的。一旦发生这种情况，就要把"打人者"驱逐回他自己房间。除非他改正错误，重新做好准备，才能回到大家庭的怀抱。

同样的办法也适用于制止吐痰、抓人等不被允许的行为。

"不要吵小宝贝"

有时候为了不让年长的孩子吃醋，我们或许可以容忍他们对更小的小孩的一些恶作剧行为——只要不是太恶劣。但是，我们必须要让年长的孩子明白，面对比他们更小的孩子时，他们要更加小心，因为有些行为是我们坚决不能容忍的。

比如，我问你几个问题：

大孩子把一个很大的金属玩具卡车放进婴儿的摇篮里——孩子也坐在里面，你觉得这合适吗？

孩子在睡着的婴儿旁边追追打打，你觉得这可以吗？

年仅 5 岁的孩子非得抱起坐在摇篮里的婴儿，就因为他们想这么做，你觉得可以吗？

把坐在秋千架上的孩子推到高空，你觉得可以接受吗？

冲着婴儿做鬼脸故意吓他们，这样可以吗？

我想你的答案应该是"当然不行"。可是，在现实生活中我们却容忍了这些行为，只是因为我们不想让年长的孩子对婴儿产生"不好"的想法。

事实上，兄弟姐妹之间只要一方开始对另一方不好，他们就很难再维持融洽的关系。小宝贝躺在摇篮里，他们并不需要一大堆毛绒玩具堆在身上。所以我们不要把这误认为是大孩子善意的表现。给小宝贝一个毛绒玩具或许是大孩子的慷慨表现——只要不是在小宝贝睡觉的时候扔到他头上的。如果连续丢几个娃娃，可能就是故意捣乱了。

假如我们已经打了招呼，说小宝贝在睡觉，或者说不要去吵摇篮里的小宝贝，这个孩子还是进去摇摇篮，或者故意在小宝贝旁边大喊大叫，那

17. 家有家规

只能说这个孩子需要管教。

我认为你得定一条规矩，任何人想进小宝贝的房间都必须经过你的同意。如果你能清楚掌握小宝贝的所有情况并且定下明确的规矩，这也能增加孩子的安全感。

再说回想象。要是我问孩子，"你觉得你可以在小宝贝睡觉的时候去摇他吗？"你认为答案会是什么？孩子肯定知道这种行为是不被接受的。是的，小孩知道规则是什么。至于是否要加强他对规则的认识，就在于你的想法了。我只能说，任何破坏家庭规则的行为都得用反省来对付。

"我给孩子喂奶，他就在旁边闹"

当你考虑到一天要给孩子喂几次奶，恐怕就不会想着每次喂奶都要树立威严了吧。

给婴儿喂奶之前，先让大一点儿的孩子到你旁边，不管他是玩，还是做其他事情，反正不能出格。要是大孩子在你给婴儿喂奶期间表现不好，就可以马上命令他去反省。最简单的办法是，看周围还有没有其他大人可以帮你管着大孩子，这样你就可以继续给小宝贝喂奶了。不过，始终还是得让小孩知道，哪怕没有其他大人在场，也要遵守这一规则。

不管有多麻烦，你至少要确保前三次喂奶能顺利进行。只要孩子表现不好，你就要迅速做出回应。先打发他去反省，然后再来给小宝贝喂奶。我知道这可能会对婴儿造成影响，甚至会让你不能好好喂奶，但这么做是为大家好。

当哥哥姐姐们学会遵守规矩，小孩子的安全也就更有保障了。当孩子学会遵守社会规则，明白家庭规矩是为了保护家人免受伤害时，他以后的生活也会更顺利。你喂奶的时候也不用担心大孩子会闯祸捣乱，从而能更安心地享受跟孩子在一起的快乐时光。

第4章 自律之路

看到，渴望，拥有

小宝贝安静地坐着，洋娃娃在她手里翻来转去。显然，她玩得很专注。一切都那么祥和。这时，小宝贝的哥哥飞快地跑过来，一把抢过小宝贝手中的玩具，然后就跑开了。你对哥哥吼，让他把玩具还给妹妹，可哥哥却只是用别的东西敷衍。小宝贝可能对此并不介意——如果她介意，一定要快速抱起她，并给她一个新的玩具代替。反正，先安抚好小宝贝再说。

可问题是，这真的不重要吗？我觉得这个问题不容忽视。小宝贝坐在那儿很专注、很开心地玩自己喜欢的洋娃娃，哥哥看见了小宝贝的洋娃娃，就很想要，不过他控制住了把娃娃抢过来的冲动——这对塑造小孩的性格至关重要。如果孩子形成"我看到了，我想要，可东西属于别人，那我就把它抢过来"这种思维，就会对他很不利。其次，这跟小宝贝介不介意没关系。

斥责同样会造成伤害

棍棒或许能伤我的皮肉，
言语如何能伤我毫毛？

这首诗简直是无稽之谈。俗话说得好，人言可畏。别人对于我们的评价和责骂会对我们造成很大的伤害，而且这种伤害很长时间都不会消除。

也许孩子不会出手伤人，但他们会恶言中伤他人。很多时候当他们说出特别伤人的话时，他们马上又会接一句"开玩笑的"，好像这样，那种伤害就会消失。

要是孩子们不故意彼此伤害，家里也会安宁许多——克制言语和行为。

我认为看到故意为之的不善行为一定要指出来——"你那样做太不好了"，然后要求肇事者离开房间，直到他改正为止。

要丢东西到外头丢去

经常坐高椅的小孩很早就学会了一个游戏——东西掉了，妈妈会嘟囔几句，然后帮我把东西捡起来。我掉得越多，妈妈嘟囔得越厉害，但她总是会帮我把东西捡起来。只要能受住妈妈的嘟囔抱怨，这个游戏想玩多久我就能玩多久。

随着孩子年龄的增加，掉东西的范围扩大了，食物、饮料、碗碟和杯子。要是碗碟里还有食物，那就更好玩了。

掌握了掉食物的"艺术"之后，有天分的孩子就会升级到丢东西。根据父母的反应，小孩子已经能够分辨出哪些东西易碎，哪些东西耐摔。丢得若是易碎的东西，我们就会嚷嚷得更厉害。

丢东西的范围或规矩不明确是一件很不明智的事，比如说，可以在走廊里丢海绵球——只要走廊里没有挂什么名贵的画，但不能丢塑料球。这种模棱两可的规定反倒会让事情变得复杂。简单一点，你就说不能在家里扔东西就行了。谁违反规定，谁就自觉去反省。

伤害宠物

当一些父母告诉我，他们很高兴看到自家宠物"反抗"小主人，我心里总会有一种不安的感觉。"他就这么抓起猫，猫不耐烦了就会抓他。然后他就哭，可我觉得是他活该。谁让他总是玩猫呢！"

哪里不对劲呢？首先，父母竟然任由一只猫来管教孩子。尽管我不否认有些母猫可能很善于管教小猫咪，但我对它们是否有能力管教人类表示怀疑。

其次，父母竟然纵容孩子在某段时间内折磨猫咪。纵容孩子虐待动物是一件很不应该的事，对小孩子对小动物都会造成很坏的影响。

最后，不管宠物多聪明，多么能控制自己，期望一只猫科动物或犬科动物来把握抓人或咬人的尺度是不是有点可笑？小猫小狗咬一下孩子的手臂或许还无伤大碍，可要是不小心抓到孩子的眼睛呢？事情可就严重了。

第 4 章　自律之路

　　大部分动物都很有忍耐力，很有耐心。跟大家分享一个我最喜爱的和宠物有关的故事：它叫夏利（Shari），是一只可爱又聪明的白毛法国狮子狗。夏利是我妹妹养的，平时都很听话，从不咬人，唯一一次咬人是因为我的小侄子长时间扯住了它的舌头！

　　我觉得我们一定要告诉孩子不要去惹正在睡觉或吃东西的动物，千万不要跟抓泰迪熊一样，把它们抓起来抱着四处走，对待这些宠物手脚一定要轻。孩子喜欢动物，这本身是一件好事，但我们一定要保护好孩子和宠物。

　　我相信，不管多大的小孩都明白善意与恶意的界限。或许他们还没有足够的自制力控制自身的行为，所以才需要我们加以引导。

　　利用反省的时间让孩子想清楚问题所在，让他以后学会不再轻易惹小动物。你要反复提醒他们——不管是隔两分钟还是隔两天，反正有机会就要提醒。

"咒骂：你应该无视吗"

　　鉴于那么多育儿书告诉我的理论，有时候我也不由生出这种想法。很多育儿书都说，如果不对孩子的不逊之词有所反应，或者有所注意，那这事儿即使过去了，孩子的记忆也不会被强化。听着似乎有点道理，但在我实际的育儿生活中却鲜少见效。

　　根据我的实际经验，形成一套完整的家规很有必要。一旦有人犯规，说些污言秽语，立马让他去反省。当然，昨天被认为是"污言秽语"的话可能第二天就觉得不过是个形容词罢了。有些电视广告也让部分家长无所适从。

　　其实到了现在，家长们应该更多地关注言辞本身的含义，而不是言辞的用法。

　　还记得黛博拉刚上学那会儿，当时我们一家人正在吃晚餐，其中有 18 岁的罗伯特和 17 岁的塔尼亚以及孩子的祖父母。

　　交谈中，黛博拉天真地问："妈咪，'fucking bitch'（意为臭婊子）是什么意思？"我吓了一跳，不敢相信地问："你刚说什么？"黛博拉又满脸无辜地重复了一遍问题。罗伯特和塔尼亚憋不住笑，差点儿从椅子上掉下来。孩子的爷爷奶奶自然也听到了黛博拉的问话，他们尽量控制自己，但耸动的肩膀已然出卖了他们。

原来，这话是黛博拉跟其他小朋友在操场上玩的时候听来的，她单纯地只是想知道这话是什么意思。我跟她说稍后再讨论这个问题，然后悄悄把她带到一边，简单地跟她解释这个词多么粗鲁。自始至终我都克制自己，用冷静的口吻解释这个词，因为我宁愿她从我这儿得到解释，而不是偏信其他人的阐释。

如果孩子偶然冒出来的脏话并非有意，或者只是脱口而出，我通常也只是凶两句，他们跟我道完歉，事情就算过去了，除非他们不久又冒出同一句脏话，这表明他们记住了这句话。

不管在什么情况下，一个小孩对大人或别的小孩口出脏话，那就等于破坏了家规，就得反省（对于年龄较小的孩子）。如果孩子大了，我通常会说"我不能接受你的这种行为，请你走开"，或者"我不喜欢你这样说话，等你准备好道歉再来找我"，然后我就跟他们保持一定距离。

孩子有能力决定学习词语的哪种意思。每个暑假，我的孩子都会去参加夏令营。我曾天真地想，要是他们能趁这个机会学点儿希伯来语就好了。事实上，他们每次回来学到的更多是脏话，盎格鲁-撒克逊语倒是精通了不少。刚从夏令营回来那两天，屋子里充斥着"不好意思，妈咪""不好意思，爹地"这种话。适应一段时间，他们便又能遵循之前定好的规则了——直到下一次的夏令营。

有疑虑

"他不是所有时间都在反省吗"

说到制止或改变孩子的不良行为，我们最大的担心是，如果一下子让

第4章 自律之路

孩子把毛病全改了，估计他们一整天都得在自己房间里待着了。

这一点请放心。其实孩子的缺点并不需要一个一个地解决。重要的是，作为父母，你们为孩子制定行为规则，让他们明白哪些事该做，哪些事不该做就行。不要纵容孩子的恶劣行为，让孩子学会为自己的行为承担责任。

这样一来，孩子就能遵照规矩和家庭价值观来调整自己的行为，从而获得家庭的支持。如果他们胆敢破坏规矩，代价就是得不到家人的支持和庇护。至于改变的快慢，这个由孩子自己决定。他们越早改变坏习惯、坏行为，就能越早得到父母的爱和支持。

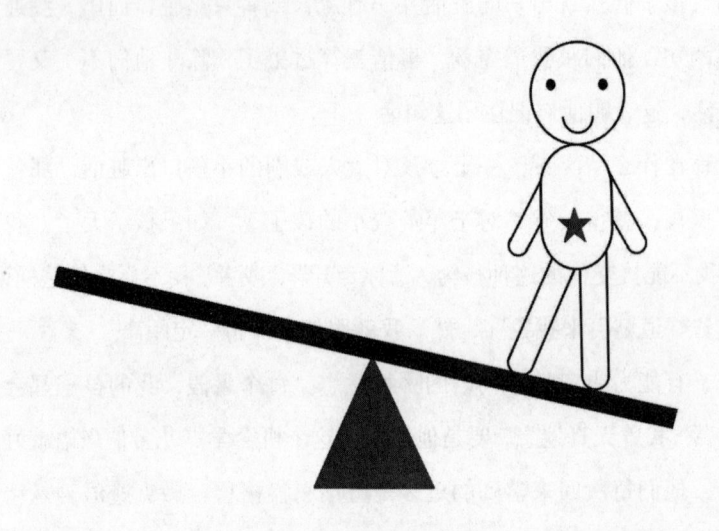

一旦把这些基本点跟孩子说清楚并贯彻到底，比如，要听父母的话，不准打人，要接受别人的监督等，你会发现孩子其他的不良行为不知不觉地消失了。这就跟玩跷跷板一样。大家应该都还记得童年时玩跷跷板吧？

你先要想办法走上跷跷板的一头，开始时跷跷板有个平衡点，一旦你走过这个平衡点，一切就简单多了。

大部分父母都跟我说，只要孩子意识到他们说到做到，孩子在很多事情上都会很快地妥协或让步。

17. 家有家规

"他会不会因此而变得特别不高兴"

试想一下，如果我对我的孩子们"更坏一点"，他们估计会很不开心吧。如果他们想要什么，我就给他们什么，他们想做什么，就让他们做什么，他们大概就会过得很开心吧。但事实似乎并不能这样。

令人诧异的是，很多父母就孩子问题前来找我咨询时，他们最大的担心竟然是孩子似乎过得很不开心。这些孩子几乎要什么有什么，可他们却过得不开心，甚至可以说过得很痛苦。

作为父母，我们要意识到，孩子们其实已经生活在天堂。你的孩子是否备受家人疼爱？你的孩子是否能吃饱穿暖？你的孩子是否有数不清的玩具？你的孩子是否不用担心日晒雨淋？你的孩子是否能接受良好的教育？你的孩子是否生活在民主国家？

这么算下来，其实你的小孩已经比世界上 90% 的孩子过得好了。说他生活在天堂，也不过分吧。

你仅仅是希望让他懂得基本的文明礼貌，比如不要打人，要与人为善，尽量做一些力所能及的小事。难道这些很折磨人吗？

然而，他现在却好像备受折磨。没有规矩，不成方圆，行为没有规矩限制的孩子是不会获得真正快乐的，被百般纵容的小孩也不会真正快乐的，更不用说那些对家人没有帮助、没有贡献的小孩了——他们根本找不到自我价值所在，如何能开心呢？

经过两周的坚持，我很高兴很多家长回来跟我说，他们的小孩确实进步了不少。当我们讨论完孩子的行为得到了多大改善后，总会有那么一两个家长停下来似乎不解地说："有件事我不太明白。我发现自从严格管教孩子之后，他似乎还变开心了，越来越惹人喜爱。"

清晰明确的规矩造就开心的孩子。

第4章 自律之路

"但我不想打击他"

我也不想。为人父母，我们总不希望自己的孩子是个让做什么就做什么、没有感觉、没有情绪的机器人吧？我们希望孩子能保持好奇心，快乐地玩耍，多观察，多思考。我们希望孩子有自己的思考和判断能力，而不是出于恐惧唯命是从。

我们希望孩子能客观全面地考虑问题，能有自己的逻辑判断，能分清是非，能对事情做出规划，能有自己的梦想和追寻梦想的勇气。

不过，我们可不希望孩子把这些辩论技能浪费在捡起自己的袜子或应不应该打妹妹这种显而易见的事情上。

18. 帮助孩子做选择和做计划

最后这几章主要讲的是如何让孩子从"无法无天"的状态到学着遵守家庭规则，接受既定的原则（听话）。这是孩子 3 岁以前的关键成长步骤，到 17 岁叛逆期有时候还得重复一遍。

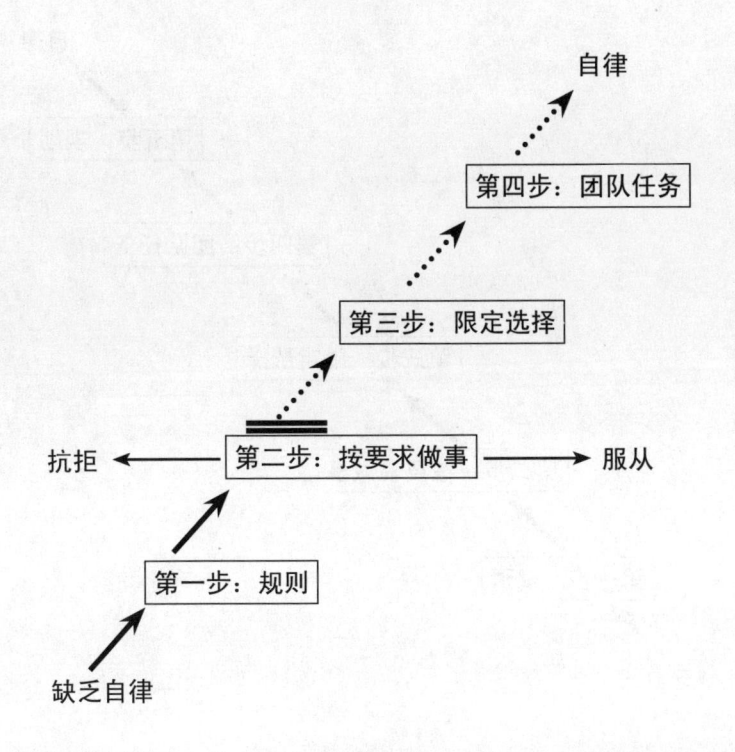

自律

第四步：团队任务

第三步：限定选择

抗拒 ← 第二步：按要求做事 → 服从

第一步：规则

缺乏自律

第4章 自律之路

不过，在家里总要求孩子唯命是从也不是一件好事。如果我们在这一阶段忽略孩子，坚持让孩子唯命是从，不能问问题，不能质疑我们的想法或做法，这样培养出来的孩子很可能会失去自我思考和判断的能力。到了青春期，这些孩子很可能走到两个极端：没主见或格外叛逆。这两个极端都对成长不利，不能让他们真正达到有自制力、做事情有尺度的成熟状态。没主见的意思是，什么事都等着别人做主，自己不愿意动脑筋。叛逆则是什么事都爱唱反调，没有自己的判断，为了反对而反对。

我们需要做的就是根据具体情况做出明智的选择。

为了让孩子具备完全的自律能力，就得培养他们在有限的选择中做决定的能力，让他们面对事情时能够分清轻重缓急，只有这样，他们才能轻重有序地处理问题。此外，还要培养孩子做计划的能力。只有对未来有计划的孩子面对事情时才能做出明智的选择，也才能真正成为有自律能力的年轻人。

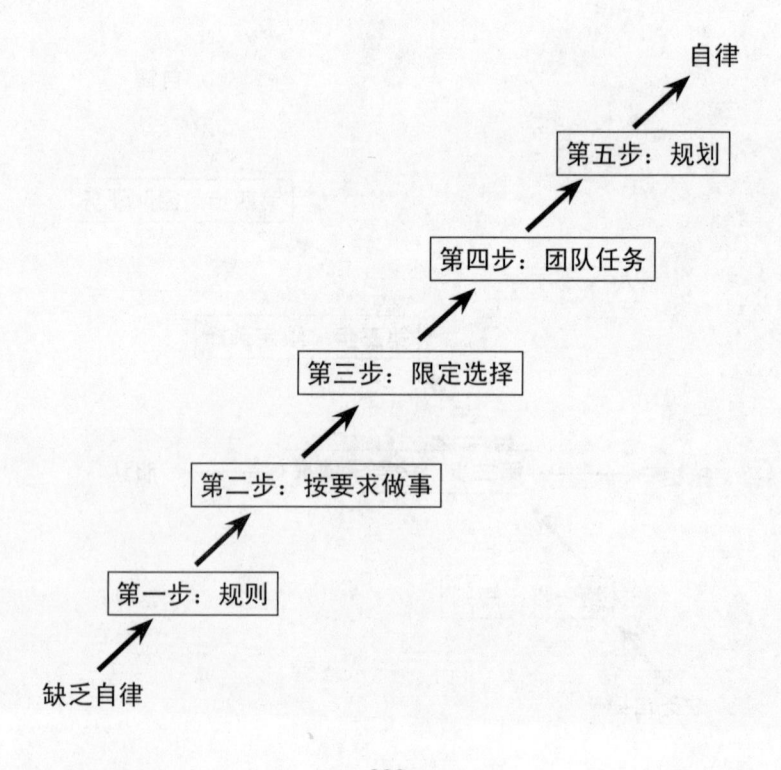

自律
↑
第五步：规划
↑
第四步：团队任务
↑
第三步：限定选择
↑
第二步：按要求做事
↑
第一步：规则
↑
缺乏自律

有限选择：红还是绿

很多育儿书都告诉你，要给孩子多一点儿选择，好让他按照你说的做。过程大概是这样：孩子不想穿衣服，然后你对他说，"你是想穿红色毛衣还是绿色毛衣？"小孩有些茫然——他不知道该怎么选择，忘了几分钟之前他还坚持不要穿毛衣。

这种办法用来对付小孩一般都管用，也是让孩子按你的意思做事情的最简单办法。我要先声明，如果你已经有一套有效的应付孩子的办法，那就不用按我的来。事实上，只要你的方法行之有效，就不要管其他人说什么。

不过，如果孩子性格特别固执或者极度缺乏服从意识，你可能会发现他就是不配合，他会回答你不穿红毛衣，也不穿绿毛衣。尽管外面下着鹅毛大雪，可他偏偏就是要穿一件T恤。

如果小孩故意跟你作对，而你想要安抚他的情绪，你可能会给他3个选择，而他却全部拒绝。或者你拿出五六条不同的衣服给他试穿，结果就是孩子依然坚持穿T恤，地上却到处都是孩子乱丢的衣服。

在选择食物这件事情上，有些父母也会面临同样的难题。他们对孩子说，"你早餐想吃什么？"如果孩子本来就有喜欢的食物，知道自己想要什么，那你这么问还可以。可如果孩子本来就犹豫不决，那你最终可能要给他准备三四份早餐，因为他可能看到食物就说，"呃，我不是很想吃这个，你能为我做点其他的吗？我对这些东西没有食欲，最多吃两口。"

当我们的孩子开始学会顺从听话，下一步——最终目的是让孩子具备自律能力，就是要学会做选择。选择，并非只是选择你偏爱的对象，选择的同时也是放弃。比如说，孩子选择了红色毛衣，那就相当于他放弃了绿色毛衣。

有些孩子天生善于做选择，有些孩子面对选择却无所适从。这也是他们需要机会来锻炼自己选择能力的原因。我想起自己一次不愉快的经历，当时我完全不明白有限选择的重要性，也没意识到不同孩子的选择能力是

第4章 自律之路

有差别的。当时罗伯特和塔尼亚一个7岁一个6岁，我——我当时自认为是一位好妈妈，带他们去一个大型儿童书店，让他们各自选两本书。这时候小塔尼亚的决断力就体现出来了，只见她在书架前来回走动了几次，选了5本书，然后坐到地上快速翻阅，再从中选择了她最喜欢的两本，最后她将选择告诉我。

罗伯特性格则比较敏感，有完美主义倾向。我当时不知道这对他来说是一个艰难的抉择。要从那么多书中选出两本——这两本必须是最好的，是最完美的选择。半个小时过去了，也不知道最烦的是罗伯特还是我，罗伯特趴在地上为选择伤透脑筋，我则想不通他为什么如此辜负我的好意。

事情怎么会变成这样呢？

问题的关键就在于，我给罗伯特的是一个没有限定的选择。让罗伯特在四五本书中选出最喜欢的两本，他肯定没问题；可让他从整个书店挑出两本最好的书对他来说就太难了。

说到这你可能会想，那塔尼亚怎么就轻松地做出选择了呢？这是因为塔尼亚跟罗伯特的个性截然不同。塔尼亚不是完美主义倾向眼中的抑郁质性格，所以她并不需要做一个完美的决定。作为一个多血质性格的小孩，她更想要取悦我。所以当我说"嗯，这个不错"的时候，就更加坚定了她的选择。至于罗伯特，我倒是很想坚定他的选择，可问题是他至少也要先给我一个选择啊！

现在，对有选择困难的孩子我有了更多的了解。首先，让这些孩子选择之前，你要确保他们处于相对配合的状态。这件事最好是他之前做过且驾轻就熟的。其次，给他的选择对象不要超过两个。再次，对于不合适的选择，你要做好随时拒绝的准备。最后，对于你没想到的选择——只要那个选择合理，你也应该灵活处理。

整个过程是按照下面这四个步骤来：

18. 帮助孩子做选择和做计划

父母提供选择：红色还是黄色毛衣

↓

孩子做出选择：红色或绿色毛衣

↓

父母表示认可

↓

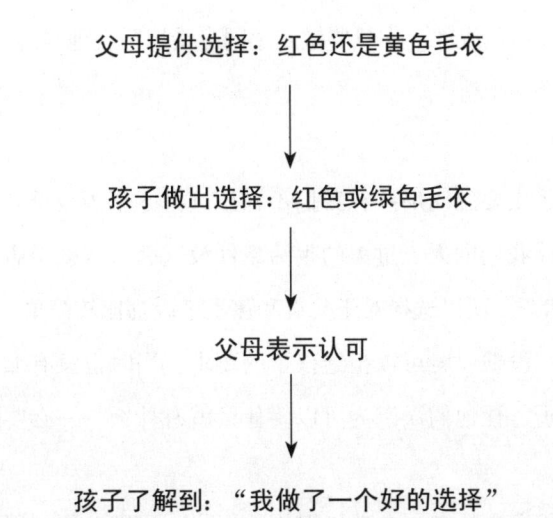

孩子了解到："我做了一个好的选择"

"我要黄色的，谢谢"

天气寒冷的冬日，当你问孩子"你想穿那件红色毛衣还是绿色毛衣"时，你得到的回答可能是"我要穿T恤"。这时候最简单，也是最好的回应就是，"那不行！你到底是穿红色的还是绿色的毛衣？"记住，给他的一定要是有限选择。

另外还有一种棘手的情况，孩子会说"我想穿黄色的毛衣"。这时候就有两种可能性了。有可能这是一个绝佳的提议，那么我们就可以坚定他的这个选择，"好主意，我怎么没想到呢？"或者你觉得穿黄色毛衣不行，那你就直接说"不行"，然后继续问他穿红色的还是绿色的。

对于两岁半到三岁之间的孩子，你最好给他二选一的选择，要么这个，要么那个。等他再大一点儿，你可以慢慢扩大选择的范围和对象。

若你的小孩有选择困难，那你的任务就是在情感上支持他，帮助他克服困难，让他学会放弃"另一个选择"。走近他，拥他入怀，然后说，"你两个都想要，那就很难选择了"。你可以帮他分析两个选择的利弊，然后等他自己做决定。面对不会选择的孩子，或者做了选择又反悔，或者担心错过另一个机会的孩子，你一定不要不耐烦，不要责怪、批评、解释、转

第 4 章　自律之路

移注意力，或者对他说教，你只要做到感同身受，陪在他身边就好。

选择太多

我们这一辈人要感谢那些在我们不知该选择 5 个酒胶糖还是 3 个果冻飞机时耐心陪伴我们的人。过去的生活条件没这么好，糖果店还没那么多糖果，食物也匮乏，所以选择对于父母和孩子来说都比较简单。作为父母，你只要说一句"没钱"就可以拒绝孩子的要求。当时也没有那么多的电视广告来诱惑孩子，让他们误以为可以要什么就有什么——必要时连赊账也可以接受。

事实上，我们生活在一个选择爆炸的年代，我们必须掌握明智抉择的本事。3 岁小孩的红毛衣 / 绿毛衣选择，到了 10 岁就会变成补习班 / 运动 / 社会活动的抉择。涉及性、酒精、烟和开车，我们都希望孩子们能做出正确的、健康的选择，既能满足他们那个年龄的人的需求，又能有益于成长。

孩子要成为一个具备良好规划能力的人，下面这一步至关重要。

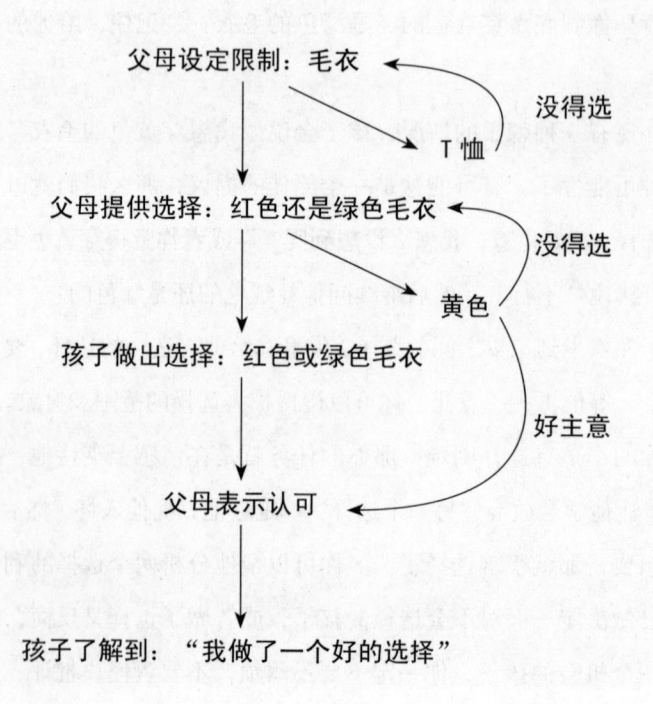

父母设定限制：毛衣 ← 没得选
　　　　　　　　　↘ T 恤
↓
父母提供选择：红色还是绿色毛衣 ← 没得选
　　　　　　　　　↘ 黄色
↓
孩子做出选择：红色或绿色毛衣
↓　　　　　　　　　　　　　好主意
父母表示认可 ←
↓
孩子了解到："我做了一个好的选择"

团队任务

随着孩子的年龄越来越大，他们能更好地应对有限选择，这时候就应该往自律的下一步发展了。孩子需要把这些步骤分解用在每一个"项目"中，按轻重缓急的顺序来处理事情，并始终保持坚持到底的热情。

"项目"由什么组成呢？对于一个5岁的孩子，可能就是"是否准备好出门"的不同形式。这个"项目"可能包括3~5个步骤，比如说，刷牙、梳头发、把餐盒装进书包、穿鞋和袜子。

年龄再大一点儿，可能就是一个需要几天时间来规划和完成的学校项目，或者是用一个周末的时间完成几项任务。

总之，计划能力和执行能力是取得成功最重要的两个因素。

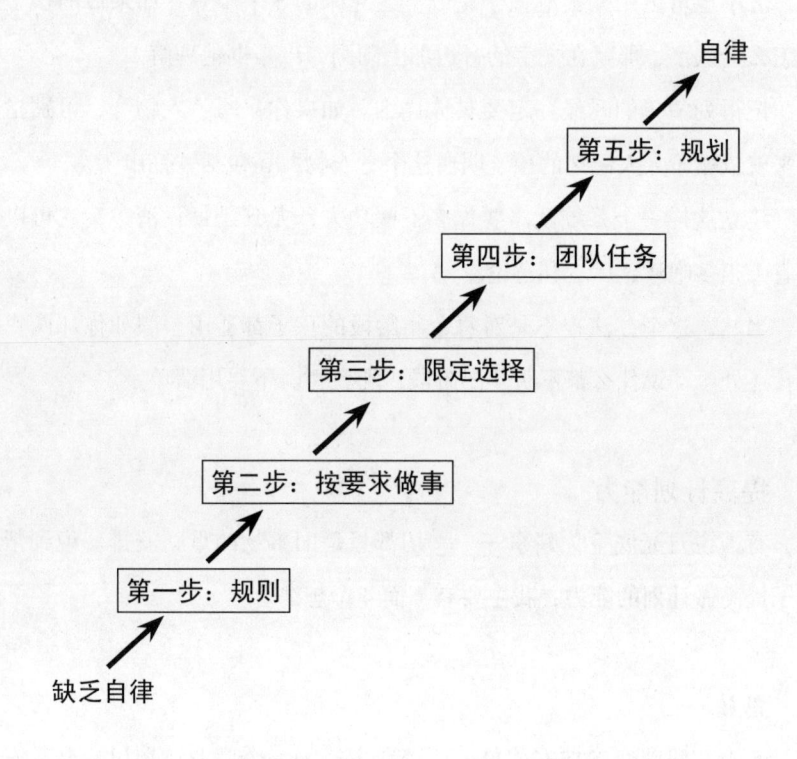

```
                                            自律
                                             ↑
                                   第五步：规划
                                       ↑
                           第四步：团队任务
                               ↑
                   第三步：限定选择
                       ↑
           第二步：按要求做事
               ↑
   第一步：规则
       ↑
缺乏自律
```

列清单是一个好办法

黛博拉刚上学那会儿，总是丢三落四。像上体育课要用的东西啦，游

第4章 自律之路

泳的装备啦，家庭作业啦，午餐啦，音乐课本啦——反正只要我不检查然后提醒她，她就肯定会落东西。

终于有一天我厌倦了当她的管家——而且我也不是一个好管家。我决定每天列一张清单，告诉她每天应该带哪些东西，然后再列一个每日特别事项清单，贴在她的镜子上。这就意味着，我每天只要提醒她对照清单就行了。那时候每天黛博拉应该做什么是由我决定的（有时候这可是个挑战），所以我总会大声喊，"你完成星期四清单上的事情了吗？"

如果你发现你的小孩总是依赖你帮她记忆，而不是用他自己的记忆力，我建议你把他要做的事列个清单。然后你就只要问他一句，"清单上的事情都完成了吗？"

清单也可以用来提醒孩子完成早上起床的5个步骤。如果你的孩子还不怎么会认字，那就在文字的旁边加上图画，以帮助他理解。

记得列清单的时候一定要具体详细。如果你只写"衣物"，可别指望本来就依赖于大人记忆的孩子明白这个"衣物"还包括"毛巾"。

建立这样一个系统就需要你多下些功夫，尤其是每日清单，它可以帮你省去很多咆哮、斥责和辩论。

当然，这个办法也不是对每个年龄段的孩子都适用。假如你那两岁的小孩还处于"说什么都不听"的阶段，那就暂时不要用清单了。

提高计划能力

有人说日光底下无新事——一切都只是旧事物的重新安排。说到帮助孩子提高做计划的能力，我主要有下面4个想法。

想法一

弗农和我曾经参加安德鲁·斯密斯主持的一个商业计划讨论会。安德鲁的主要方法是APT（也就是"加速计划术"。他的基本观点是，不管项目有多大，这个项目总是能分解成更容易完成的小步骤）。

按照他的理论，你可以把分解之后的小步骤写在纸上，然后交给一个人。你对他说，"比尔，你可以做这个吗？"比尔看了一眼纸条，然后会回答你说，"嗯，我可以坐到。"

想法二

我的大儿子和大女儿已经进入青春期尾声。若是他们晚上外出，弗农总是会在他们的枕头上留一张便条，"但愿你昨晚玩得开心。爱你的爸爸。"这是成年人跟青春期孩子交流的一种比较有爱的方式，成年人做事情已经有自己的规矩，而青春期的孩子还处在"昼伏夜出"的阶段。

想法三

与此同时，同样是罗伯特和塔尼亚，我想让他们做点什么事简直难如登天。这并不是说他们完全不配合，只是有的时候我真的看不惯他们那副表情。你让孩子把碗洗了，孩子就给你摆脸色。哪怕他最终打算按你的要求做，可脸上的表情却好似在说，"我真的不想做这个，你让我去洗碗真是太残忍了。哼！反正我就不乐意。"

所以很多时候你宁愿自己把碗洗了，也不愿意看到孩子们的那副表情。

受到弗农给孩子们留纸条的启发，我也开始给孩子们写便条。我一般会在便条上写，"亲爱的罗伯特，但愿你昨晚玩得开心。等你起床了，能否把厨房里的碗洗了呢？再把洗好的衣服挂出去。谢谢你。爱你的妈妈。"我知道当罗伯特看到我的字条时，他肯定还是那副百般不乐意的表情，肯定心里满是抱怨。不过只要他的这个样子不被我看到，我也就无所谓了。话说回来，这些字条对罗伯特来说还真挺管用的，因为他本来就是一个做事情很积极的人。至于深谙拖延之术的塔尼亚，我只能在每一张便条上添上"十点半之前"。

第4章 自律之路

想法四

有一天，我约了一个客户下午四点半见面，当时黛博拉才5岁多一点儿（我一般都在家里工作，而且很少在孩子们放学之后见客户）。我让黛博拉坐到床上看电视，并对她说："你坐在这儿别动，我待会儿过来找你。"平时家里有客户在的时候，孩子们一般都不会打扰我的咨询工作，都会在一旁静静做自己的事。

另外要补充的一个信息是，我们当时住的是一栋建在黏土上的木房子，而且房子之前的主人是一个手比较巧的人。受到黏土干湿程度的影响，有时候房门会被卡住，他就会把门铰链拿下来然后再固定住。所以，当时我们家所有门的顶部和底部都有很大的空隙。

我和客户聊了半小时，突然我们听到门口传来乱哄哄的声音。我们扭头去看，竟看到两块用塑料纸包着的奶酪从门底下塞了进来，接着又塞进来一张便笺纸。黛博拉在纸上写了"要"和"不要"两个选项，还贴心地给我画了一个用来打钩的方框。

结合这4个想法，我开始形成一套帮助孩子做计划的方法。我的第一个试验对象就是黛博拉。

"看在上帝分儿上，把你的房间打扫一下吧"

一天，我走进黛博拉的房间，看到地毯上到处散落着她的书、衣服和其他乱七八糟的东西。我正准备跟平时一样咆哮一通，让她快点把屋子打扫干净——这时我突然想到这对一个5岁的小来说是一个不可能完成的任务。若是把打扫房间的总任务分解成她力所能及的小事——把书放到书架上，鞋子成对摆好，铅笔放进铅笔盒——那应该会简单一点。不过要让她做完这所有的事情也是很难的，我觉得情况不太乐观。

"黛博拉，亲爱的，"我对她说，"这个房间得打扫一下了，不过你一个人应该很难完成。我们想个办法让它变简单一点儿怎么样？"然后我们一块儿坐下来，环顾房间，看看我们需要做哪些事情。然后我们把"打扫房间"这个总任务分解成黛博拉力所能及的小事，我负责记录。

☆ 把鞋子摆好，放进鞋柜。
☆ 把衣服放进抽屉。
☆ 把裙子挂起来。
☆ 把玩具放进玩具箱。
☆ 把不要的东西扔进垃圾桶。
☆ 把铅笔放进文具盒。
☆ 把书放到书架上。

黛博拉当时年龄太小，还不怎么认字，所以我在每一项任务的旁边都画了帮助她理解的简笔画。然后，我在每一项任务前画一个方框，告诉她每做完一件事就勾掉一项。

这个办法挺管用。之后我形成一个更加全面的方法，更加清楚地划分任务，起到一种内在的鼓励和巩固作用。

☐ 把鞋子成对摆好，放进鞋柜。
☐ 把衣服放进抽屉。
☐ 把裙子挂起来。
☐ 把玩具放进玩具箱。
☐ 把不要的东西扔进垃圾桶。
☐ 把签字笔放进文具盒。
☐ 把书放到书架上。

第4章 自律之路

这个方法的好处就在于解放了家长——家长们无须再事无巨细地记住孩子的每一件小事。同时它也鼓励孩子在计划阶段参与进来，这样执行起来孩子们也会更加积极主动，而不是一种被迫的状态。在这个过程中，孩子始终对事情负责，父母只是一个辅助的角色，而不是对孩子发号施令。

最重要的是，它教会孩子如何把看似无法完成的任务分解成容易处理的小任务，并对其负起责任——不仅是对每一个小任务负责，同时也对整体任务负责。

选一个放学后的下午，我们来看看如何帮助孩子形成责任意识。

计划一个下午

把"有趣的事情"写下来

拿出一张纸和一支笔，准备好下午茶，然后对孩子说，"我有一个主意，可以让你的下午过得轻松点儿。"然后把他从那一刻到晚饭时间需要做的事情悉数列出来。一开始要列那些最有可能吸引他的事情，如，下午茶、休息15分钟、看半小时最喜欢的节目等。

你首先要提供一些有吸引力的选择，这样他的注意力才会集中。

让他自己承担责任

问他"你今天的家庭作业是什么"，然后再把上面那些选项插进去。试着把总任务分解成10~15分钟能完成的小任务，然后再添入一些家务活。

帮助孩子列出这张任务清单，与此同时，所有清单任务也由他本人全权负责完成。接着，你让他自己选择先做什么再做什么。在小任务的左边添上小方块，让他自己给任务标顺序。

☆ 下午茶；

☆ 休息15分钟；

☆ 看半小时最喜欢的节目；

☆ 学习乘法口诀表；

☆ 拼写清单；

☆ 写 5 个句子；

☆ 阅读；

☆ 摆好餐桌；

☆ 给小狗喂食。

我们总是担心孩子会先选轻松好玩的事情，到了真正要"干正事"的时候又开始抱怨拖拉。我觉得，这是因为大家低估了孩子的聪明。用不了几天，你就会发现，孩子其实是有能力合理安排各项任务的。

认可他的努力

☐ 下午茶	☐
☐ 休息 15 分钟	☐
☐ 休息 15 分钟	☐
☐ 看半小时最喜欢的节目	☐
☐ 学习乘法口诀表	☐
☐ 拼写清单	☐
☐ 写 5 个句子	☐
☐ 阅读	☐
☐ 摆好餐桌	☐
☐ 给小狗喂食	☐

最后，你可以在任务的右手边添上一栏小方框，告诉他每完成一项任务就在后面画个勾。你也可以问他，每当完成一项任务后，是马上让你进行评估，还是让你最后统一"检查"。有的孩子每完成一步，就需要得到

第 4 章　自律之路

你的认可和支持,然后他们才能继续走下去。孩子专心致志地干 10 分钟活,而你只需 10 秒钟就能给他更多力量,何乐而不为呢?还有一些孩子就喜欢等事情都完成之后,再来让你评判。这两种方式都可以接受。让你的孩子自己选择他偏爱的方式。

领导即服务

商业领域有一个好玩的概念,叫做"领导即服务"。它的意思是说,领导一个人的最好方式就是为他服务。帮助孩子列出任务清单后,你可以问他"你想让我帮你做什么事吗",以此来表示鼓励和支持。(如果是家庭作业,你也可以问"有什么需要我帮忙的吗"。)

父母主动提出帮忙,愿意听从孩子的安排,这会让他们有一种巨大的掌控感。而我们呢,只要完成一项任务,就能让孩子心甘情愿地完成另外 7 项任务,何乐而不为呢?

过早结束

如果孩子突然说:"妈妈,事情都做完了。我现在要到邻居家玩一会儿。"这时候你要警惕。你可以笑着对他说:"哦,亲爱的,那真是太好了。把你的成果展示给我看吧。"你会惊奇地发现,一听你这么说,孩子往往就会说:"哦,再等一会儿!我还有……"接着便继续完成未完成的任务了。

这并非魔法

这不是魔法。仅凭这个办法,肯定不能让你那个调皮捣蛋、极其不听话的孩子突然就变得人见人爱了。不过,这个办法可以让正处于性格形成期的孩子暂时抛开他们的对抗性。同时,这也可以帮助那些有很多事要做却不知道从何做起的孩子。当然最重要的是,这能帮助筋疲力尽的母亲从容照顾 3 个小孩。

18. 帮助孩子做选择和做计划

家长们总是对我说："可是，你想让我每天下午都陪着孩子列清单做任务吗？"不是。只要你把这种思考方式教给孩子，他们就会慢慢形成自己的方式，不用你操心也能按照清单完成任务。我们只需要在孩子不知所措或者搞不定任务的时候，给他力所能及的帮助就好。随着年龄增长，孩子做计划的习惯也会慢慢形成，这样就不会脑子里一团糨糊无从下手了。

打包行李

我蜜月旅行的行李是母亲替我打包的（我当时只有19岁，但我并不认为这是一个好理由），所以我一直想让我的孩子能比我更加独立。我也意识到，教育子女很重要的一部分就是允许孩子亲身去经历，哪怕犯一些错误也无妨。只有亲身经历过，他们才不会犯同样的错误。

如果孩子想去哪儿过夜，那就让他们自己收拾行李，这也是让他们学习规划未来的一个好办法。就打包而言，哪怕落下什么东西也不会酿成灾难，但由此造成的某些不方便却会让孩子下一次更注意。

我的孩子从10岁起就开始参加夏令营。一般夏令营的手册上会有所需物品清单。我采取的办法就是让孩子把他们认为需要的东西拿出卧室，按顺序摆好，放到客厅。等所有东西收拾妥当，他们就会让我过去对照清单一一检查。

孩子们小一点儿的时候，我跟弗农会替他们做初步的打包工作——一般晚上和第二天早晨要用到的东西放在最上面。没过多久，孩子们就学会了自己打包。

让我惊讶的是，即便长大了——他们还住在家里，他们也总是会征求我们的同意，问是否可以把打包的东西放到客厅，然后说："妈妈，你能帮我大概检查一下吗？以防我漏下什么东西。"

准备迎接年轻人的轻率计划

我发现，年轻人在做计划的时候，按照轻重缓急的顺序排列任务清

第4章 自律之路

单能减少很多麻烦。我记得有一次——大约是15年前，罗伯特想去一个夜店玩儿。当时罗伯特是他们那个群体中年龄最小的，我的直觉反应就是不许去。

我的朋友瓦莱丽给了我很好的建议。她告诉我，不要一开始就断然拒绝。她让我先说一些不置可否的话，"这个，我们先来看看接下来的安排是什么"，然后就让孩子自己去安排接下来的事情。很多时候还没等到周末，孩子就会发现计划行不通，那时就用不着我们大费周章地阻拦了。

刚迈入青春期的孩子想集体做件什么事儿可不是那么容易的，因为他们首先得准备好交通工具，然后还得确保所有孩子的家长都同意。到了十三四岁，孩子们就会千方百计地想星期六晚上出去玩儿。很多时候我们都不需要过多阻拦，因为到时候孩子们就会发现，统一行动是件很难的事。并不是说孩子们掌握了规划未来的本领，事情就一定会按照计划进行。

不过孩子到了十五六岁，就得确保他们随时都有能力列清单，做计划。碰到孩子们问"我可以去……"的时候，我们可以做一个有预见性的清单（最好是口头说，不要写下来）。

☆ 什么时候开始？
☆ 什么时候结束？
☆ 你怎么去？
☆ 你怎么回家？
☆ 开车送你去的人有驾照吗？
☆ 有没有成年人陪同？
☆ 陪同的成年人叫什么名字？电话号码是多少？
☆ 你有没有打算喝酒？
☆ 你需要我们提供什么帮助吗？

由于这些问题是可以预见的，而且是否允许他去就看这些问题的答案是什么。所以呢，孩子们会自己学着先做一些调查，做好准备之后再来跟你提要求。经过这一个过程，孩子们有了规划能力和责任意识，我们也就无须担心他们的安全了。

良好的计划是通往自律的桥梁

随着孩子的规划能力越来越强，他们也逐步掌握了一个有自律能力的年轻人的生活技能。他们具备了推迟满足感、分清轻重缓急、做事情考虑后果、重视当前行为对长期结果影响的能力。

所有这些，以及成长路上的种种教训，都有助于孩子们在处理性、酒精、烟、开车和毒品等问题时保证自身的健康和安全，因为他们会平衡同龄人的观念和父母的担忧，在规划职业道路和人生道路时更加谨慎全面。

规划能力和解决问题的能力得到的锻炼越多，年轻人面临生活方式选择时就有更大机会做出明智决定。

第 5 章
陷阱和麻烦

19. 辨明方向

很多时候，我们都分不清究竟应该支持，还是疏离。就拿孩子发脾气来说。我以前一直以为，对于大部分性格暴躁的人，你只要走开不理他就好。我把这个称为忽略政策。还有一个办法是直接对他说："别再嚷嚷了。"如果孩子不听，那就罚他去反省，直到他安静下来。

可即使我掌握了支持或疏离的方式，而且不知单一地用赞美或惩罚，那些脾气急躁的人还是让我束手无策。孩子需要我的支持吗？还是故意无理取闹？

现在，我开始明白，其实暴躁的性格也分两种。一种是绝望型暴躁，这种孩子折腾或伤心是因为他们受到了挫折或伤害或侮辱。还有一种是控制型暴躁，这种小孩大发脾气只是因为你不按他的要求做。

绝望型暴躁需要我们给予情感支持，直到他平复下来。控制型暴躁则需要我们保持一定的情感疏离（反省），直到他明白发脾气不是解决问题的办法。

如何辨别

绝望型暴躁和控制型暴躁表面上看没什么区别。试想一下，在超市里看到一个小孩大发脾气，有些人可能会想，"哦，可怜的孩子。他肯定是走太长时间路,太累了。"还有一些人可能会想,"怎么妈妈不制止那个吵闹的小混蛋呢?不能让他为所欲为。"事实上,这种情况,我们无法知道这个孩子的意图是什么。

如果你是这个孩子的母亲或父亲,当他大发脾气,或者故意纠缠,或者不合作,或者动手打人,或者做出其他一些不好的行为时,你应该能更好地判断孩子是出于控制还是绝望。不过,可能大多数情况下你还是不知道该怎么处理。我建议你先审视一下自己的情绪。此时你的感觉是"他是个可怜的小家伙"吗?这种情况下,可怜的小家伙(不管年龄大小)很有可能需要的是你的情感支持。或者你的感觉是,"你个小混蛋"?

接待前来咨询的家长时,我会让他们填一个图。他们通常都会选择这样一些名词:青蛙、老鼠、杂种、混蛋或者小王八蛋——当孩子特别难缠的时候!为了能让这本书顺利出版,我还是选一些词义较轻的词好了。

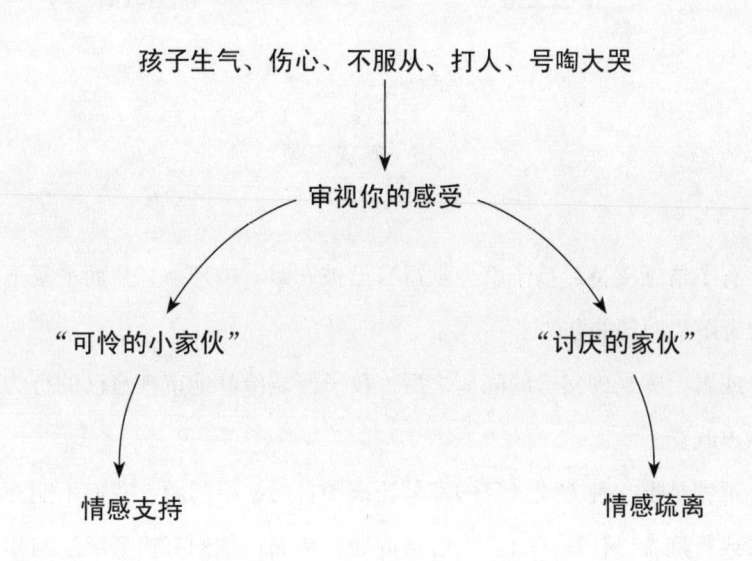

```
        孩子生气、伤心、不服从、打人、号啕大哭
                        ↓
                    审视你的感受
                   ↙          ↘
          "可怜的小家伙"      "讨厌的家伙"
                ↓                  ↓
            情感支持             情感疏离
```

殊途同归

不管是哪种情况,我们的目的都是想让孩子解决问题,并用一种比较合乎社会规矩的方式来解决。这可能是停止大喊大叫,平静地度过这一天;

第5章 陷阱和麻烦

或者是让小弟弟玩一下积木玩具；或者是把智力游戏放下，找一个更加容易操控的玩具玩；或者是完成妈妈交代的任务。

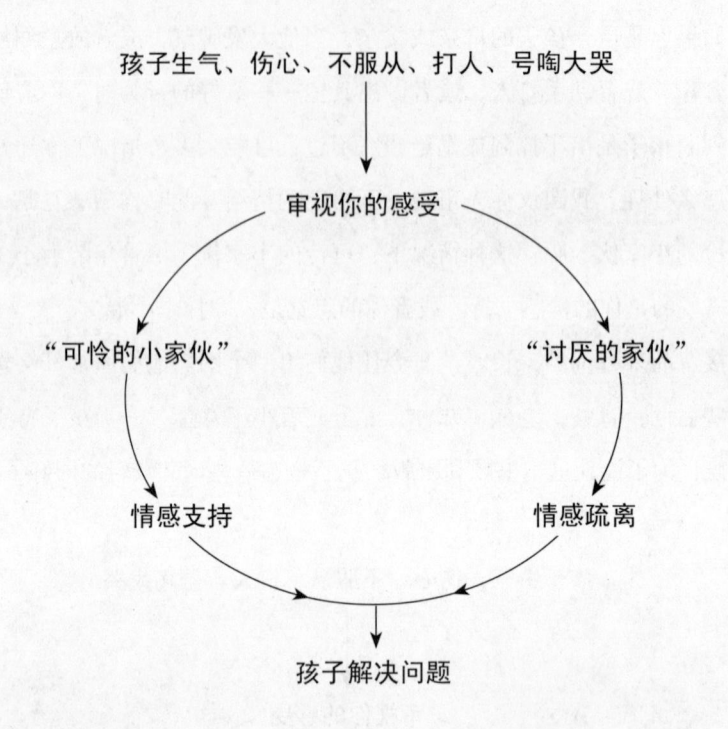

```
          孩子生气、伤心、不服从、打人、号啕大哭
                        ↓
                   审视你的感受
              ↙                    ↘
      "可怜的小家伙"              "讨厌的家伙"
           ↓                           ↓
        情感支持                    情感疏离
              ↘                    ↙
                   孩子解决问题
```

有了情感支持，孩子就会觉得自己被安慰，被理解，从而平复下来，并思考解决问题的办法。

或者，感受到父母的隔离之后，孩子便能冷静地审视自己的行为，从而做出改变。

不管是哪一种方式，目的都是让孩子自己解决问题。我们不能充当救援者或行刑者。让孩子自己去解决问题，从而让他们有机会展示与年龄相当的智慧。

"我的孩子总是哭"

再举一个孩子爱哭的例子。哭闹的孩子总是不那么惹人喜欢。另一方面，我们又容易对他们产生同情或爱怜的情绪。比如，孩子问你要饼干吃，而再过5分钟就是晚餐时间了。你试图跟他解释，可他却觉得这对他不公平。

从现在开始让他改变。因为这个孩子再过几年很可能会因为"他为什么不能在外面玩到凌晨四点半回家"而大吵大闹，或者认为你不准他晚上10点之后开车是对他的不公平。处理这些问题的策略是一样的。

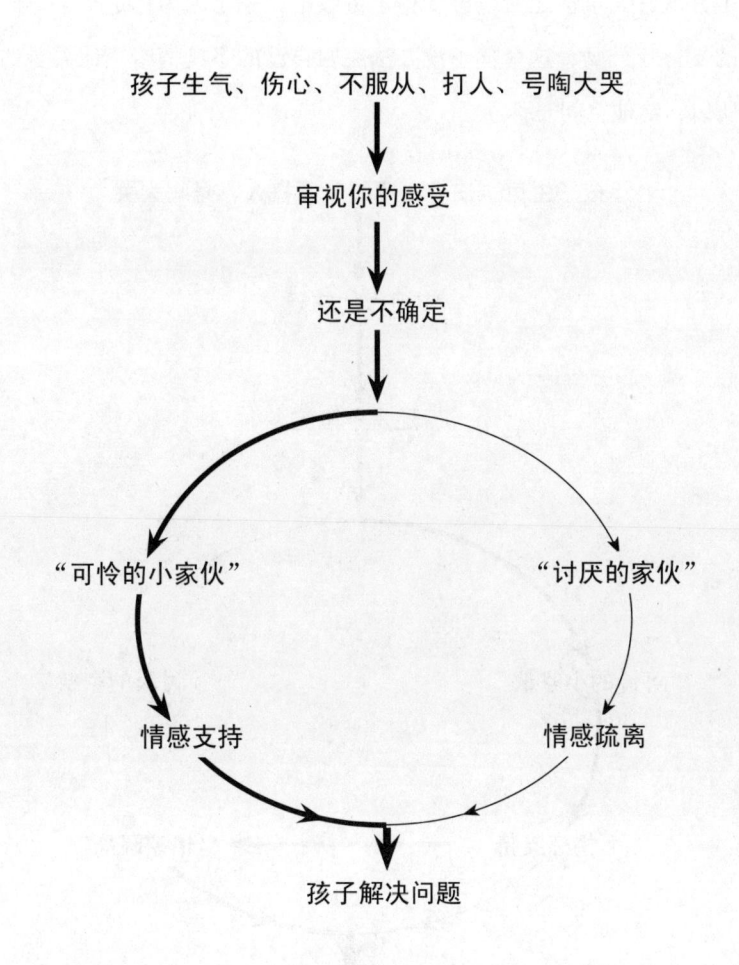

```
            孩子生气、伤心、不服从、打人、号啕大哭
                        ↓
                   审视你的感受
                        ↓
                   还是不确定
                   ↙         ↘
         "可怜的小家伙"      "讨厌的家伙"
              ↓                 ↓
           情感支持            情感疏离
                   ↘         ↙
                   孩子解决问题
```

你要给他情感支持，首先对他此刻可能有的感受表示理解。"亲爱的，我知道你真的很想很想吃饼干，可现在马上就要开饭了。"然后再给他身

第 5 章 陷阱和麻烦

体上的抚慰。"要不要我抱一下你？"这可能正是他需要的。

性格固执的小孩可能会喊："不要，走开！我讨厌你！"这时候你可能很想告诉他，小孩子不能这么跟大人说话，不能说讨厌自己的妈妈，这对解决问题本身没什么帮助。有的父母甚至会这么回应："可是，我爱你啊！"——这就让那些本来就很愤怒的孩子更加有了控制你的理由。

这种情况下，你最好意识到孩子需要空间来处理自己的情绪，让他自己走开就好。事情之所以会变得不可收拾，就是因为你走错了方向。单凭你的支持或鼓励，这个孩子没办法克服自己的不良情绪。他需要的是空间。所以，给他空间。

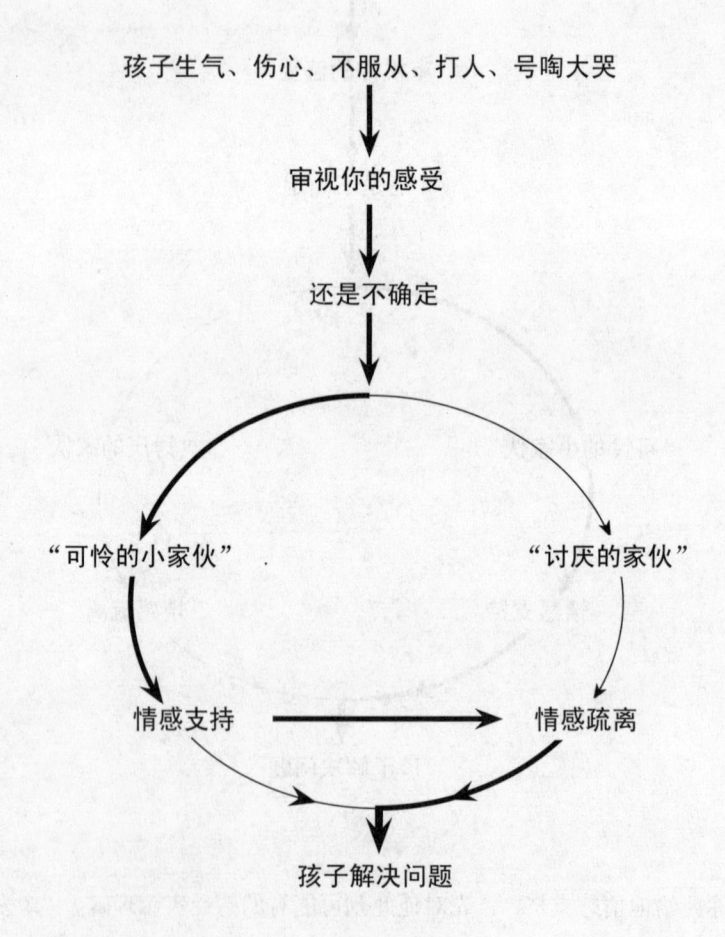

孩子生气、伤心、不服从、打人、号啕大哭
↓
审视你的感受
↓
还是不确定
↓
"可怜的小家伙" —— "讨厌的家伙"
↓ ↓
情感支持 → 情感疏离
↓ ↓
孩子解决问题

把选择权交给孩子

这对于那些渴望掌控孩子情绪的家长来说是一个巨大的挑战。千万不要这样。你可以限制孩子的行为,但不可以从自己的角度出发,告诉他们不能有某一种感觉。

如果孩子正在生气或烦躁,比较安全,也比较尊重孩子的一种做法是过去问他:"你需要我的拥抱,还是一个人独处的空间?"不管孩子做出什么选择,你都要尊重。看到孩子那么心烦意乱,一心想要帮忙的你很难走开。可是,贴上去抱一个只想要个人空间的孩子是很冒险的。当然,也有可能孩子既想要拥抱,又想要空间。那你就让他自己选择顺序。如果你想有面子地走开,你可以对选择个人空间的孩子说:"你要自己待多久随便你,但我的怀抱随时为你打开。"然后等到他回到你身边,你再给他一个温暖的、大大的拥抱,问题就迎刃而解了。

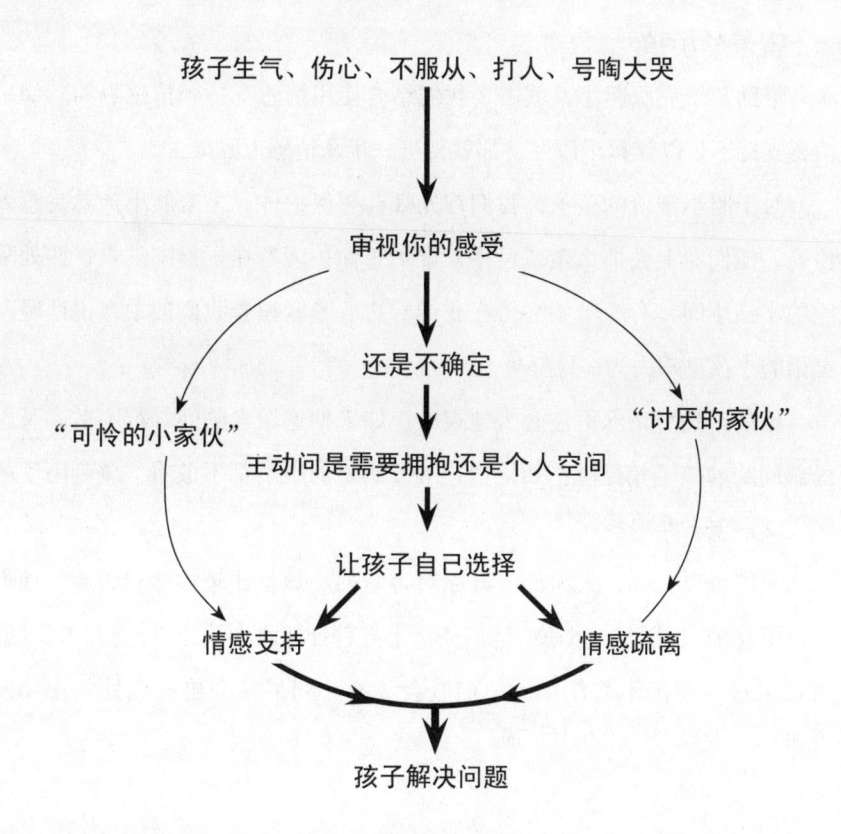

孩子生气、伤心、不服从、打人、号啕大哭
↓
审视你的感受
↓
还是不确定
↓
"可怜的小家伙"　　主动问是需要拥抱还是个人空间　　"讨厌的家伙"
↓
让孩子自己选择
↙　　　↓　　　↘
情感支持　　　　　　情感疏离
↘　　　↓　　　↙
孩子解决问题

第 5 章　陷阱和麻烦

改变主意也没关系

偶尔，你会想改变主意。孩子表现不好，你让他回自己房间反省，直到认识自己的错误行为才能出来。然而你听到了孩子心碎的声音。也许他白天遭受了很大的挫折，好不容易调整好心情回家，可你却挑剔他表现不够好。

不需要犹豫，支持对方并不是软弱的体现。走进他的房间，轻拍他的背，等待他的委屈和悲伤过去。一旦他感受到你的支持和力量，很可能就会把心事告诉你。你要认真地听他讲，感同身受地去理解，给他温暖。

一旦他平静下来，他就很可能会主动去做你让他做的事情。至于性格强势固执的孩子，在这种情况下，他们就得等到获得平静和控制之后，才能回到家庭的大怀抱。

害羞的小孩

帮助孩子克服胆小，就需要我们结合使用情感支持和情感隔离。如果情感支持不足以让孩子改变，那就得进一步从情感上隔离了。

对于胆小害羞的孩子，我们首先都会想保护他。害羞的小孩总是惹人怜爱。他们看上去那么楚楚可怜，谁不想保护呢？在一群闹哄哄、四处乱跑的小孩中间，有一个始终待在我们身边、紧紧拉着我们的手、说话轻声细语的小孩也不失为一件好事。

可是，我们又忍不住会为他担心。如果他连跟老师问好都不敢，又怎样跟同龄的孩子相处呢？如果他连爷爷奶奶的眼睛都不敢看，碰到陌生的大人又该怎么办呢？

我们可以看到，大人们一开始对害羞的小孩都比较疼惜和耐心。他们会蹲下身子，试图靠近小孩，他们还会千方百计地哄小孩开口，想打开话题。可如果这一切都不起作用，他们就会放弃，到另一个更好相处的小朋友身边。

害羞还是不懂礼貌

最后，我们的热情和精力耗尽了。朋友来访，你却不得不对他们说"乔伊等会儿就出来了"，这实在是让人尴尬。更尴尬的是，你的孩子接过了礼物，却没开口说一句"谢谢"。老师微笑着表示迎接，可你的孩子却视而不见地直接从老师身旁走过，你会不会觉得很尴尬？

我们开始有"又是这样"的感觉。这究竟是因为害羞胆小，还是因为不懂礼貌？一开始我们对他可能是一种爱怜的情绪——"可怜的小家伙"，可现在却有点儿怀疑了。

除此之外，我们还注意到孩子的态度是因人而异的。有时候他会跑出来热情地跟大家问好，可有时候却不肯出来——除非他完全做好准备，或者收拾妥当。而且，我们也慢慢厌倦了对别人说"不好意思，他比较害羞，还请见谅"。

善良也是一个问题

心地善良的人往往性格比较害羞内向。当我们坚持让他们说"你好""谢谢"或者"我想要橘色的那个"时，善良的人总会说，"哦，别急，我明白。"

事先请教爷爷奶奶或老师是最好的，你可以寻求他们的帮助。告诉他们，你想让孩子在他人面前更有礼貌一点，然后你需要他们的帮助。当跟你的孩子打招呼时，询问他们是否能等到孩子做出回应，而不要故意找借口来缓和气氛。这样你就有了一个团队来帮助你的孩子养成好习惯。

那么，怎样算好呢？天生的含蓄有时候会是吸引力。很多人在不知道你对他的真实态度之前，或多或少都会有点保留。也有很多人喜欢倾听，他们并不会轻易给出自己的信息，甚至你都没有机会问他们。

不过，含蓄内向跟无礼粗鲁之间有一个相交点。别人跟你打招呼你就回应，客套地回答别人的简单询问，或者对别人送给你礼物，或为你服务，或邀请表示感谢——这都是最基本的礼貌。

第5章　陷阱和麻烦

除非孩子有语言障碍，不然像"很高兴见到你""谢谢你送我""谢谢你邀请我参加这么好玩的派对"这种客套话都是最基本的礼数，你得让孩子学会在合适的时间用最自然的方式说出来——不谄媚，不过火。若你的孩子只是选择性地展示他的礼貌，那恐怕就不是他"不能"了，而是他"不愿意"了。

主动提供支持

我的第一步总是给孩子支持，并给他时间让他说出想说的话。到达目的地之前，你就要提醒孩子，奶奶要是听到他的热情问候会有多高兴。走到门口，你可以用手环住他的肩膀，或者拉住他的手，以此给他力量。你可以对他说："亲爱的，快跟奶奶问好，说很高兴见到你。"等等。手不要从他肩头拿开，不过也不要忙着替他解围。你得让他自己克服这种紧张的情绪。他不想说出口，因为这对他比较困难，但他又知道自己理应向奶奶问好。孩子可能需要一点儿时间来处理这种纠结的情绪，在那个过程中，他可谓度秒如日。所以，耐心地等待，让孩子自己克服。

如果你慷慨地给了孩子支持，而他还是泪眼婆娑或者大发脾气，那你面对的很可能是一个既敏感又固执的小孩。这时候你就得转换到他是"小混蛋"模式了。

对他说，"我要你说'您好，奶奶'。除非你说出口，不然我们就站在门口不进去了。"（如果已经进屋，那就让他去自己的房间，直到他能礼貌地跟奶奶问候才准出来）如果他不肯下车，那就跟他耗着。"行，我们就在这儿等着，等你准备好了再说。"如果他在门口不肯进屋，那就拉他回到车上。"行，我们就在这儿等着，等你准备好了再进去。"然后沉默地等待。你要让孩子明白，这是最基本的礼貌，没有任何商量的余地。只要你不跟他讲大道理，或者威胁，或者惩罚，相信他很快就会调整过来的。

我有时候开玩笑地跟家长们说，建议他们随身携带一个热水瓶和一本书。你可能喝不上咖啡，但你的孩子会明白你不是说着玩的。

回应幼儿园老师的问候也是小孩必须掌握的一项重要社交技能。如果孩子有能力做出回应，可却总是不情不愿，这时候你就得拿出点气魄了。告诉你的孩子，除非他准备好问候老师，不然就不要进去幼儿园。你可以带他回到车上，安静地等待，直到他自己调整好情绪。

我听说过有一个性格特别固执的小孩硬是在幼儿园门口等了一整个早上。不过自那之后，一到幼儿园，那个小孩就会跟老师热情地打招呼。为了孩子好，这场战斗你一定要坚持。

不管在教育孩子的过程中遇到了什么困难，你都应该记住你坚持的原因。尽管方式有点儿严厉，但你要知道礼貌本身就是一种可以学习的行为或者说习惯。性格外向和有礼貌的人更容易也能更好地与他人相处，并且受到大家的喜爱。投之以桃，报之以李，你对别人客气，别人自然也会对你客气。

要保护孩子天生的那份含蓄，也要帮助他克服胆小害羞的性格，让他学会礼貌待人。

"他不接受你的拒绝"

有的孩子喜欢所有事情都按照他们的方式来。对于你的要求，他可能也会配合，可一旦你拒绝他的要求，他们就会特别烦恼，或者愤怒，或者两种情绪兼而有之。

先给他情感支持，告诉他你知道了他的需求，知道他真的很想那样做，可惜现实不允许那样做。你要做好跟他们讲道理的准备。我发现这种情况下，你最好说"让我再考虑一下"。尽管再思考一下也不会改变答案，但你重新考虑本身会让孩子有一种被重视的感觉。

如果孩子不为所动，那就适当地对他进行情感隔离。你可以专心忙其他的事情，或者到其他地方去。

如果这样他还是不依不饶，显然你的孩子不会再接受你的任何解

第5章　陷阱和麻烦

释。那就随他去吧，别再试图跟他讲道理说服他——不管你怎么说他也不会听的，除非按他的方式来，不然他不会善罢甘休，所以你还是省点儿力气吧。

他明明知道答案却还总是问你，或者骂脏话——这些都是绝对不能容忍的行为。不管用什么办法，他必须要改变这一点。这是他的问题，就让他自己去解决吧。

"我的小孩骂也没用"

我不确定是否真的有这个必要！我知道，当孩子做错事，我们需要——或者说很想，斥责他们，但性格强势固执的孩子可不会轻易接受你的斥责。他们会反击。你跟他嚷嚷，他就更大声地嚷嚷。你要是发脾气，他们就发更大的脾气。

我的几个孩子似乎都无师自通地学会了我上高中时的手段。那时候父母也都希望我们能乖乖地听他们骂。当老师对我们的所作所为或性格缺点大声斥责时，我们要乖乖地站在原地听着，但我从来都没听进去，都是左耳朵进，右耳朵出。当然，我也不敢公然反抗，所以我就学会了盯住老师的眼睛。我看着他，心里想，"你这老蠢蛋"，但看上去却好像我在认真听他的训导。

我的孩子们似乎也继承了我当年的招数。只是这一次角色调换了，我成了被排斥的人。

对于孩子的不当行为，对他们进行说教，或跟他们讲大道理是没多大作用的。你应该把你的期望告诉他们，必要的时候提醒一两次，但一定要坚定立场，在他们做出改变之前保持一定距离——这种方式或许会有用得多。

学着成为一个好运动员

有的孩子天生就善于处理生活中的起起落落，他们输就输得优雅，赢

19. 辨明方向

也赢得漂亮。有的孩子却很难面对挫折，成功时得意非凡，失败时自怨自艾，甚至有可能一蹶不振。

假设你现在跟一群孩子比赛，有的孩子能力比较欠缺，你可以先试着给他情感支持，给他一个拥抱——如果时机合适的话，对他说："有时候你明明把球往这个方向扔，可他偏偏不往这个方向跑，这种感觉我知道很难受。"

或许，孩子只需要你的理解和感同身受就能重新获得内心的宁静。不过如果他是还闷闷不乐，或者垂头丧气，你可以提出休息10分钟，做一些对抗性不太强的事，比如说，喝个下午茶。

若他变本加厉，这时候就得采取情感隔离的办法了。让他自己去反省，想通了再回来找你。

不到万不得已，尽量不要发脾气，因为你不能因为他一个人毁了整个活动。而且你一发脾气，他也就没机会反省自己——而这原本是他最好的学习机会。

总结

当你不确定是该支持还是疏离的时候，优先选择给予支持。若还是拿不定主意，那就直接询问小孩："你是想让我抱一下，还是想自己单独待一会儿？"

若你做了错误的决定，听到伤心欲绝的孩子一个人在房间里啜泣，赶紧改变策略——此时还不晚，赶紧给他支持。最终的结果会是，孩子学会了承受挫折和失败，学会了自己解决问题。

20. 手足之争

"手足之争"是一个很不好的词

我很不喜欢用"手足之争"这个词来形容兄弟姐妹间的争执、打闹或者对抗。这个词本身表明孩子为获得父母更多的关注或宠爱而争斗，反过来也透露出父母对孩子关心不够的意思。如果是这样的话，父母就应该给孩子更多的关注。但大多数的情形是，这个孩子最不需要的就是父母的关注。可以说，这一代孩子已经受到太多关注，甚至远远超过他们可以承受的范围了。

除此之外，这个词也隐隐透露出一种意思，即我们得确保每个孩子得到的关注一样多，因为只有这样才公平，只有这样他们才不会争斗。给孩子一样多的关注，他们真的就不会再彼此争斗了吗？其实哪怕你表面上（量上）做到了一致，也有人会说你内里（质上）不一样。

这种说法，忽视了不同性格的小孩需要的关注度和个人空间完全不一样的事实。

手足之间的打闹

我更喜欢用"手足之间的打闹"来描述孩子之间发生的小摩擦、小矛盾。首先，"打闹"这个词本身就包含着跑来跑去、闹腾、活力、某种程度上的失控等意思。其次，"打闹"也带有调侃的意思。尽管我觉得一定要制止孩子们的过度打闹，但作为父母我们也不用太把孩子之间的打闹当回事。一旦我们认真了，就会被卷进他们的争斗，然后就会进入"卡普曼三角"模式，开始在救援、折磨和自怜之间转换。

让孩子们自己去解决

我不喜欢"让他们自己解决"这种方式主要有下面几个原因：

首先，犹太教有一个被称作"Shalom bayit"（意为家庭和谐）的理论。我们都应该对自己的家庭负责任，要尽力把它变成和谐的、温馨的避风港湾，而不是腥风血雨的争斗场所。当然会有人对此持不同意见，但家是我们每个人都重视的、想要去保护的一个地方，这一点相信没有人有异议吧？手足之间的争斗很可能会让家里充满不和谐的因素。

其次，但凡争斗必然有一方强势，一方弱势，一方折磨，一方被折磨，一方想要平息，一方想要破坏。在这种情况下，作为成年人的父母有责任阻止这种破坏家庭和谐的行为继续下去。

最后，我始终认为不能让孩子之间的打闹演变成真正的矛盾。要让孩子们求同存异，不要过分扩大问题。

介入帮忙

我们都有过这种经历：听到孩子们彼此叫骂，打来打去，我们进去问是怎么回事。一个小孩从他的角度把事情叙述一遍，接着另一个小孩为自己辩护。第一个小孩不同意他的说法，于是就不停地插嘴。就这样，无休止的指责和自我辩护开始了。然后你会发现你帮这个也不是，帮那个也不是，而孩子们又都希望你能站在他那一边。

这就是典型的"双输"模式。如果我们把问题留给孩子们自己解决，可能矛盾会越来越大；如果我们介入，却又无法保证对解决问题有实质性的帮助。那么除此之外，还有其他办法吗？

第5章 陷阱和麻烦

把问题留给孩子

一个办法就是,把问题留给孩子,这样他们就能学着控制自己,学会必要的妥协,从而跟别人更好地相处。这么做也可能会有3种情况:

1. 恶劣的行为就在我们眼前发生。
2. 一个孩子或两个孩子一起跑过来要求我们主持公道。
3. 两个小孩吵得更凶了。

不管怎样,我们要想办法分别应对这几种情况。总之,要把问题留给孩子。

事情发生在你眼皮子底下

如果事情就发生在你眼前,要想办法阻止。不准打人,不能咬人,不能骂脏话,不能尖叫,不能你推我我推你,不能抢别人正在玩的玩具。这是总的原则,至于是谁先开始的不重要。你也不要试图找出罪魁祸首。像"谁先开始的"这种问题(单指手足之间的争执),你永远也得不到确切答案。

让孩子回自己房间去反省,等他意识到自己行为的错误再出来。你要明确表明,"谁先开始的"不重要,你的原则是这种行为在家里是不允许发生的。

孩子来找你主持公道

给他情感上的支持,不要过去解决问题。是的,千万别兴冲冲地跑过去,试图解决孩子们的问题。你只要认真听孩子们说的,就能得到很多信息。

如果你从一个小孩的叙述中得知另一个小孩欺负他,先不要咆哮或惩罚。等下一次看到他们再在一块儿玩,你可以从旁观察,一旦发现有不公平的行为就马上阻止。

我不建议你用发脾气或斥责的方式来解决问题,还有一个原因是,你在给孩子情感支持的同时,也是给他上一堂重要的人生课。很多时候发生不愉快时，最好的办法就是暂时走开，等到事情平息了，他可以自己决定是回来，还是找其他的事情做。

你感觉到气氛变得紧张

听到孩子吵起来，我们本能地会假装没听到，并暗暗希望孩子会走开。这就是大家平常说的希望胜过经验。一般来说，孩子不会走开，而且迟早会爆发冲突——不走运的话，双方还可能大打出手。

我建议你早一点儿进去。有时候只要稍微转移下注意力或改变下场景，就能轻松化解矛盾。对于很多"蓄势待发"的矛盾，一句"早茶准备好了"就是完美的解决办法。如果你不喜欢这个"巧克力诱惑"的办法，那可以分别找点儿事情给孩子们做。你可以这样说："亲爱的，我真的需要你的帮助……"这个办法也能起到立竿见影的效果，只是不那么受孩子们欢迎而已。

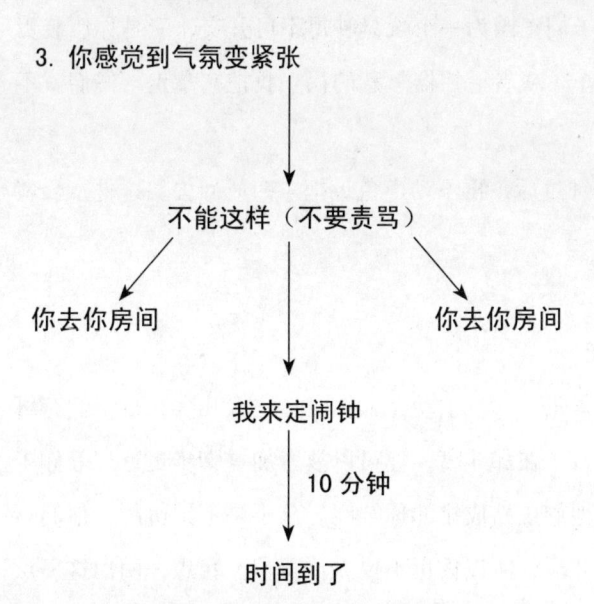

1. 事情就在你眼皮子底下发生　⟶　回你自己房间（情感疏离）
2. 孩子来找你主持公道　⟶　"哦，哦，哦"（情感支持）
3. 你感觉到气氛变紧张

　　　↓
　不能这样（不要责骂）
　↙　　　　↘
你去你房间　　你去你房间
　　　↓
　我来定闹钟
　　　↓
　10分钟
　　　↓
　时间到了

第5章 陷阱和麻烦

最简单的解决办法,也是最顺其自然的办法,就是走进去说出戴安那句有名的话——"没用的"。若受到质疑,那也证明这个办法真的没用!然后把孩子们分开。"你,回你的房间去。你,也回你的房间去。"10分钟后,分别走到孩子房间。"要是你们准备好了,现在可以出来了。"

这时候他们有可能会选择继续在一块儿玩,也可能选择各玩各的。反正不管怎么样,这场风波已经平息了。

孩子可能会让你惊讶

如果每次你都这么处理孩子之间的矛盾,孩子也很可能会从中学到一些东西,如他们学会不再争斗,或者他们学会在私下里争斗。

对我来说,这两种结果都可以接受。

另外两种策略

责怪玩具

你走进去,看到孩子们正因为一个玩具吵得不可开交,于是你假装责怪玩具。"都是玩具卡车(或者遥控器)惹的祸。我把它拿走,你们就不会吵了吧。"

把玩具拿走,10分钟过后,再不动声色地把东西放回去。这件事会就这么过去了。

故意加重脚步走近

孩子之间的气氛一紧张,你就主动介入,经过这么几次,孩子们有可能会合起来整你。听到孩子在那斗嘴,你可以故意加重脚步走近。等你走进房间,你可能会看到他们正站成排冲你笑呢。孩子是不记仇的,他们吵完架还可以继续在一块儿玩,所以你也不要太认真了。我想,明白这一点后，我们日后应该可以更好地应对这种情况。

惹是生非

有时候孩子间的争斗并不那么大张旗鼓。一个孩子在画画，另一个孩子从他旁边走过，顺便就把他的画纸带跑了。这也不是什么了不得的大事，但始终会让人不高兴。而且这么做也没必要，可谓损人不利己。

一个小孩在那玩得很开心，另一个小孩跑过去猛地推他一把，或者把他正玩着的智力游戏题抢走。一个小孩正津津有味地看电视，另一个小孩却在房间里弹吉他。当然这也有可能是因为他们只能在一个房间里待着，也许电视机和沙发中间的地方最适合弹奏音乐。同样，这也不是世界末日，但还是让人恼火，总之是没必要的、损人不利己的行为。

上面描述的行为并非罪不可恕，他们只是有些过火了。然而，这种行为可能会让被欺负的那个孩子习惯于忍气吞声，或者当那个孩子忍受不了的时候就会引起一场争斗。

我的建议是，你要规定家里不能存在"惹是生非"的行为，只要发生类似事情你就要把惹是生非的人驱逐出去。这样，孩子也就会收敛一点儿。这有助于培养他的自律能力，也能增强他忍受挫折的能力——这是实现情感独立的必备条件。

21. 欺凌他人：零容忍

在一个孩子的童年生活中，总有一些事情是支持、鼓励和拥抱解决不了的。

大家应该都还记得上学时经常听到"别让我揭穿你"或者"别打小报告"这种话。如果你跟我差不多年纪，肯定听过这两句话。

我们常常要面对艰难的选择。

一种选择是，我们可以向老师告那些与我们不和的人的状。当然，这可能会让我们从此背上"爱打小报告"的名声，从而被其他同学排挤。同时，这也可能带给我们一定程度的安慰和安全感，另外也有可能会有大人介入，还有可能会有其他人因此惹上麻烦，或者大人丢下一句"别打小报告"，留我们被其他同龄人斥责和鄙视。

还有一种选择就是"默默承受"。有时这会被看作是会做人，从而赢得众人的认可和接受。有时候，这却会让你更加被排挤、被侮辱、被欺负。

有时候我们因此找到志同道合的伙伴，有时却不得不在孤单中寻找安全感。

新西兰文化："别打小报告"

当我跟家长或老师谈论情感支持的时候，他们的回应经常是："可你这样相当于鼓励他们打小报告。"时至今日，还有不少小孩子因为"告状"被其他孩子欺负，然后去找父母主持公道。

但我觉得什么事都不能一刀切。如果不让小孩说话，那你也就没办法判断小孩究竟是只需要你的支持来解决问题，还是只能由你介入来解决。

新西兰文化："你得开得起玩笑"

学习接受他人的玩笑话，这也是承受生活挫折的一部分。有的孩子天生就比较幽默，这对他们而言是轻而易举的小事。他们不仅受得起别人的玩笑，甚至还乐于其中。

可有的孩子却比较敏感，别人说两句玩笑话他就当真了。一两句话就能让他们气得脸通红或者掉眼泪。这时候他们需要我们的安慰和支持，但不需要我们的救援。如果他们心情郁闷地来找我们，我们首先要弄清楚发生了什么，然后伸手抱住他，柔声告诉他："那不过是开玩笑而已。"等孩子把这件事忘了，就让他们自己决定是继续跟小伙伴们一块儿玩，还是自己去做别的事情。一般来说，只要孩子的情感蓄水池满了，他们肯定会回去跟小朋友一块儿玩的。

在家的时候，不管是我们自己的孩子一起，还是跟其他玩伴一起，我们都得随时留意他们的状况。一旦听到有人受委屈——不管其他小孩是不是故意的，我们都得走过去说："你们不能这样对克里斯，这样可不好。快，玩点儿其他的吧。"其实大部分孩子在大部分情况下都只是为了好玩儿，他们并非故意要让谁难受。所以你只需要稍微提醒一下就行了。这样一来，你就清楚地让他们知道，以别人的痛苦为代价是得不到真正快乐的。

逾矩的行为

玩笑和嘲笑之间只有一线之隔，父母和老师要确保孩子不会逾越这条界线。对于一些不可接受甚至是残忍的行为，我们总是有一套陈词滥调来开脱。

第5章　陷阱和麻烦

"他们只是闹着玩儿的，不是故意要伤害你。"任何伤害或惹恼一个正高兴的人的行为，都很有可能已经逾越了玩笑和嘲笑之间的界限。

"两人成伴，三人不欢"，这句略显残忍的格言未必是真理。天下万物，有容乃大，最好是形成一种包容的文化。若某项活动或运动只适合两个人玩，在场的又刚好有三个人，那最好的办法就是换一个三个人都能玩儿的活动，而不是排除另一个小孩。这一点是必须要坚持的。

"她是我的朋友，你不要管。"平时在家，我们就要教育小孩多包容别人，要教育他们不能欺压他人。家长们经常跟我说，当一个孩子带自己的朋友回家玩儿，另一个孩子没有朋友在的时候，他们总是不得安宁。"他不停地走来走去，故意惹对方生气。我只能让他们关上门。谁让他不听话呢？"无形中，这更加剧了孩子的恶劣行为。

对于这个问题，没有万全之策，我们只能结合运用多种手段。有时候最好是坚持包容至上，有时候可以让他们跟年龄相近的孩子玩儿，有时候我们可以鼓励他们保护或照顾年龄更小的小孩。当然我们要确保年龄大的孩子不会以大欺小。同样，有时候我们又要让孩子跟他的朋友暂时分开。你可以言简意赅地说："你们整天在一起，现在也需要有一点儿自己的时间了。过来帮我个忙。"

重要的是，我们要让孩子学会考虑和照顾他人的感受，根据具体情况决定是跟朋友待一块儿，还是跟家人一块儿。

我还记得第一次去客户家咨询时的情景。对方的周到安排几乎让我感动得落下泪来。他们照顾每一个人的情绪，不让任何一个人被冷落。哪怕想要散步，他们也会大声喊："我们要去散步，你想跟我们一块儿吗？"我想那一刻我之所以会有掉眼泪的冲动，是因为念书的时候有人对我说："你不能跟我们玩儿。走开！"

在家零容忍

作为普通的父母，我们该怎样阻止欺凌行为的发生呢？

第一步要处理发生在眼前的事。绝对不能纵容欺负他人的行为,不管是行为上,还是语言上。一看到就要大声指出来,然后阻止。

- 你这么说不行,快别说了!
- 这儿可不是你打人的地方。回你自己房间反省去,等你准备好跟大家好好玩儿了再出来。
- 我不能容忍你跟弟弟这么说话。
- 看来是玩具让你们吵架的。我把玩具收起来,你们两个就用不着吵了吧。

这种办法对谁都好。孩子要从小教育,看到不好的行为要及时纠正。

倾听和学习

问你孩子"今天过得怎么样",看他怎么回答。如果你真的想了解孩子的心,就不要敷衍对待。若他跟你抱怨自己跟人吵架了:

- 不要责备("那你对他做什么了呢?")
- 不要批评("为什么你就不能一笑了之呢?")
- 不要唱反调("可他看着挺好的啊!")
- 不要说教("你得学会跟不同的人相处。")
- 不要解释("他可能只是嫉妒你。")
- 不要代为解决问题("下次别跟他玩儿了。")

感同身受地倾听。当他跟你讲述自己的不快时,你要理解他的情绪,并做出适当的回应:

- "那种感觉肯定很难受吧。"
- "那么做真是太恶心了。"
- "发生这样的事情真是太让人难受了。"
- "真是欺负人。"

父母总想做到一碗水端平,想要照顾到双方的感受,但这时候你的主要目的是收集信息,所以你就要站到跟你倾诉的孩子这一边(如果你也不

第 5 章　陷阱和麻烦

站他这一边，还会有谁帮他呢）。

女孩欺负人还是男孩欺负人

男孩子喜欢动手动脚，出言挑衅，女孩子欺负人的方式更含蓄，但造成的伤害却更大。她们会用表情、肢体语言、眼神这种只可意会不可言传的东西来表明自己的某种态度，有时候让别人只能哑巴吃黄连——有苦说不出。

让他们学会自助

尽量避免过早介入孩子面对的问题。很多时候当他从你这儿得到了情感支持，便会重新跟小伙伴们打成一片，或者自己去其他地方安静地玩儿了。其实，很多看似麻烦的事情都可以经过你的一言两语轻松化解。

就我自己管教孩子的经验，我发现他们面对问题的时候只需要得到我的理解和支持，就可以依靠他们自己的力量解决问题。我会让他们知道，我看出了他们为某件事苦恼，并且我很愿意尽我的力量提供帮助。

"要不这样吧，"我会说，"每天下午放学后我就问你今天过得怎么样，然后把你说的话记录下来，因为你说的话对我很重要。"然后，我坚持了两周。每天我都以理解的姿态倾听，我对他表示同情，我询问更多跟事件有关的细节，并且把关键之处记录下来。

这么过了一周左右，孩子可能会发现他没有太多坏事情可以跟你说了——他又跟朋友们重归于好了。你的仔细聆听，给了他自己解决问题的动力和勇气。你把事情记录下来，这会让他意识到你是真的关心他，并且可以放心地跟你倾诉。另外一方面，若你真的需要去学校找老师解决问题，这么一来你也有了第一手资料。

还有一点，你忙着倾听和记录，自然也就没那么多心思或精力去责怪、批评、说教或代为解决问题了。

把技巧教给孩子们

一般来说，只要我们能清楚事情的来龙去脉，一般都能教给孩子处理问题的方法和技巧。重要的是，你要确保不让孩子成为"卡普曼三角关系"中的受害者。角色扮演是一种很好的方式，可以让孩子明白，除了大发脾气、大哭大闹、午饭时间跑到图书馆假装自己有地方可去之外，面对别人的不同意见时还有其他反应方式。

尤其是针对孩子本人或孩子的物品的言语攻击，角色扮演特别有用。假设你儿子班上的大嘴巴同学对他说"你的餐盒太丑了（发带、足球、眼镜等）"，这时候你没必要跟他说什么"走自己的路，让别人去说"这种话。这些话伤害了你的小孩。这时候他需要的是安慰，是能给他力量的回应。

这时候你就可以用角色扮演的办法了。你可以设想几种情况，让孩子自己判断哪一种方式最能削弱对方的气焰。

首先，你要弄清楚他对这种评论的态度。他是高昂着头盯着餐盒看呢，还是悄悄走到一边，暗暗希望欺负他的同学跟上来？角色扮演的第一步得让他把自己当时的状态表现出来。

然后转换角色，让他扮演欺负人的角色，让他体会对方越是怕欺负，欺负人的人就越有快感。让他对你说"你的餐盒太丑了"，然后你愣愣地盯着自己的餐盒或者低头看鞋，战战兢兢地嗫嚅"我要走了"，然后悄悄溜走。这时候你的儿子应该也体会到，他的退缩反倒会让欺负他的同学更有快感。

接下来你可以试着教给他一些聪明的小办法。其实具体怎么回应不重要，重要的是一定要有自信（幽默也可以起到一定作用）。下面是我比较喜欢的几种方式：

- "你说得对，这个餐盒确实挺丑的。"
- "不管你怎么说，反正我挺喜欢的。"
- "是的，你能跟我妈咪说吗？这样我以后就不用带它来学校了。"

第 5 章　陷阱和麻烦

- "真的吗（假装紧张）？你不说我还没意识到呢！谢谢你的提醒。"
- "我知道它看起来有点奇怪，但它 10 天后就能变成巧克力呢！"

孩子怎么回应都没太大关系，关键是要让他知道除了逃避，还有其他解决问题的办法。他可以把事情的主动权抓在手上，而不要因为别人的一句话就乱了方寸。

你准备几种回应方式，问孩子愿意选择哪一种来扮演。你来扮演小孩的角色，让他扮演欺负人的角色。让他先说"你的餐盒太丑了"，然后你按照第一种方式来回应。如此再尝试其余几种回应方式。这么一来，他自己就能比较出哪一种方式是最有力的回击。接着，调换角色。

这时候孩子也会清楚地知道，下次再碰到有人对他进行口头攻击他该如何回应了。角色扮演的过程中，记得问他为什么这种办法会奏效。

若这还不够呢

若感同身受、零容忍和角色扮演都还不足以解决问题——当然是指短时间内，那就表示这个问题确实超出了孩子的能力范围，这时候就需要大人的介入了。

你要知道，仗势欺人不仅对你的孩子有坏影响，同时也会反作用于对方。所以，你有充分的理由寻求帮助。你可以让其他大人帮你多留点儿心，以确保你孩子的人身安全。这时候你可以去小孩的学校，给那些仗势欺人的同学一个警告。

去学校

跟老师约定一个时间见面，见面之后告诉老师："我的孩子在学校被其他同学欺负，我们试了很多办法去解决，可都不管用，现在我需要你的帮忙。"你给出的细节可以让老师知道怎样帮助你的孩子。你说得越具体，老师也就能越好地帮助你。

当然，任课老师本身工作就很忙，他不可能随时随地帮你注意操场上的情况。所以你也可以问他，还有没有其他办法可以保证孩子在学校的安全。

如果老师的回应是"这个嘛，我们也不可能时刻盯着他们"，那你可以不动声色地说，"我的孩子现在很不开心，特别忧虑。你觉得我应该怎么办？"然后保持沉默，这样问题就抛给了老师。

老师本来就有责任保证孩子的安全，而且确保学生在校的安全也是每个学校应尽的义务。

若找老师还解决不了问题，那就去找校长，找校长还解决不了的话，就直接去找校委会负责人。

接下来怎么做

如果你的策略有所成效（不管是哪种策略），就告诉老师。调皮捣蛋的孩子本来就很难对付，老师也需要你的支持和反馈。跟老师商量哪种方式比较有用，必要的时候可以依葫芦画瓢。一定要表达你的感谢之情。

如果你的办法不起作用，那也要让老师知道。不要等到事情发展到不可收拾的地步再去求助。你可以跟老师讨论，或许你们需要更有威信的人来解决这个问题。或许你们可以组成一个专治调皮学生的团队。

卷土重来

任何努力都很难做到一劳永逸。也许你能因此平静几个星期，但几星期之后，问题可能会卷土重来。

关于孩子被人欺负的问题，很多家长都跟我说，"一年前我去找过他们老师，当时情况有所好转，可现在又回到了老样子。"当我问他们为什么不再去找那个老师帮忙时，家长们却表示没有想过这个。

这一点其实很好理解。为了孩子的问题去找老师本身就有点尴尬，并且我们一开始就在心里把这当成了"一次性"的事情。但现实并没有这么简单。我们得一遍遍地重复理解倾听、做笔记这些步骤。

当你再一次去到孩子的学校，记得找上一次解决问题的那个人。你可

第 5 章　陷阱和麻烦

以跟他说，"上次多亏您的帮忙，我们解决了问题，现在恐怕得再麻烦您一次了。"

记住，控诉或攻击一个人未能做好本职工作解决不了实际问题。你只需要说出几个重点就行了。

- 我的孩子不开心。
- 有人欺负他。
- 我需要你的帮助。

如果欺负孩子的是老师，怎么办

这种情况不经常发生，可一旦发生就会对孩子造成特别坏的影响。

绝大部分老师都是关心学生的好老师，他们把学生视如己出，我们要充分信任这种老师。春蚕到死丝方尽，老师是辛勤的园丁，是我们的英雄。他们每天要跟超过 30 个孩子打交道，说实话换作我，三个小孩我都应付不来。

不过，事情总有特例。大家应该都碰过那么一两个老师，让当年的我们特别痛苦。

年幼的孩子对老师毫无反抗能力。残忍的老师加在孩子身上的痛苦会让孩子脆弱爱哭、惊恐不安、不愿学习，甚至不愿上学。一到上学时间，他们就会出现伴随头疼、胃疼或恶心的高度焦虑症状。

有时候孩子可能会成为老师直接攻击的目标。老师可能会把他单拎出来，在众人面前嘲笑他的某个想法或作品，对他进行不合理的惩罚，或者用挖苦的言辞、侮辱性的言论让孩子难堪。

有时候孩子可能是间接目标。有些听话的小孩暂时还没做错事，但他们始终处于一种焦虑的状态，总是担心哪一天麻烦会落在自己头上。这种小孩一般都意识不到问题在哪里，但他们会莫名地焦虑。

如果你怀疑自己的孩子正经历此种折磨，你应该：

- 认真听孩子说的话。

- 跟其他家长和同学交谈。
- 记笔记。
- 去找老师。
- 若无改变，直接找老师的上级。
- 跟进。
- 做好第二次找老师的准备。

当受到冷遇

每次当我去校长那儿说某某老师凌辱学生时，校长一开始总会解释说那个老师"对学生严格，但绝对公平"——事实上那是我们学校最好的老师之一。没有师德的老师往往都是针对某一小撮学生，所以大部分同学未受其害，或者抱着事不关己的态度，但这并不能否认问题的存在，而且问题绝对不会自己消失。

别灰心，你只需要表达最重要的几点：

- 我的小孩不开心。
- 他的老师对他不好。
- 我需要你的帮助。

我们有责任保护孩子

仗势欺人是一个严重的问题，我们要保护孩子远离这种"虐待"。有的欺凌行为比较明显，有的则比较隐蔽，难以取证。后者比较难处理，但必须处理，因为这是为人父母的责任。

不管是对人不善，还是仗势欺人，都会对双方造成同等伤害。身为父母，我们有机会也有能力为孩子在家、在学校、在以后的生活中创造好的环境。

22. 解决睡觉问题

睡觉是最基本的生理需求之一。我为什么要花费篇幅来写它呢？

事实上，让孩子睡觉是父母普遍都面临的一个难题。只要外界有一点儿刺激，孩子就能轻易放弃睡觉的需求，这就苦了我们这些做父母的了。一如既往，解决问题的关键还是把问题留给孩子。

对让孩子乖乖睡觉或安心睡觉的问题，我这儿有3个基本的方法：

- 隔一段时间就去看一下。
- 让他们哭，哭到没力气自然就睡了。
- 戴安的"随时偷袭"。

大家可以找到很多哄孩子睡觉的书，我这里就简单说两个最常用的办法，然后再告诉你们一个我自创的好办法。

隔一段时间就去看一下

之所以采用这个办法，是因为它能让情绪失落的孩子知道你还在家里，让他知道你爱他。让他上床，然后离开房间。如果他还是郁闷，5分钟后再进去哄一下他。让他平复情绪，然后再离开。过5分钟再进去看一下，必要时重复前面的步骤。然后，进去的时间间隔慢慢从5分钟往上增加，直到孩子睡着为止。

如果孩子吃这一套，坚持三个晚上你就能看到很大的进步，坚持一周，孩子睡觉的难题就基本解决了。

这个办法的优点在于，它让你有机会进去安慰孩子——这对你好，对他也好。这个理论的基础是，一旦让孩子确信你爱他，会在这儿陪着他，他就能安心地睡觉。

我曾在一次研讨会上问过在座的家长有多少人用过这个办法——有人把这称为"控制眼泪法"，几乎所有人都举手了。当我再问有多少人用这个办法奏效了，大约有 1/3 的人举了手。理论上来说，这是一个完美的解决办法，但为什么对另外 2/3 的孩子不起作用呢？

我相信成功的那1/3（孩子）肯定是按照上面我们说的方式解读父母的举动。然而，另外2/3的小孩可能就不是这么理解了。我想他们的解读可能是："我只要哭不停，妈妈（爸爸）迟早都会进来看我，所以我只要继续哭就行了。"也就是说，我们这么做反倒刺激孩子哭得更久。

让他们哭得肝肠寸断

这也是一个广经验证的办法，很多证据表明这个办法不仅有效，也不会对孩子造成坏的影响。到了快睡觉的时候，告诉孩子我们要第二天早上才会来看他，这会儿自己乖乖去睡觉吧。他可能会哭闹一会儿，但最后还是会自己上床去睡的。要做到这样可不容易，因为它跟我们原来的计划不一样——我们之前的计划是及时地去安慰孩子。

罗伯特 10 个月左右的时候，我们用过这个办法。我说我们用过，因为弗农从来不说谎，他告诉我我们用过，那我们就真的用过。我想可能是因为我内心不接受，所以就对这个事实选择性遗忘了。据弗农说，我们坚持了一周，自那之后罗伯特睡觉的问题就彻底解决了。

罗伯特小时候特别闹腾，而我又对孩子的睡觉时间规定得特别严格。每天总有那么一会儿，我会觉得特别累。我的底线是，从早上 7 点到晚上 7 点，我尽量做一个慈祥的妈妈。但从晚上 7 点到早上 7 点这一段时间，我就顾

第 5 章　陷阱和麻烦

不了这么多了（当然，孩子生病的时候除外，如果孩子真的需要我，那自然是另当别论）。

晚上 7 点钟，罗伯特上床了。我记得他当时会在床上看书，或者自己玩儿，总之要拖一段时间才会睡着。

塔尼亚就不一样了，在睡觉的问题上，她从来不用我担心。

黛博拉出生之前，我一直在莱斯利中心学习睡眠课程。等到黛博拉出生，我被逼无奈也用过几次这个办法。黛博拉小时候毛病很多，不是感冒，就是牙齿有问题，再就是腮腺炎，所以晚上总需要我照顾。我连着照顾了 3 个晚上。到第四个晚上，我开始有点怀疑。到第五个晚上，我知道这是黛博拉故意装出来的，所以我拒绝进去看她。这样连续哭了两晚上，黛博拉竟然也能乖乖地睡觉了。

黛博拉的例子让我明白，如果孩子晚上就是不睡觉，你就得做好反复磨炼她的准备。世界上没有一劳永逸的事儿，你不能指望一次成功保一辈子。

"偷袭"法

刚做母亲那会儿，我一个人带两个孩子，让孩子睡觉就成了我特别头疼的问题。有时候中午出去吃饭，我都会用摇篮车推着他们，所以不管去哪儿，他们都能睡上一个香甜的午觉。黛博拉出生时，我的年龄大了，也没精力带那么多东西出去了。由于不能睡午觉，黛博拉就表现得生气和不安。

我一直想找个办法让黛博拉白天睡一觉，但我如何能把这个意识植入一个婴儿的脑袋里呢？孩子睡着了，你也不可能叫醒她说表现得好。等到她醒来，又时过境迁了。

所以，我后来一看到她上床就会夸奖她，而不是非得等到她睡着。

让你睡珍的床

我们打算去珍的家里做客，所以我对黛博拉（当时她 14 个月大）说她将会有特别的礼遇——让她睡到珍的大床上。我跟她说我会随时进去看她乖不乖。然后我给她掖好被子,不时地进去看一眼,看她有没有好好睡觉。

过了30秒我进去了——真的是30秒,我掐时间算准的,我给她一个吻,夸她很棒。过一分钟、两分钟、三分钟、四分钟,我如此重复着。等到过六分钟我再进去的时候,她已经睡着了,脸上还挂着浅浅的微笑。

要做到这一步需要父母有足够的控制能力。总之,你要在孩子因为你不在而难过之前出现。尽管需要费不少心思,但总比应付一个哭不停的孩子好吧。

孩子慌张焦虑怎么办

很多家长知道有办法让孩子自觉去睡觉,而且还不会大哭大闹,心里就长舒一口气。然后,也有人跟我说他们的孩子就是抓着不放,压根儿就不让他们离开房间。

碰到这种情况,办法是一样的,不过你在开始之前要特意跟孩子说几句话。你可以这么说,"我得去上趟厕所,待会儿就过来看你"。之所以选择这个理由,是因为孩子不可能拦着你不让上厕所吧?过一会儿你再回去跟他说,"我还得去烧一壶开水"。过一分钟你再进去,准备一些无可辩驳的小理由,不定时进去看看情况。

如果你的孩子忍受不了这些,那要么就是他太过依赖你,要么就是你做得不好。

孩子老是跑出来

首先,你要确定一个"父母服务"结束的时间。过了这个时间,你就不再哄孩子。这意味着你无需用斥责、说教、吼骂或给他东西吃来调节他的情绪。

不过,你要准备随时去看他有没有乖乖待着,如果他乖乖地待在床上,你就悄悄地出来,但不要把门关上。大部分孩子睡觉都不喜欢关门,因为

第 5 章　陷阱和麻烦

他们想跟家人保持亲密感。

要是你的孩子总是跑出来，还弄出很大动静，你就直接告诉他这样会吵到其他人，让他自己做选择。要么安静地待在房间里，要么就把门关5分钟。

他要是再跑出来，把他推回房间，让他上床躺着。对他说，"我5分钟后回来，你要是乖乖听话，我就把门打开。"

5分钟后，回来打开房门。告诉孩子要是他安安静静地睡觉，你就把门打开，还会随时过来看看他，可要是他吵个不停，或者讨价还价，那你就顾不了这么多了。告诉他他还有一次选择机会——5分钟后你会再回来。

经过这么一轮，不管孩子是选择关上门，还是打开门，你都尊重他的选择。

生活变得简单许多

孩子心满意足地待在自己房间，房门开着，其他人做着自己的事——这样的晚上多美好啊！如果你想把几双袜子放进孩子卧室的抽屉里，可以先走过去给他一个拥抱。

我以前很喜欢这么做，孩子睡着了——当时我们请了一个临时保姆，我会走进去帮他盖盖被子，祝他晚安。孩子睡得香甜，你轻轻地给他一个吻，帮他盖被子，自顾自地说："我们回家了，宝贝儿。快跟妈咪说晚安。"那种感觉特别美妙。你的小宝贝儿可能还会迷迷糊糊地回答："晚安，妈咪。我爱你。"转过头睡得更香了。

最后补充一句

多年过去了，即便现在黛博拉年过中年，她还是跟小时候一样跟我们道晚安。以前她比我们早睡的时候，我们进去跟她道晚安，然后她也总是会迷迷糊糊地说："晚安，妈咪。晚安，爹地。我爱你们。要进来看我哦！"

22. 解决睡觉问题

从小养成的习惯很难改掉

睡眠的过程中，孩子会经过几个阶段。先是浅层睡眠，慢慢进入到深层睡眠，然后每隔一小时左右又回到浅层状态。进入浅层无意识状态时，他们可能需要跟之前一样的睡眠环境才能再次入睡。

如果他们刚入睡时必须要有人在身边陪着，那半夜醒来肯定也会需要有人在身旁。孩子要抱着娃娃才能睡着，中途醒来后同样也需要抱着娃娃才能再次入睡。同样地，如果孩子需要嘴里含个东西才能睡着，中途醒过来的时候也要含个东西才会罢休。

其实这些都没什么关系。不管孩子是需要你在场，还是需要含着奶瓶，或者需要抱着娃娃，或者要抱着个管弦乐器——只要他能安稳地睡着，这就不是问题。可如果你是那种一睡着就雷打不动的类型，恐怕你就得锻炼孩子独自入睡的能力了。

从就寝开始

如果你想锻炼孩子不依赖任何外物独自睡觉，那就得从上床那一刻开始做文章。千万别等到半夜，孩子已经哭得歇斯底里，你再突然改变规则。

如果孩子习惯你睡在旁边，你可以试着搬一张扶手椅放在旁边，然后坐着陪他。慢慢地，你可以把扶手椅往门的方向搬。这个过程大概需要一周时间，之后你再尝试隔一段时间再进去。

若你的小孩喜欢咬着奶瓶睡觉，那你在客厅的时候就要把奶瓶给他，帮他漱口，然后带他上床，接着再隔段时间进去看。

如果你的小孩习惯了抱着娃娃睡觉——可能你每天晚上都得起身几次帮她拿娃娃或者放娃娃，那你就得确定自己是否做好长期放娃娃的准备了。如果你已做好准备，那自然最好。若还没做好准备，就得想办法改掉孩子的这个习惯了。说到这个，除了放手不管，让她哭几个晚上，我也不知道还有什么办法能让她乖乖地睡觉。要是有谁能告诉我就好了。

第5章 陷阱和麻烦

安全第一

若担心孩子的安全问题,你当然要进房间看看。孩子一看到你就不哭了,脸上露出微笑——脸颊上还挂着眼泪呢,可怜兮兮地喊"妈咪",你也就能确定他是安然无恙的了。轻轻地给他一个吻,说"没事儿,宝贝",然后走出去。但愿这不会刺激到他。

他会哭着哭着就不哭了吗

若你打算不闻不问,让孩子在那儿哭,他可能哭着哭着就睡着了,但你就是担心孩子哭起来就不会停。

我的建议是,你要听他哭。一般小孩子最多连续哭10分钟,之后他需要时间来喘息。他会稍微休息一下,之后又接着哭。越哭越来劲,接着又慢慢平息。休息几分钟,他可能又哭起来了。然后再停一段时间。他可能也在看有没有人注意她在哭。如果没人注意的话,他可能又哭开了。

若你的小孩是这个节奏,那你就不要担心了,他完全有着收放自如的能力。只不过他需要一点时间才能下决心罢了。

完美的夜晚

有一段时间,黛博拉总是在大半夜醒来。有一次我从梦中醒来,看到她竟然就站在我的床边。我迷迷糊糊地睁开眼睛,带着点儿怒气对她说,"你知道的,如果你让我现在起来,我会很不高兴的。"听了我的话,黛博拉就自己走开了,我翻个身也继续睡我的了。

第二天早上,罗伯特一脸紧张地来找我。原来黛博拉直接跑到了罗伯特房里,让罗伯特睡过去一点儿,好让她爬上去睡。就这样,黛博拉摆了个舒服的姿势,像只海星一样睡着了。那一晚可苦了罗伯特,因为他只能缩在床边不能动弹。

这件事也让我明白,孩子有他们自己的应变之道,我们无须太过担心他们。

事后之思

家长们为孩子睡觉的问题打电话咨询我时,我总是会问起孩子白天的表现和行为,这让他们觉得诧异。如果孩子白天比较听话,那你隔一段时间进去看一眼就会让他有一种安全感,他们可能很快就能安心睡着。

如果孩子白天调皮捣蛋,到了晚上怎么可能突然间就变得听话懂事呢?除非他累得没力气闹腾了。所以要想让孩子晚上好好睡觉,最好的办法就是让他们白天变得听话。

23. 食物之战

孩子胃口好，身体壮，身为母亲的你也会有一种自豪感。不管你给他吃什么，他都吃得很开心，这会让你有一种成就感。而这种认同感是显而易见的——婴儿护理师、医生、孩子的爷爷奶奶都会夸你会带孩子。

可如果你的孩子天生就不长肉呢？如果你的孩子厌食挑食呢？或者，你的孩子健康状况不佳呢？这种情况下，妈妈承受的压力将会非常巨大。似乎每个人给出的建议都很有道理：

- 换作我，我就多给他吃些有营养的补品。
- 你得锻炼他的意志力。
- 别让他在电视机前吃东西。
- 或许你让他一边看电视，一边吃东西，他就能吃得香一点。

有些小孩就是没食欲

黛博拉是我 3 个孩子中唯一一个不怎么爱吃东西的。罗伯特和塔尼亚的胃口都很好，是地地道道的吃货。可黛博拉却跟他们不一样。只有在她特别饿的时候，她才会吃得多一些。其他时候她就胡乱吃几口，然后就再也不愿意吃了。不管你怎么劝她，诱惑她，她连嘴都懒得张。"你就再吃一口好了"，这种话说多少遍都没用。黛博拉似乎压根儿就不明白我这个做妈妈的苦心，只听从身体给出的信号。多么古怪的小孩！

想想草蜢

很多父母都觉得孩子吃多吃少跟自己有关系，所以一定要管。我们总担心孩子如果吃得不够，就会饿着。我们担心下午 6 点吃饭的他，到凌晨 2 点可能就会肚子饿。我们担心他们如果不吃蔬菜，可能就没办法获取足够的矿物质和维生素。我们还担心青春期的孩子如果不能早上七点半起来吃营养早餐，到下午可能就没办法应付几何难题。我们有太多的担心，如果不管孩子吃饭，孩子会不会患上厌食症呢？

即便是一只草蜢，它也会饿了就吃，吃够了就停下来。如果说一只草蜢都知道根据身体需求来进食，我们为什么就不相信自己的孩子也有这种能力呢？

拒绝进食

一开始，我们总会在脑子里画一幅蓝图，希望能做到各种营养均衡吸收。如果你正为孩子吃饭的问题伤脑筋，总会有人跟你说，"别担心，那么多东西放在家里，哪见过有人饿死的？"

对此我很同意，除此之外我还想加一句："没有小孩会对着一大堆食物饿死……除非他们有意这么做。"

如果孩子只要拒绝吃东西就能得到特别多的关注，如果拒绝吃东西就能改变家里的气氛，如果家里所有大人都在讨论吃东西——好像这并非一种本能，而是一件特别需要自制力和训练的事，如果父母甚至爷爷奶奶的喜怒哀乐都跟孩子是否吃东西息息相关，如果只因为孩子不喜欢那些精心准备的营养食物，你就会变着法子做其他东西给他吃——那我们就相当于把自己拖进了一场战斗，而孩子在这场战斗中获取的满足感远远多过吃东西本身带来的生理满足感。

第5章　陷阱和麻烦

别逼孩子吃东西，你意下如何

黛博拉两岁的时候，我开始逐渐明白这场"食物之战"没有多大意义。

那是喝早茶的时间，我在她面前放了一碟吐司和一碟奶酪。我原本以为她会喜欢吃这些东西。

黛博拉看到面前的东西，脸上露出嫌弃的样子，叫唤着要从高脚椅上下来。

我也不知道那天受了什么刺激，我决定除非她把面前的东西都吃光，不然别的东西她一口也别想吃。从那之后，只要是放在她面前的食物，她就必须吃完。我可不希望养一个浪费食物的小孩，更不希望养一个挑三拣四、不懂珍惜的孩子。我得让黛博拉明白，给她什么，她就要吃什么，没那么多挑的。

俗话说得好，什么样的父母养什么样的娃儿。我发起狠不肯妥协，黛博拉也不妥协。一开始她连碰都不愿意碰我给她的那些食物，就只喝些水。罗伯特（当时15岁）和塔尼亚（当时14岁）都私下跑过来跟我说："你确定要这么做吗？"每当听到这话，我就忍不住情绪崩溃，偷偷跑到房间里抹眼泪。不过，这是原则问题，必须要给黛博拉一个教训，让她学会珍惜和满足。

后来，我也不忍心让她吃那些干透了的面包和砖头一样硬的奶酪，所以趁着她睡觉或不注意的时候，我会偷偷换上新的面包和奶酪。

整整36个小时，黛博拉就只喝水。后来，她还是妥协了。我胜利了——但这场胜利又有多大的意义呢？胜利的代价又是什么？

这件事给了我一个教训，从那之后我暗下决心，以后绝对不卷进"食物战争"。

生活给我们的信息

我们很多人都是吃大锅饭长大的，基本上每一顿用餐都是在同样的条件下完成的。下面这些应该是大家都熟悉的规则：

- 全家人在约定的时间用餐。
- 每个人都有自己专属的位置。
- 妈妈负责把食物装盘。
- 每个人都必须吃完盘中的食物。
- 要正确使用刀叉。
- 用完正餐还会有甜点。
- 要等吃完盘中所有食物才能起身离座。
- 孩子不能一边吃东西一边说话。

孩子带着饥饿来到餐桌边，他喜欢桌上的食物，那些食物正合他的胃口，同时用餐的气氛也特别和谐——这就是一个特别好的用餐情境。

不过，实际的用餐记忆可能没这么美好。你可能不喜欢那些食物（我小时候不喜欢吃蔬菜，碗里一有蔬菜我就加特别多的盐。对我而言，盐的味道比蔬菜的味道更容易接受。当然，那时候我从来没考虑过过多的盐会对我的动脉系统造成什么样的影响）。

你可能还记得小时候把不喜欢吃的食物推到餐盘的周围，推来又推去，暗中希望这些食物推着推着就能消失。你可能还记得众人离席后你独自坐在餐桌边，愣愣地盯着盘子里那一堆冷冰冰的甜菜根。也许你的记忆中还有许多发生在餐桌上的大人的争吵，或兄弟姐妹间的打闹（我弟弟的伎俩就是塞一大口食物，嚼到一半再张大嘴让人看。他做得很隐蔽，所以只有我能看见。每当这时我就会尖叫一声，然后他就腾地闭上嘴巴，好像什么事都没发生过一样。谁又能抓住他呢）。

当然，你可能也会有愉快的记忆。你会记得餐桌上那些开怀的笑声、有趣的讨论、美味的食物和充满爱的感觉。

这些记忆会影响你教育孩子的方式，包括如何培养他们对食物和用餐的态度。

第5章　陷阱和麻烦

如今吃东西有多种方式

现在的家庭有很多种不同的用餐方式：

- 一家人坐在餐桌前吃饭。
- 去饭馆里用餐。
- 在快餐店用餐。
- 坐在电视机前用餐。
- 小孩子坐在小孩椅上单独用餐。
- 在家里吃点小点心。
- 在车里用餐。

不管是哪种用餐方式，我们都有不同的规矩。而你只要把这些规矩清楚明了地告诉孩子，他们完全有能力学会。小孩子可能学得没那么快，但在不同地方还是会有不同的表现。你的小孩是不是在家从来不碰烤豆子，可一到了日托所，看到别的小朋友都在吃，他是不是也吃得不亦乐乎呢？

我妈妈以前经常给我讲一个故事，那个故事发生在20世纪30年代。

那时候妈妈刚结婚，邻居家也住着一个年轻女人，带着一个4岁的儿子弗雷德里克。弗雷德里克特别挑食，每天一到吃饭就是个折磨。所以弗雷德里克的妈妈和我妈妈商量了一个计划：由我妈妈邀请4岁的弗雷德里克到家里吃晚餐，这对他来说也是一件比较有面子的事。弗雷德里克不知道的是，到我家吃的东西其实还是他妈妈平时准备的那些。

弗雷德里克按时到了，表现得好像一个已经成年的客人。他不仅吃光了盘子里的东西，回到家后还责怪妈妈做的食物没有我妈妈做的那么好吃。

人为什么要用餐

当今社会，用餐有多重目的，能同时满足几个不同的目的：

- 营养。
- 社交。
- 家庭团聚。

- 庆祝。
- 不同年代的人聚在一起。
- 同龄人增进感情。
- 加强对家规的认识。

在你决心要对孩子的用餐习惯有所行动时，一定要记住用餐的目的。用餐的目的其实体现了对应的规则。你讲清楚这一餐的行为规矩了吗？如果没有，可能你的小孩也不知道你的期待究竟是什么。

合理的期望有哪些

我期望我的孩子能应对不同的情境。我期望他能痛快地席地而坐，从餐布上拿点心吃；也期望他能在正式的用餐中优雅地使用刀叉。我希望他能在餐桌旁坐到用餐结束。哪怕不喜欢桌上的食物，我也希望他能留下，而不是中途离席。同样，我也希望他能在餐桌上展现出礼貌、友好、听话等特质——就跟在其他地方一样。

在我看来，再没有比三代同堂有说有笑、各尽其言更令人高兴的事了，但这种融洽和谐并不会凭空发生。想达到这一目的，就需要孩子遵守餐桌规矩。

确定自己的计划

如果孩子就是不好好吃饭，你该怎么办呢？要是每一餐都是对家人的折磨，要是你整天为"我的孩子中午要吃什么"这个问题而苦恼，要是你特别害怕让孩子称体重——你真的应该做点改变了。

我不会建议你这样：

- 把食物放到孩子面前，然后什么事情都不管了。
- 等他自己问你要东西吃时再给他。
- 试着把东西做得更好吃或者更好看。
- 除非他吃你为他准备的正餐，不然绝不给他甜点。

第 5 章　陷阱和麻烦

- 让他饿着肚子睡觉，下次他就会长记性了。

相反，我希望你能这么做：

- 尊重孩子对于食物的需求。
- 照常给孩子食物。
- 尊重孩子身体的特点。
- 不要强迫孩子吃东西。
- 暂时放下这件事情。
- 减少由食物引起的摩擦。
- 让孩子有机会在无压力的状态下选择健康食物。

（芭芭拉·克罗洛萨的畅销书《孩子值得一切》在新西兰上市之前，我就已经有了这个想法。而我的这个想法同芭芭拉的观点不谋而合。）

一些重要的观点

路要一步一步走，不能操之过急。只有这样，当他提出要求时你才能从容应对。

- 你有责任确保孩子每次进食的量是合理的，最好是一天五餐。你安排好每次的进食量，至于是否遵循那是他的事。
- 避免食物的相互接触。尤其要避免把孩子爱吃的食物跟他不爱吃的食物放在一起。显然这种混合会更加破坏孩子的食欲。如果我面对的是一个特别挑食的孩子，那我会考虑买一个日本便当盒。
- 果汁和牛奶属于流质食物。如果孩子从流质食物中获取了足够的卡路里，那他对固体食物没什么胃口也就不足为怪了。水能止渴。
- 别搞大杂烩。
- 不要为了让他吃东西就忍受他的恶劣行为。如果你容忍他蹲在椅子上吃东西，或者纵容他把东西放到桌布上再吃，又或者让他把各种食物混到一起，或者允许捧着碗到处走，或者你一边给他喂饭他一边看电视——他就感觉不到你的态度。这是你想要的吗？

23. 食物之战

计划

一切从早餐开始。准备少量他喜欢的食物——至少是他不讨厌的食物。邀请他到餐桌就座。昨晚他没吃东西就上床了，这会儿肯定会有点儿饿（观察孩子是否肚子饿的最好时间是周末。如果不提供任何额外的食物，按照身体的正常消化速度他什么时候会肚子饿）。

他如果吃饱了，不管吃多吃少——哪怕压根没吃，如果他要想离开餐桌，就随他去。他要想留在餐桌旁，你也随他去。

你只管把桌子上的食物盖起来。如果是很小的小孩，我建议用那种分装的盘子（这样他爱吃的食物就不会跟讨厌的食物混到一块儿），最好是上面有塑料盖的那种。只要他想吃了，就可以随时揭开盖子——假设他就坐在餐桌旁的话。对于孩子这期间的不恰当行为，你就跟平时一样处理，要么给他情感支持，要么隔离一会儿。

可能会有的反应

☆ 你的小孩（大哭）："这些东西太难吃了。没有一样是我喜欢的。"
你（用手圈住他）："你很难吃下去吧？没关系，可能过会儿你会觉得这些食物也不错呢。"

☆ 你的小孩："这些东西太难吃了。没有一样是我喜欢的。"
你（愤怒）："我不喜欢你这么跟我说话。现在你给我下来，回自己房间去。"

☆ 你的小孩："我吃了橘子，但我不想吃那些吐司。还能再给我一点橘子吗？"
你："不好意思，亲爱的。今天早餐就只有这些东西，下次我再多准备一点橘子。"

☆ 你的小孩："我吃饱了。"
你："没关系，亲爱的。你现在可以下来，把早餐先放到一边，以防待会儿肚子又饿。"

第5章　陷阱和麻烦

☆ 你的小孩："这些东西太难吃了，没有一样是我喜欢的。"（把东西丢到地上）

你让他去反省，走过去对他说，"你不能把东西扔到地上，我跟你说过的。现在你给我在这儿等着，我去打扫地板。"然后，缓缓地打扫。

有的育儿书上会提到，为了让孩子学会承担自己行为的后果，得让他自己去打扫。但地上的牛奶和餐布对于小孩子来说可是不错的游戏道具哦。还有一种说法是，让小孩子自己打扫，以此来保护他的自尊心。只是，这事应该更伤我的自尊吧。我辛辛苦苦为他准备了食物，结果却被他丢到地上。要不是我能克制自己，结果肯定是我愤怒地对他大吼一通，他不高兴我也不高兴（所以他最好是先反省，同时也给我一点时间缓和情绪）。

早茶

到早茶时间，把早餐剩下的东西全都扔掉，也不需要说什么。准备少量早茶的食物。最好是准备几块饼干——孩子自然是会先吃饼干的。如果吃了饼干肚子还饿，他自然也会顺道吃掉其他更健康的食物。

记住，你的目的可不是要让孩子挨饿，你的目的只是让孩子吃东西。你只需要给他创造条件，每隔一两个小时，就给他一些健康的食物。这可不是折磨小孩——尽管他可能会大喊大叫，听上去好像你真的在折磨他一样。

孩子如果对食物失去了兴趣，他可能就会离开餐桌，同时他也知道吃午餐之前这些东西会一直放在那儿。

如果饼干还填不满他的小肚子，那么他就只能在胡萝卜和苹果之间做一个选择了。他得做一个决定，到底是吃一点儿不那么喜欢的食物，还是挨到中午饭呢？到中午饭还有两个小时的时间，而这些"健康食物"就在眼前。

重复这个过程。晚餐后的一到两个小时，你的厨房也就应该暂停服务了。

23. 食物之战

接下来会发生什么事

头两天你就等着听抱怨吧。你会听到孩子可怜兮兮地说"我好饿",他的眼睛看着面前的苹果块,心里却想着巧克力饼干。

等着他发脾气吧。很可能之前在吃东西这件事情上,他一不高兴你就妥协了。可现在他突然发现先前那种控制力没有了。记住,"没有哪一个独裁者会轻易放弃权力"。

你再也不需要一天二十四小时为孩子吃什么或不吃什么而伤神了。

一开始肯定会比较艰难。毕竟,你这是在改变孩子既定的行为模式。已经成习惯的行为改变起来总是没那么容易的。一种行为的改变,需要21天。

如果能重来一次,我希望有一天能对我的孩子们说:"除非你把这个冰激凌吃掉,不然不能吃菠菜。"

24. 练习上厕所

关于人体排泄，有很多描绘这一人类基本生理需求的词。有的是从医学角度，有的是专业术语，有的是调侃，还有的是世俗的说法。就本章而言，我打算选用相对文明的"排泄"这个词。

对于小孩上厕所的训练到什么阶段才能结束呢？当孩子的身体发出信号，他们能停止正在做的事情（即便是睡觉），无须父母的干预或提醒，自觉地走到厕所排泄——这个时候上厕所这一课就算结束了。

自然进化

身体信号其实是意识的升级，你得关注它，并且采取相应的行动。有的孩子总想着一步登天，以为稍加练习就能掌握。

我们来看看具体步骤。

这并非线索

婴儿对于身体发出的排泄信号没有多少意识。他们的脸可能憋得通红，可能左右扭动，你看上去还觉得可爱。而当身体因排泄发出某些声音时，婴儿自己都被惊住了，这时候他看上去就更可爱了。

然而，婴儿还没有能力明白这一切。在这一阶段，身处非热带环境中，我们一般给他们穿上纸尿裤。有些地方婴儿穿开裆裤，妈妈一旦意识到孩子要排泄，就会先想办法让他憋住，然后带他到可以拉便便的地方。

有些小孩子不喜欢湿漉漉的纸尿裤，他们又哭又闹，直到换了干爽的新尿布。有些小孩却没什么反应。

"我刚才"

或迟或早，婴儿会告诉我们他们什么时候排泄过了。他们会意识到自己已经排泄，会想要把脏了的尿布换掉（很多人家的孩子都是这样，可惜我的不是。我的3个小孩从来都不在乎尿布湿了或脏了。不过，他们也逐渐学着报告）。

这就是进步的标志，我们应该为此高兴。知道自己"曾经"做过什么是成长的重要一环，只是我们常常意识不到。我们总是说："怎么不早点儿说，这样就可以用便壶呀！"

这样的反应并不能解决问题。我们必须认识到，这个阶段的小孩只能事后认知。他们还没有提前认知的能力和经验。所以在这个阶段总是对孩子说"你应该早告诉妈咪，好让妈咪带你去厕所"是很不成熟的行为。

更好的处理方式是，对孩子说："真棒！都知道告诉妈咪了。走，去给你换尿布。"

"我现在要——"

逛超市的时候，孩子在人群中又哭又闹，这多多少少会让父母感到尴尬。"妈妈！我现在要便便！"然而，这也是我们应该为之高兴的进步。因为，我们的孩子已经开始意识到身体的反应并试着做出回应了。

同样地，这时候你也不应该责备孩子——"为什么刚才不告诉妈咪？"他已经第一时间告诉你了呀。他做得很好，所以你也应该这么回应："真棒！等你完了再告诉妈咪，我给你换尿布。"

现在这个时代——尤其是夏天，上个厕所经常要走很远的路。男孩子

第5章　陷阱和麻烦

还好一点儿，但女孩子就不一样了——憋着尿她根本就走不了多远！

孩子一开始可能会对自己的排泄物感兴趣。我们可能都见过或听过小孩把自己的排泄物蹭到脸上或身上的。你还为"生儿育女"而着迷吗？

"我需要去——5秒钟之后"

下一阶段就是孩子开始意识到身体马上就需要排泄，但未发育完全的预警系统还不能给他太多提醒。幸好，这个阶段不会持续多长时间。仔细想想，你会发现你对事物的预见总是会早于变化的实际发生。不管你去哪儿，你的第一反应总是要找到厕所的准确位置——5秒钟能走到的半径。

告诉孩子他很棒，告诉他你会带他到最近的卫生间。

如果你能把孩子从这个纠结的阶段中拉出来，他成长的速度也会更快。这个选择对你的血压和内心宁静都有好处。

"我马上就要——"

等到孩子长到不需要穿纸尿裤出门的时候，作为父母，你也会轻松许多。他会提前告诉你他想上厕所，这样你也就有足够的时间找厕所。

长到这个阶段前后，他们也会开始探索。当到一个新房子时，他们喜欢把所有的卫生间看一遍。到这个阶段也就差不多大功告成了。

"我可以自己去"

终于，孩子可以独自上厕所了。他能自己脱裤子、冲水、洗手，然后回到你身边。

"我晚上不需要穿纸尿裤"

这时候孩子已经可以憋住，等到了厕所再行解决。随着坚持力的不断提高，他可以一整晚都保持干净清爽。

小孩子晚上之所以能有规律地醒来并保持床铺的干净，主要是因为他已经善于"憋住"。傍晚上床，他能忍住排泄的需求直到第二天早上。这是很好的一件事，不过这并不能代表他受到了全方位的训练。

当你确信，你的孩子能在深夜或者睡一觉醒来时仍然清醒地意识到他需要上厕所，并且自觉前往厕所并原路返回——这时候你的孩子就完成了上厕所所需的全部训练。一开始他当然会先通知你，不过总有一天他会自己完成整个过程。

前进，后退

如果你还在为孩子上厕所的问题头疼，或许你应该反思是否在某个阶段操之过急了。最简单的解决办法就是回过头看漏掉了哪一步。家长们总是担心再让孩子穿上纸尿裤可能是一种倒退。要知道，最重要的是要让你的孩子舒服地经历这一生理过程。这事关他的身体和你的地毯，关乎他的健康和你的血压。让他穿上纸尿裤，当身体给出信号，让他重新经历"排泄"所需的过程。用不了多久，他就可以进入下一阶段了。

常出现的问题

罗伯特15个月大的时候发生过两件很有意思的事情。我的公公是一个执业医生，他给我看一篇发表在《英国医学期刊》上的文章，说大部分母亲找医生咨询如何训练孩子自己上厕所是由于来自自己母亲或婆婆的压力。

与此同时，我的母亲也对我说："不要问我孩子上厕所的事，我总是做不好。"

出于职业的关系，我也经常接到很多咨询孩子上厕所的电话。我从最常见的问题入手，逐步揭开其中的秘密。

"他喜欢穿着纸尿裤"

很多小孩已经经过了充分的上厕所的训练后（也可以说"对自己的膀胱功能有了完全的掌控力"，但听上去这还是离3岁的小孩有点儿距离），

第5章　陷阱和麻烦

却还是喜欢穿着纸尿裤大便。每当需要大便，他们就请求妈妈帮他们穿上纸尿裤。他们躲到沙发后面，不愿接受任何关于下蹲姿势和憋红的脸的解释。结束之后，他们便只想着换尿布或者忙着去玩儿。

首先，我希望妈妈们能祝贺自己。你的孩子已经能控制自己的"肠胃"了。当身体发出信号时，他们知道什么时候要去上厕所，能憋到穿上纸尿裤，能去自己选择的地方并且清楚知道正发生着什么。他已经熟知这一过程。

唯一的问题就是地点。我推荐以下步骤：

首先要改变孩子拉便便的地点。其他人都在厕所里排便，所以他也可以。他如果要求穿纸尿裤，你就给他穿上纸尿裤，同时带他去卫生间。问他是否需要你留下来。等他准备好了，告诉他随时可以出来。给他真心的夸奖和赞美，因为他开始跟大人在一个地方上厕所了。

如果你在这个阶段遭遇很多阻力，那很可能是你的孩子还没学会顺从。想想他其他方面的行为。除了上厕所，在其他方面你是否也需要更坚持一点儿？

等她掌握了这个步骤之后，告诉他可以穿着纸尿裤在卫生间大便。不好意思我说得比较直接，但很多孩子一开始都不太能接受大便时的声音和冲水的哗哗声。让他穿着纸尿裤坐在马桶上就能解决这两个问题。

如果你的孩子要求穿纸尿裤，那就让他坐到马桶上，同时满足他的要求——接下来的事就水到渠成了。周围的大人的行为也会对孩子产生潜移默化的影响。总有一天，他会走到卫生间把纸尿裤扯掉的。他可能会大叫"妈咪，快来看我"，到时你也就能从教孩子上厕所这件苦差事中解脱了。

答案总是"不"

当你问孩子是否需要上厕所，他的答案总是不需要。这不是没有道理的。如果他自己能意识到上厕所的需要，那不早去了吗？事实上，孩子没办法意识到这种需要，或者本身就不需要去上厕所。如果他没有这种能力，那这个问题也就没有意义了。

如果孩子有了意识却不想去，你跟他多费口舌也是没用的。你只要尊重一个事实：最清楚孩子身体需求的是他自己，不过你也要知道身体有时候会欺骗人。

你可以对他说，"我在想你是否需要上下厕所呢？我们试一下吧。"带他去厕所，让他坐到马桶上，慢慢从1数到20。即便是意志力再强的小孩，也很难在"膀胱满满"的时候憋到17下。

只要膀胱满了，他肯定会尿出来的。你可以开玩笑地跟他说，"天哪！这些尿可真调皮啊！还不出来。"如果他不肯走，你就可以对他说，"哈！差点儿就骗过我了。等你准备好出来就告诉我。"

（如果他双腿夹紧跳出来，就不用问他是否需要上厕所了。你只要说，"看来某个人要上厕所了哦，一起去吧。"然后直接把他带到厕所就行。）

使用这种儿童话的语言可以拉近你跟孩子的距离，也能更好地应对身体多变的需求。

"他变得好忙"

很多育儿书都提到过，不要对尿床或把大便拉在裤子里或地毯上的小孩发脾气，这会造成不好的影响。我很高兴现在我们已经摒弃了过去父母的那些做法——为了便于训练孩子上厕所，那时的父母会把尿床或大便拉在身上的小孩称为不听话的小脏鬼。孩子还不具备对身体器官的完全掌控能力，所以这么责备他是没有道理的。

不过，弄清楚孩子尿床或把大便拉在身上的原因还是有用的。因为哪怕孩子具备了意识身体需求的能力或者独立上厕所的能力，他也有可能出于惯性随地排泄，而不是起身去厕所。父母经常说，"他太懒了"或者"他太忙了"。

事实上，这是因为你的孩子故意不配合或不顺从。他清楚你的期待，也有能力满足你的期待，但他选择忽视身体给出的信号。

第 5 章　陷阱和麻烦

当你意识到他的裤子湿了一块或者闻到了臭臭的味道，不要问她"要不要上厕所"，或者"你干什么了"，或者"你尿了吗"，或者其他想问的问题。这些问题问出来也没有多大意义。

你只要跟他说要换尿布了，然后给他把尿布换了。再带他回自己房间，对他说，"我现在得去清理。你待在这儿，等我搞完卫生回来。"打扫卫生无须着急，至少等你消气了再说，然后再让他从房间里出来。不要说教，也不要解释。你只要表现出轻微的不悦就行了。稍微让他感觉到你的态度。放心，孩子会从中学到东西的。

要强调的是，这只适用于那些已经经过上厕所练习的孩子。惩罚对于那些还无法识别身体信号的小孩根本没有意义。

晚上尿床：让他穿着纸尿裤

我一直不是很明白，为什么会有人允许自己的孩子每天晚上都尿床呢？当然，有时候也会有意外，但整晚整晚的尿床可就不是意外了。如果每天早上孩子的床都是湿的，这证明你的孩子不具备识别身体信号的能力，所以半夜的时候你要叫醒他，让他上厕所。他需要穿纸尿裤或者其他保护性的内裤——直到他能自理为止。当然，这只是时间问题。我想不出有什么理由要让你和孩子长时间忍受湿漉漉的床单、毯子和床垫，只要换上纸尿裤或保护性的内衣裤就能让其他衣物和床上用品保持干爽。

父母总是担心防护衣有时会伤孩子的自尊心。我知道这确实有点儿尴尬，但总比每天尿床好吧。你天天要把床单、被子拿出来洗，然后放到过道上晒干，这难道不丢脸吗？放心，孩子能克服的。

是否叫孩子起床上厕所

把懒洋洋的孩子从床上抱到厕所，让他坐到马桶上小便，然后再把他抱回床上——你的孩子能从中学到什么呢？没错，这样一来床铺确实不会被尿湿，但我想你的真正目的并不是这个吧。如果你的目的在于锻炼孩子独立上厕所的能力，那就得让他参与这个过程。

走到他房间，试着叫醒他。如果他确实睡熟了，过15分钟再进去叫他。很可能过15分钟他会从深层睡眠转到浅层睡眠。陪他一块儿，或者抱着他去厕所，让他自己坐到马桶上。

这时候你得让他意识到上厕所这个过程。我的做法就是稍稍放开扶着他肩膀的手——这听上去有点残忍。而我这么做的目的就是要唤醒他的警觉意识，让他有所感知。

等上完厕所，再送他回房。牵住孩子的手能帮助他保持必要的清醒，让他感知到这个过程。或者，你也可以走在他身后用手扶住他的肩，效果是一样的。记得要跟他说刚才他去卫生间上厕所了，夸赞他。上床之后，给他一个轻柔的吻，然后再离开。

你所做的这一切，有助于他在脑海里形成对上厕所相关步骤的意识，并慢慢将这种意识变成习惯。

等到孩子晚上只需上一次厕所，你就可以考虑脱掉他的纸尿裤了。当然，必要的时候也可以给他穿上纸尿裤以防万一。

什么时候叫孩子上厕所

假设进食之后身体的消化系统便开始工作，消化产生的残渣便堆积在膀胱中。如果孩子晚餐吃得比较早，可能还不到就寝时间就需要上厕所了。若是睡觉前不久吃了很多东西，可能就得等一小时或一个半小时就需要上厕所。

说到什么时候叫孩子起床上厕所，首先当然是要弄清楚孩子什么时候膀胱会达到充盈。很多人都以为尽量晚地叫孩子起来上厕所——比如说大人睡觉之前，能增加孩子配合的概率。理论上是这样，可如果孩子憋不了这么久，事情就另当别论了。

弄清楚孩子平时大概什么时间点会憋不住尿床的。你要在这个时间点之前把他叫起来。哪怕那时候他已经睡了一小时，也还是得喊起来。

第5章 陷阱和麻烦

你可以慢慢把这个时间延后,直到跟你睡觉的时间点重合。

如果叫醒一次还不够呢

有些孩子,哪怕你中途叫他上了一次厕所,他晚上还是会尿床——我的两个女儿就是这样。显然,你得让她们学会自己起身上厕所。

一个建议是再叫醒他一次。我知道这挺难做到的,但能起到一定效果。上床之前定好闹钟,大概隔两到三个小时醒来。哪怕脚下踉跄,你也得叫醒孩子去上厕所。孩子解决完之后你再回床睡觉——如果你还能睡着的话。

如果孩子在这期间没有尿床,那你可以试着每晚把间隔时间延长15分钟左右。这么一来,很有可能在你第二次起床时间延长到三点半之前,孩子就能克服尿床的毛病了。

可他还是尿床

如果孩子到了7岁,晚上还是没办法自己醒来上厕所,以至于你还得每天跟尿湿的床或脏兮兮的尿布打交道,那你恐怕就得请教家庭医生了。若身体原因被排除,你就得从心理层面想办法来解决这个问题了。

叫不醒他怎么办

孩子睡得死,并不意味着他一定会尿床,但尿床的孩子一般都睡得比较死。

我想孩子肯定也不愿意每天晚上尿床,他只是真的睡着了,醒不来。不管我们怎么解释、安慰自己,这总归是不合适的行为。孩子没办法控制尿床,所以睡得更熟了,而睡熟了务必又会导致尿床。这就是一个恶性循环。

假如这个孩子白天表现得很乖巧,晚上也愿意配合你克服尿床这个毛病,那我有一个办法,或许可以帮助你的孩子改掉尿床的毛病。

孩子需要掌握的两项技巧

孩子要想克服尿床，需要掌握两个技巧：

首先，他得学会坚持。也就是说，哪怕尿意袭来，也要努力憋一段时间。

其次，晚上一定要对身体给出的信号保持警觉，不过这对于深层睡眠者比较困难。

告诉孩子，你有一个计划可以帮助他克服尿床的毛病，而这需要他对自己的身体进行训练。

让他学会憋尿

每天放学之后，让孩子喝两大杯水，然后尽量地憋住尿。坚持记录时间，看孩子每天最长能坚持多久。用不了两周时间，你就会发现孩子憋尿的时间越来越长，恐怕连孩子自己也会对结果惊讶不已。为他骄傲吧！现在他已经具备了自主意识，能根据具体情况憋尿了。

教孩子在睡梦中保持警觉

到了晚上，孩子需要照管身体，还得留意身体给出的信号。只要孩子配合，这其实是一种可以学习的能力。掌握这种能力的前提是他愿意参与这个过程，并且有克服尿床的意愿。至于孩子是否顺从，你可以通过其他事情看出来。

你需要一个响声够大的闹钟（如果闹钟不够响，就会形同虚设），让孩子自己设定闹铃的时间。闹钟一定要放在离孩子比较近的地方，这样才能保证闹醒他。

上床之前，你要帮助孩子形成"听闹铃"的意识，这样才更有可能被闹钟叫醒。听到闹钟响，孩子就得起身把闹钟关掉。而只要起了身，孩子可能就会下意识地往厕所走。

有时孩子睡熟了，你可能会听到闹钟铃声响遍整栋房子。这时候不管你多困，也得爬起来把他摇醒。放心，只要坚持三四个晚上就行了。经过

第5章 陷阱和麻烦

几个晚上，孩子睡觉时的警觉性也会提高。如果孩子足够配合，他自己肯定也会有半夜起床上厕所的意识。

我曾碰到过一些晚上需要定两次闹钟的小孩。为此父母还特意为他们买来可以分开定时的闹钟。

如果孩子听到闹钟铃响便能起身上厕所，那这表明你已经取得了阶段性的成功。

通过这种方式，你跟孩子站在了同一战线上，共同对抗"问题"。这有助于增强孩子的责任感，并让他相信，只要努力就能做到跟别人一样好，甚至做得更好——顺应身体的需求，在正确的地方排泄。

如果这个办法还解决不了孩子尿床的问题，恐怕你得再次找医生谈谈了。

25. 关于青春期孩子的策略

说到对青春期孩子的教育，其实就是在孩子 12 岁之前做的事情的延伸。反正，情感支持是必不可少的。随着孩子变得越来越独立，能力越来越强，明确界定安全区域也就越发地重要了。

不过，由于受到青春期荷尔蒙、同龄人的支持和压力、广告宣传等事物的影响，我们会发现，青春期的孩子更加难以驾驭，必须得用到之前掌握的所有育儿技巧——甚至更多！

农场规矩

斯蒂芬·科威（Stephen Covey）在《要事第一》（*First Things First*）一书中谈论过农场的规矩。他提到，要想收获更多麦子，我们就得提前规划、留置地方、耕犁土地、顺应时节播种、除草护根、施肥浇水——只有合理安排这一切，我们才有可能获得大丰收。如果你头 11 个月不付出任何努力，只用一天的时间耕犁土地然后马上播种，还期望一周之后能有所收获——这简直是痴人说梦。

如今，我们生活在一个"迫不及待"的时代，我们希望能用更迅速、更有效、更努力的方式处理一切事物，然后期待立马得到回报。科威说现实生活绝对不是这样。在这儿我要说，教育孩子也绝对不是立竿见影的事儿。

第 5 章　陷阱和麻烦

几年前，我受邀参加罗伯特和塔尼亚的毕业典礼。每当我看着那宏伟的大礼堂、成堆的毕业生黑色礼服、人山人海的观礼者，都忍不住感动落泪。

经过一轮轮的教育、学习和考验，孩子终于长大成人，而父母、亲人共同见证了这一时刻，这难道还不令人激动吗？但是，真正令我感动的并非孩子取得的成就，而是父母为此付出的努力。从孩子出生开始，父母就陪伴孩子一起成长，用坚持、耐心和爱教他做人做事的道理，现在正是收获的时刻。

协同互助

俗话说得好，"养儿不易"——这是实实在在的道理，所以在育儿的过程中需要协同互助。我觉得尤其是面对青春期的孩子，更要切记这一点。

很多人都住在没有太多人情味的城市，或者稍微有一点儿人情味的郊区。大部分时间街上的房屋看上去好像没人住一样——因为大家都上班去了。到了晚上，只有看到窗帘后透出的灯光，我们才知道里面有人。

这样的家庭遍布各地。在这样的家庭中，孩子感觉不到有大人保护他们。作为父母，我们也得不到其他家人、教堂或国家的支持。我们孤独地面对这一切。其实，给孩子一个什么样的成长环境完全取决于你。

互通有无

想办法了解其他人是怎么教育孩子的，尤其是孩子的朋友。趁着孩子还依赖你，弄清楚这一切也不是什么难事。

如果你的孩子还在上初中或高中，当你带着他拜访某人，你完全可以把自己介绍给其他父母认识。不仅仅是口头介绍，你要写下你的名字、地址和电话号码，郑重地交给其他家长，并相信他们也会给你同样的回复。

这是你能给孩子的最安全的社交网络，你可以随时打电话给孩子朋友的家长，确认孩子所说的安排是否属实，或者他们所做的事情是否经过深思熟虑。

当孩子朋友的父母送孩子到你家，抓住这个机会邀请他们进屋喝杯咖啡。若是他们邀请你喝咖啡，欣然接受。

成为花心

说到"花心理论"，你可能要翻回第十节。这个理论说的是，孩子会越来越深入地探索世界，但他们每隔一段时间就需要回到父母身边获得安慰和力量。随着孩子越长越大，他们看上去也越来越独立，好像不再需要我们。但事实上，尽管他们比以前更加独立了，但还是需要我们的安慰和支持——这跟年龄没有关系。所以当孩子需要你的支持和安慰时，毫不犹豫地给他吧。

当孩子确切地知道在哪儿能找到"花心"，他们各方面的表现也会好很多。按照孩子的意愿，他当然是希望我们永远在家或者在某个地方等着他们回来。但是，我们不可能招之即来，挥之即去。我们能做的是，在一天的开始和结束给他爱的温暖，或者讨论他们面对的烦恼。

当孩子跟他的朋友倾诉烦恼的时候，他可能希望我们到隔壁房间去，也不愿意告诉我们发生了什么事。其实，孩子也许并不需要我们的建议，他们只是需要我们安静地待在那儿。

这并不是说，因为孩子可能需要你，你就在客厅一动不动地坐着等他召唤。我的建议是，不管你在还是不在，只要让孩子知道在哪儿能找到你就行了。这是"花心"理论的一部分，你要让孩子知道在哪儿可以找到妈咪或爹地。

这一理论的另一个重要内容是，当孩子想要倾诉的时候，千万不要关上他的心门。到底是感同身受地倾听、饶有兴趣地问问题、陪在他们身边，还是质问或批评呢？这中间有明显的分界线，但我没有那么厉害，没办法告诉你分界线的确切位置。我们都得自己去经历，去寻找，去发现什么表情、什么话会让他们的话头戛然而止，或者对我们抛一句"你总是这么武断"。

第 5 章 陷阱和麻烦

生气或者难过都无济于事。面对空荡荡的房间，你需要仔细回想所发生的事情，找到孩子不愿再倾诉的真实原因。随着青春期的结束，孩子自然也就没那么易怒了。

父母要做孩子的榜样

同样的规则也适用部落村庄。你跟孩子的关系那么亲密，你不能扔一句"按我说的做，或者按我做的做"就走。青春期的孩子对于"不一致"特别敏感，并且他们会把这种"不一致"解读成"不公平"。

记住，无论是吃东西、喝酒、抽烟、性行为，还是负责人是否可靠，孩子都是以你为榜样。你可能会说"我是成年人，成年人做这些事没关系"，但请你记住，你的一举一动全都落在孩子眼里。

除此之外，青春期的孩子可能也会从电视节目中看到一些暴力行为。电视节目里，再难的问题都可以在半个小时的广告时间之后得到解决——这很可能会误导孩子。是让我们来引导孩子，还是让肥皂剧来误导孩子，就看你的选择了。

想象这样的场景：饼干罐

妈妈（听到打开橱柜门和揭饼干罐盖子的声音）："你脸上是什么东西？"

孩子："没什么。"

妈妈（扯着小孩走到镜子前）："你自己看。"

孩子（试图置身事外）："那可能是我画画时不小心弄到的。"

妈妈（用手擦孩子的脸，然后又用手指撑开孩子的嘴）："你尝一下。"

孩子（想办法摆脱麻烦）："哇！是巧克力！"

妈妈（有点生气了）："那你说，巧克力是怎么跑到你脸上的？"

孩子（仍然想蒙混过关）："肯定是巫婆从窗子飞进来涂在我脸上的。"

接下来发生的事情肯定不怎么愉快。妈妈肯定想不通，为什么孩子要偷吃东西，还撒谎。所以妈妈可能会吼叫、威胁、说教，或者在那儿叽叽歪歪。毫无疑问孩子肯定也是喊叫、哭闹，或者摔门而出。

为什么会陷入这种境地呢？而这又跟教育青春期孩子有什么关系呢？

无伤大雅的谎言，是谁先开始的

事实上，是妈妈先开始说的。妈妈明明知道孩子脸上的东西是什么，可她还是问"你脸上是什么东西"，麻烦就是从这儿开始的。妈妈应该选择一种更好的方式，或者说更诚实的方式，她可以平静地说："你刚刚打开饼干罐了。你知道未经允许是不能这么做的。"

同样地，对于青春期的孩子，一旦我们明知故问，很可能就失去了他们的信任。如果你明明知道他去哪儿了或者做了什么事，请不要明知故问，因为他很可能为了逃避惩罚而撒谎，而你肯定会追问"你确定"，然后你更加为他的谎言而气愤。到最后，很可能变成互相指责。

如果你明知孩子的某些行为不符合家庭规矩或者不被接受，那就平静地告诉他："我明明看到你去酒吧，你却跟我说去看电影了。"

不要急着惩罚

首先，给他一点儿时间。"我觉得你应该是有原因的吧。说吧，是什么原因？"然后等他回应。你的任务就是要把问题留给孩子自己解决，千万不要用你的唠叨、抱怨、请求或惩罚来解决问题。

原因在于孩子还缺乏改变安排并让你知晓一切的能力。你要把问题留给他。"下次我们要怎么做才能避免现在这样的情况？似乎你在做什么鬼鬼祟祟的事情。我不想再看到这种事情发生。"这么一来，你就跟孩子站在了同一边，而且问题还是留在孩子那边——下一次如何做更好的安排。

还有一种情况是，孩子之所以不告诉你，是因为他知道你会拒绝，所以就先斩后奏，想着能蒙混过关。可惜运气不好，被你发现了。

我知道你很想让他禁足，但你要意识到，其他惩罚手段有的弊病，禁足也全都有。首先，这意味着你把问题揽了过来。不管禁足时间是一周还是一个月，你惩罚的基础都是他不喜欢这个过程，从而能起到震慑的作用。对于有些孩子而言，这确实能起到一定作用。

但有的孩子却特别抗拒惩罚。他们只会把惩罚当作借口，然后把自己生命中所有的过错都推到别人身上，把自己的责任推得一干二净。他们变得阴郁、愤怒、粗鲁、不合作，而你要么接受这一切，要么就变本加厉地惩罚。这是一个恶性循环。

或者，你用一点儿时间——比如 10 天，平复内心的愤怒情绪。生活中肯定还有其他机会可以让你的孩子变好，不管是社会磨炼，还是其他方式。我想你肯定也不想做个狱卒——不过你需要至少 6 周的时间来实现。

除了禁足，还有其他选择吗

其实，这件事跟 4 岁孩子的饼干罐问题没有太大区别。妈妈可以让孩子反省来表达自己的不悦。当妈妈确定孩子已经意识到自己的错误时，就可以让他出来。

你无非也是希望孩子面对某些诱惑或机会时，能做到理性拒绝。除非孩子学会理性拒绝诱惑或欲望，不然进入社会后肯定会碰得鼻青脸肿。

把问题留给孩子。"我在想，下次你要是再问我能否出去，我该怎么办。我怎么知道你一定会去你声称的地方呢？"把问题留给他，让他有了能保障自身安全的好计划后再来找你。

"可是，"我知道你会说，"我怎么能完全信任他呢？我如何保证他一定会按说好的做呢？"这下你说到问题的关键了。一旦信任被打破，就很难找回。给孩子时间和空间，让他来解决这个问题。解决问题的过程也就是重建信任的过程。总之，第一步就是要让他正视问题。这一步必不可少。

对于青春期的孩子，大概步骤是这样：

但愿你的孩子能利用这个机会想出解决之道。他可以想办法重新获得你的信任，并替下一次的社会活动想出更好的计划。如果他还做不到，那暂时就只能在家乖乖待着。

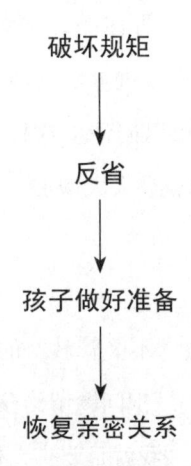

破坏规矩
↓
反省
↓
孩子做好准备
↓
恢复亲密关系

"我担心……"

孩子长大了，总想做一些新鲜事儿，我们知道那些事情不好或者有危险，这时我们要用比较得体的方式告诉他计划（或者缺乏计划）的可能性后果。纯粹的说教或讲道理对正处于青春叛逆期的孩子没多大作用，他们正处于"初生牛犊不怕虎"的阶段，比起父母的意见，他们更看重同龄人的想法。

我们既要给孩子传递正确的信息，又要避免他们针锋相对。事情总是这样，只要我们为自己的想法负全部的责任，事情就好解决了。

我发现，语气轻柔地说"我担心……"，既能表达出我们的关切，又能提醒孩子做更全面的考虑。

幸运的话，他可能会说"我倒真没想到那个"，然后重新制订计划。或者，他也可能说："那个嘛，是你的担心。"这时候最明智的回答应该是："没错，不过我还是要把我的担心告诉你。"好好想想这个问题，我知道的最成功的办法一般都是这样开头的："作为一个母亲，我真的担心……希望你能理解……"

还有一种可能是，孩子对你的想法或担心不屑一顾。最后总归是两种结果。一种是孩子没听你的，而结果证明也没事。这时孩子可能会说："看，

第 5 章　陷阱和麻烦

妈妈，你不需要担心的。"利用这个时机为自己多余的担心致歉，同时也表达你衷心的欢喜。

还有一种结果是，孩子没听你的，而结果果然如你所料——孩子受到了惊吓或者伤害（但愿不太重）。这时候就不要再说什么"我早告诉你了"这种话。你要对他报以同情。这样一来，等下次你再说"我担心……"的时候，你的威信也就会大大增加。

"你阻止不了我"

绝大部分人的孩子都有过"不受管教"的一段日子。我们可以说"不行，你不准去"，或者积极践行"把问题留给孩子"那一套。不管是哪一种，正处于叛逆期的孩子都可能说"我就是要去，你阻止不了我"。

孩子自然有他的道理。你当然也可以用剥夺继承权来威胁，或者把他锁在床上，但你在使用这些威逼利诱的办法的同时，也就让自己卷入了这场青春"战争"。这会成为孩子推脱责任的借口，也会让你跟孩子的关系恶化。

还有其他选择吗？其实，你没办法决定孩子的行为，但你可以决定自己的行为。你只需要平静地说："你说的没错，我阻止不了你。不过你要清楚，你没经过我的允许。"不管你相不相信，这种话在青春期的孩子听来是很不舒服的。我们假装忘记我们对他们有多么重要。我们做的就是创造一个情感疏离的情境。

他有可能夺门而出。你无须追他，也不要喊他。只要静静等待，等他回到你身边。他一定会回来的——也许是当天，也许第二天。我知道这段时间里你会很担心，但你还是要让他自己想清楚。如果他回来后还是一脸冷酷或者漠然的样子，那就再给他一些空间。

或迟或早，孩子会想要来亲近你的。或迟或早，你也会重新跟他亲密起来。只要不离开家庭这个圆心，走得稍微远一点儿也没关系。事情结束了，你也不需要再去惩罚他。他也不需要为对个人空间的需求而道歉。他只需要知道，家永远都是他的家。他还需要知道自己的行为会伤害别人，并且别人也需要时间来平复。这是很重要的生活经验，除了亲爱的父母，还有谁能教他呢？

所有这一切，默默地做就好了。

抵制诱惑

说回饼干罐的比喻——妈妈可能意识到，让孩子跟饼干罐单独在一起，孩子很可能会抵制不了诱惑。所以妈妈可能会把饼干罐藏起来，或者说要更加警惕孩子偷吃。

如果我们想让孩子经受住诱惑，首先我们要知道能诱惑孩子的是什么。那么父母如何得到这些信息呢？直接询问往往不是最好的办法。

如何获得信息

按照法律，一个人没有权利给自己定罪。而我们却经常因为孩子"意识不到自己的错误"而生气。逼迫孩子认罪或交代事实，并不能真正让他们明白"责任"二字。你可能也注意到了，孩子并不会因为压力而崩溃，而是当意识到妈妈马上就要"抛弃"他的时候。

如果4岁的小孩就已经善于应对你的盘问了，那你觉得等他长到15岁，他还能让你直接问出信息吗？要想了解青春期孩子的想法或内心，一定要采用迂回战术。

获取信息最好的办法就是，让两三个同龄的孩子坐到你的车后座。他们聊得投入了，就会不自觉地把你当作车子硬件的一部分。通过这种办法，你可以知道孩子的很多想法，而且不会让他们觉得你是故意打探——因为你是来替他们开车的。不过，尽量不要做得太明显。如果你情不自禁地插进去，那你就别想再听到什么消息了。

任何时候，派对过后尽量开车去接孩子回家。我知道这会花费你不少时间，尤其是对上了年纪的人，这么晚开车是一件很累的事。不过，如果

第5章 陷阱和麻烦

处于青春期的孩子总是找借口让你把车停在路边,不想你跟着去派对现场,那派对过后去接他们就是进入现场的合理借口。你可不要打电话提前通知,或者按他的要求把车停在离派对地几十米开外的地方。因为你得知道派对的情况。你只要留心观察谁坐在人行道上,谁在车道上摇摇晃晃,谁一头栽进了灌木丛,就能得到不少信息。

青春期的孩子喜欢坐出租车去参加派对,然后坐出租车回家。这的确给父母省了不少麻烦,但同时也给孩子做坏事提供了便利,而且父母也无法获取足够的信息来保证孩子的安全。直接去现场比第二天盘问效果好得多。过了一夜,你再问:"你昨晚喝了多少酒?抽烟了?吸大麻了?"

不要放梯子在旁边

如果你不想孩子拿到饼干罐,那就不要把梯子放在橱柜旁。如果你不想孩子做危险的事情,那就不要给他们做坏事的机会,更不要自己带头做。

如果你明知孩子要去的派对很危险,就不要开车送他们去。没有成年人监护或安全防范措施的情况下,也不要让孩子去。你要让孩子习惯大人的安全检查,或者由负责的成年人陪同前往,不然绝不能让他们冒险。

当然,有时候一同前往的成年人也不那么负责任,这是无可避免的。如果你知道其中的大人也无法照顾好你的孩子,那就只能拒绝孩子的请求。

不要随便给孩子钱,以免他们养成抽烟喝酒的不良习惯。给孩子多少钱,钱花在什么地方,关于这些你都要在心里有一本账。当孩子学会控制支出,并为自己真正想要的东西攒钱,他们就不会花冤枉钱。一次一次地给机会,要多少钱给多少钱,这对青少年有极大的危害。你可千万不要做毁掉孩子未来的刽子手。

如果连你都抵抗不了朋友的诱惑或邀请,那就不要期待你的孩子能坚定立场。如果你的朋友为非作歹,那你也就没有资格再去教育孩子。记住,孩子会把你的一举一动看在眼里,你就是他学习或效仿的榜样。

饼干被偷了怎么办

如果你闻到酒精、尼古丁、大麻或其他违禁物品的味道怎么办？当着孩子朋友的面羞辱他一顿不见得能让他记住教训。歇斯底里地咆哮或一辈子禁足也不见得能改善你们的关系。

如果你能诚实地并平静地说出来："你喝太多酒/抽太多烟/摄入太多违禁毒品了。你知道的，这不被允许。"这样会好得多。接下来，你就得跟孩子一起努力，找到既保持同伴友谊又确保自身安全的办法。你可以试着这么说："我们需要想一个办法，既能让你玩儿得高兴，又能让我确信你的安全。你的意见如何？"

跟饼干罐的事情一样，我们得更加警惕。一旦发现苗头，我们可以用眼神表达对孩子的期待，期待他能拒绝诱惑。父母的期待眼神，有时会对孩子产生很大影响。

记住"村庄"的概念，你要努力让你的"村庄"变成一个充满乐趣和激情的地方。让你的孩子在这儿找到认真倾听的耳朵，让这儿成为他增强勇气的地方，让他在这儿发现自己、认识自己、提升自己。

性教育

在与性相关的事情上做出明智决定，这是青春期孩子面临的挑战之一。作为父母，我们认为孩子成长的过程中总会有那么一段时间，需要我们跟他们讨论性，教他们爱惜自己的身体并保证自身安全，然后树立正确的性观念。我们相信，如果没能给孩子"正确的性教育"，孩子若做出出格之事，那便是我们的责任。

我觉得，对孩子的性教育跟其他青春期问题的教育有点儿不一样——不管我们讨论的是与性、饮酒、安全驾驶、职业选择、吸毒相关的问题，还是如何择友的问题。这并不依赖于令人受益匪浅的谈话或一本好的图书或者学校的生活教育。培养一个能明确抉择、行为举止合乎道德伦理和社

第 5 章　陷阱和麻烦

会规矩的年轻人是 20 年育儿教育的终极目标。

说到这儿，一本缺少性教育评论的书肯定算不得好的育儿书，所以我要说我亲身经历和观察的事情。

我们可以把性教育分成两个部分：孩子知道什么和孩子做了什么。

孩子知道什么

我的 3 个孩子都爱看书。罗伯特和塔尼亚还没上学就已经有了自己的"小图书馆"，而图书馆的规矩是"你拿得动多少就拿多少"。我一直对书籍是否适合孩子的年龄比较关心，其中有些书是关于生理，有些是讨论"我从哪里来"这个伟大的命题。黛博拉也总喜欢到哥哥姐姐的小图书馆去，所以他们三个都很容易看到关于生育的书。

我的 3 个孩子都出生在城市，他们从没见过大自然中的毛毛虫王和怀孕的毛毛虫，他们绝大部分的知识都来自书本以及父母的某些评论（他们自己也承认了，有时候保姆随口问他们想听哪一本书，他们总是会选一两本与传宗接代有关的书。说到这里，我不得不跟我们家之前的保姆道歉）。

塔尼亚六七岁的时候，一天，她突然对我说，"你和爹地真的是做了那种事才生下我的吗？"

"是的。"我故作冷静。

"咿！"她嫌恶地啐一口，转身就跑开了，好像听到了什么坏消息一样。

我对塔尼亚这种反应的解读就是，四五岁的孩子刚了解人类繁衍的事情，她一开始并不以为意——好像那跟她一点儿关系也没有。可突然间她知道这件事跟自己的身体有莫大的关系，所以会本能地抗拒。

我想，等到了青春期，她的想法肯定也会有很大变化。

什么时候应该让孩子了解这些

孩子需要了解生命的基本信息。小时候当他们知道性行为跟自己的生命有直接关系时，其实他们并不会感到过于惊讶，因为这些信息早已经存在于他们脑海。我是一个推崇生物学的人，所以我最喜欢给孩子们看那些把生殖器官和行为当作身体系统一部分的书。

到了青春期，孩子需要了解更多相关信息，以明确自己身体和情感可能产生的变化。当今社会，孩子们更加早熟，所以他们需要科学的性知识，好让他们面对诱惑时做出明智的选择。他们需要我们的教导和保护，只有这样，他们才不至于被形形色色的宣传误导。

如果孩子问什么，我们就能答什么，这也挺好的，可惜大多数孩子并不会问这么多问题。跟其他事情一样，他们获取性知识的途径同样是书本、朋友、学校、杂志、电视或电影，当然，有时候也可能从父母那儿了解一些相关知识。

孩子做了什么

随着孩子进入青春期，问题可不仅仅只是性教育这么简单。青春期问题会涉及情绪、关系、情感、安全、酒精、毒品、同龄人压力、叛逆、一致性、车、榜样、价值观、道德观和行为规矩等问题。

孩子如何尊重身体、心灵和情绪，以及他们对性的态度，很大程度上就是你教育的结果。在孩子面对性的选择之前，最好是他们已经学会了推迟满足感、犯安全错误、优先选择、做事有计划和明智选择。

孩子做什么选择，很大程度上由他们当前的朋友圈决定——这就是一件碰运气的事了。

我总是这么安慰自己：如果孩子表现不错，这证明我对他的教育不算失败；如果孩子的行为偏离了轨道，这说不定是受到我无法控制的外界因素影响呢？

后 记

当家里突然爆发冲突，当 3 岁的孩子气呼呼地把碟子扔到地上，当 10 岁的儿子欺负妹妹，当 15 岁的小孩叼着鼻烟到处走——父母们总是感到格外揪心。

在咨询会上，父母们总是会对我说，"我能做的只有嘶吼咆哮，你怎么还有工夫想这么多办法或策略呢？"

我指出的第一点就是，因为那是他们的孩子，所以我能冷静地思考，所谓旁观者清。第二点是，我已经经过嘶吼咆哮的那个阶段了，所以我能做到淡然处之。不过，事后我也总是会想："戴安，那种办法也不是特别有用呀！"第三，我希望所有父母都好好想想"将军的帐篷"这一理论。

看以前战争题材的老电影，我们能看到枪炮之下的士兵和帐篷里将军的区别。前线军人的天职就是服从命令。当有人大叫"前进"时，士兵们就会毫不犹豫地往前冲。当有人大喊"开枪"时，士兵们便马上扣动扳机。他们不需要思考，不需要计划，甚至不需要逻辑。

枪炮之下，你唯一能预见的就是恐惧和喧嚣，谁又能理智地思考呢？士兵能做的就是服从命令。而那些制订战略计划的人需要一个安静的地方来理智思考。

将军的帐篷一般都离前线战场有段距离。这样将军的人身安全有所保障。此外，有专人给将军准备食物、白兰地和雪茄。还有人随时随地伺候在旁，等待吩咐。如果累了，帐篷里的将军随时可以休息。这一切都是为了保证他能做出明智的选择，想出克敌制胜的对策。

那么，如果这个"将军"其实是享受着步兵的待遇，就是我们这些做"妈妈"的人呢？这是绝大多数父母面临的问题。我们的任务就是成为将军，做一切战略性决定。父母的决定可能会影响下一天、下一周甚至下一年。父母还需要记得，养育孩子是一个长达20年的大项目，所以需要一个长达20年的计划（将军退休时一般都有退休金，可妈妈却没有这种待遇）。

与此同时，履行步兵职责的父母每天还得处理日常的琐碎事情——比如，把孩子身上的脏东西轻轻擦去，倾听他们的烦恼，看住孩子不让他把画笔伸进小狗的耳朵，准备下午茶，回复电话留言和信息，听孩子讲述一天发生的大小事情，准备晚餐，帮他们找游泳衣帽，抽空听孩子的音乐练习曲，开车送他们去上网球课，帮他们记谁从图书馆借的书过了还书期，弄清楚谁星期六需要准备生日礼物，等等。

我最大的孩子和最小的孩子相差13岁，所以我以前要一边听法语单词一边哺乳——这些情景如今都变成美好的回忆。然而过了4年，我却得一边绞尽脑汁想代数几何题，一边应付精力旺盛的4岁小孩，那种回忆可就没那么美好了。

下午四点半，开车接孩子们回家，这时候你可别想做出什么伟大的战略决定。重压之下，我们的大脑没办法冷静思考。如果孩子们在车里打闹，我们一下子也想不出什么好的解决办法。炮火之下，根本没有时间理智思考或做明智决定。

我们顶多能在大脑里留下一个想法。

等所有的孩子都睡着了，或者等青春期的孩子帮你盖好被子，拿出纸笔写下你的计划。下一次，如果再发生这种超出你控制范围的事情，你该怎么办？能否用情感支持来转移危机？孩子的某种行为是否总让你忍不住出手阻止？如何才能跳出卡普曼三角关系，既不做施救者，也不做迫害

后 记

者？你如何保证把问题留给孩子解决，好提高他的个人能力？

这些都是重大决定。你需要在"将军帐篷"这种安静且安全的地方才能想清楚。只有这样，当我们上走上战场时，我们才知道下一步怎么做。

躲避弓箭

父母的世界是一个危险的世界。年龄不一的孩子都等着向父母放火箭呢。

父母第一要掌握的能力是识别口头攻击的"火箭"——故意说些话刺痛或伤害父母。他们可能这么说：

☆ 你不是我的朋友。

☆ 我不喜欢你。

☆ 我讨厌你。

☆ 我不会去的。

☆ 你的主意蠢透了。

☆ 我凭什么听你的？

☆ 人家的孩子都去汽车旅馆过周末了。

☆ 你太守旧了。

这些火箭可能会造成巨大伤害。对于这些朝你射过来的火箭，你可以做下面三件事。

用胸膛挡箭

我不建议你用自己的胸膛去挡孩子射过来的箭——或者默默忍受孩子的言语。无须责备，你只要告诉他说这种话很不好。不要一开始就说："可我这一切都是为了你……"也不要说自己为他牺牲了多少，或者说你有多爱她。不要做出受伤的样子，不要一个人哭泣，不要要求他道歉。

把箭插进胸膛会让你的地毯沾满鲜血——那都是从你心里流出来的。

马上回击

还有一种我比较反对的方式,就是马上回击。不要在气头上说要把孩子禁足一辈子,或者以后再也不为他做任何事。不要说你不会成为他朋友这种话。更别说你爱他这种话来刺激他,或者给他朋友的家长打电话打听周末计划。不要猜他跟学校老师说的话,或者从老师那儿打听消息。

"马上回击"的问题在于,它同样会让你的地毯沾满鲜血——那是从孩子心里流出来的。

正确认识问题,让事情过去

你要认识到,那不过是孩子的怨言——并不需要你介入。

除非你真的喜欢大动干戈,不然你最好是想"那是一把箭",然后把头转开,让箭射过去就好。

这种情况下,你其实可以用一些话敷衍过去。比如:

☆ 啊哈(从鼻子里发出)。
☆ 没想到你会这么说。
☆ 真的吗(表现出你的不解)?
☆ 那我得好好想想了。

送给父母 4 个词

讲一个公元前 70 年的故事,故事的主人公叫拉比·席勒(Rabbi Hillel)。一天,有个人来找拉比,开玩笑地要拉比教他《圣经·旧约》(犹太律法)。拉比对他说:"己所不欲,勿施于人。这就是《圣经·旧约》的全部旨义,你自己研究去吧。其他的都是评论。"

我不敢妄将自己同拉比作比,但我想借鉴这种言简意赅的表达方式。

其实,这本书的内容提炼出来就是 4 个关键词。我把这 4 个词送给所有为儿女操劳的父母:

☆ WOW!——当孩子表现好或取得成绩时,真心地赞赏和认同。

后 记

☆ OH-OH-OH——孩子伤心难过或愤懑难平时，给他情感支持。

☆ GO——孩子需要时，给他整理自己的独立空间。

☆ UH-HUH——孩子用言语攻击我们时，一笑而过。

明白了这4点，为人父母也就没那么难了。

最后，爱你的孩子，爱你自己

作为父母，我们有责任帮助孩子成为所有人都乐于与之相处的人。要做到这一点，就需要孩子能乐观面对生活中的挫折，做到自律，掌握生活技能，培养个人情操。

哈尔·厄本（Hal Urban）在他的书《我想让孩子知道的20件事》中的最后一章说，善良懂事是情感和精神健康必不可少的一部分，我们都应该做一个好人。

如果我们能引导孩子成为一个善良的人，那就相当于把幸福的钥匙交到了他手上。

我在引言中说过，我不知道《第二诫》中的这一部分是不是说上帝也热衷于奖赏和惩罚。

明白了情感支持和情感疏离的意义，我对这句箴言又有了不一样的理解。当我们知道自己的行为是正义的，是有意义的——换言之，就是"做好事"时，我们能更真实地感知自己的类型，跟我们想成为的那个人实现精神联结。如果失去了这种联结，我们就会不幸福，身体也会随之变差。

养育我的3个孩子长大成人，这是我一辈子做过的最重要、最有意义的事情。我深深地相信，我们应该让孩子成为一个人们乐于与之相处的人。

其实，为人父母的日子瞬间即逝，尽管其中某些片刻好像没有尽头。

最后，我希望天下父母都能好好享受跟孩子在一起的日子，获得人生喜悦。